浙江省与希腊经贸合作发展报告

（2012－2021）

聂志宏　著

中国财经出版传媒集团
中国财政经济出版社
北京

图书在版编目（CIP）数据

浙江省与希腊经贸合作发展报告： 2012—2021 / 聂志宏著. --北京：中国财政经济出版社，2024.9.
ISBN 978 -7 -5223 -3289 -5

Ⅰ. F752.855；F752.754.5

中国国家版本馆 CIP 数据核字第 2024SX2408 号

责任编辑：周桂元　　责任校对：胡永立
封面设计：卜建辰　　责任印制：张　健

浙江省与希腊经贸合作发展报告（2012—2021）
ZHEJIANGSHENG YU XILA JINGMAO HEZUO FAZHAN BAOGAO（2012—2021）
中国财政经济出版社 出版
URL：http：//www.cfeph.cn
E - mail：cfeph@cfeph.cn

社址：北京市海淀区阜成路甲 28 号　邮政编码：100142
营销中心电话：010 -88191522
天猫网店：中国财政经济出版社旗舰店
网址：https：//zgczjjcbs.tmall.com
北京厚诚则铭印刷科技有限公司印装　各地新华书店经销
成品尺寸：170mm ×240mm　16 开　19.5 印张　319 000 字
2024 年 9 月第 1 版　2024 年 9 月北京第 1 次印刷
定价：87.00 元
ISBN 978 -7 -5223 -3289 -5
（图书出现印装问题，本社负责调换）
本社质量投诉电话：010 -88190744
打击盗版举报热线：010 -88191661　QQ：2242791300

前　　言

2024年是共建“一带一路”倡议提出的第十一年，中东欧国家作为“一带一路”进入欧洲大市场的“桥头堡”，其重要性不言而喻。2021年2月9日，国家主席习近平在中国—中东欧国家领导人峰会上的主旨讲话指出，“中国—中东欧国家合作是具有重要影响力的跨区域合作平台”。中国—中东欧国家合作机制自2012年建立以来，经过十一年的实践，该平台从无到有、从初创到成熟，经历了跨越式发展历程，是中国外交的重要创新，也是推进中欧关系发展和“一带一路”建设的重要抓手。浙江省是全国“一带一路”建设的排头兵，与中东欧经贸合作是浙江省推进“一带一路”建设的重要平台。近些年来，浙江省与中东欧国家经贸合作成果丰硕，经贸合作走向机制化、双边贸易迈进高水平、双边投资实现多元化、区域合作呈现梯度化、基础设施加速互联化。从全国范围来看，浙江省作为我国的经济强省和对外开放的典型代表省份，其与中东欧国家间的经贸合作的经验对于我国的其他省份具有重要的参考价值和现实意义。因此，系统梳理与回顾浙江省与中东欧国家双边贸易合作、投资合作、产业合作显得尤为重要且很有必要。

随着“一带一路”倡议的持续推进，中国与希腊之间的经贸合作已经日益加深和扩展，成为两国全面合作关系的重要支撑。希腊位于欧洲大陆东南部，北邻保加利亚和阿尔巴尼亚，南濒地中海，西濒爱奥尼亚海，东临爱琴海，是地中海的核心国家，不仅地理位置优越，连接东西方，而且拥有丰富多样的自然资源和独特的文化历史背景。这个国家不仅是欧洲和地中海地区的重要贸易枢纽，也是全球海运业的关键节点。希腊的港口和航运服务业，尤其是比雷埃夫斯港的发展，已成为“一带一路”倡议在欧洲的重要标志。希腊不仅在传统的海运业占有比较优势，还在旅游业方面表现优秀，展现出了强大的潜力，为希腊经济的发展提供了强劲支持。此外，希腊拥有丰富的自然资源，包括海洋能源、太阳能和风能等，为可再生能源开发提供了广阔空间。在农业领域，希腊的特殊气候和土壤条件使得其适合种植各种农产品，为与他国的农业合作提供了良好基础。希腊政府一直在积极改善投资环境，采取一系列政策措施吸引外国投资者。与此同时，希腊作为欧盟的一员，与其他欧洲国家有着紧密的经济联系，为中希两国间的经济合作提供了政策和法律上的支持。在这种背景下，中希两国的合作关系在多个领域持续深化，为两国乃至整个地区的繁荣发展创造了无限可能。

浙江省面朝太平洋航道，背靠长三角经济圈，处于“丝绸之路经济带”和“21 世纪海上丝绸之路”交汇处，是中国外贸产业链、供应链畅通运转的关键节点。作为中国的外贸重要省份，浙江省一直以其强劲的经济活力和对外开放的态度而著称。浙江省已经与全球 200 多个国家和地区建立了经贸关系，特别是与中东欧国家保持着密切的经济联系。这种联系有助于推动地区之间的贸易和投资，促进共同的繁荣。浙江省是全国“一带一路”建设的排头兵，浙江省与希腊合作总体特征：出口兼顾技术密集型行业与劳动密集型行业，进口偏向资源密集型行业。尽管浙江省与希腊经贸合作势头良好，但仍存在贸易结构单一、高技术行业竞争力不强、经贸合作不确定性增大等问题。下一步，可以尝试从优化贸易结构、提升贸易竞争力、改善贸易国别分布、多措并举防控风险四个方面着力，进一步推动浙江省与希腊经贸合作向好发展。

本书分为四篇十一章。第一篇整体介绍浙江省与希腊经贸合作情况。本篇分为两章，先从贸易、投资、产业发展角度总体归纳了希腊经贸发展情况，之后回顾了浙江省与希腊经贸合作的历程以及面临的挑战。第二篇系统梳理浙江省与希腊的贸易合作情况。本篇分为三章，旨在深入分析浙江省与希腊之间的贸易关系，着重考察三个主要维度：贸易规模、贸易结构和贸易潜力，并通过案例研究发掘浙江省与希腊贸易合作的堵点与痛点，并提出针对性的对策建议。第三篇详细阐述浙江省与希腊的投资合作情况。本篇分为三章，从浙江省与希腊的双向投资规模、双向投资领域、双向投资动机三个方面来探讨浙江省与希腊的双向投资现状，并通过评价希腊的投资环境以及案例研究提炼出双方投资合作的困难与问题，从而提出相应的对策建议。第四篇主要介绍浙江省与希腊的产业合作情况。本篇分为三章，分别从合作基础、合作政策和合作展望三个方面归纳浙江省与希腊产业合作的情况。总体而言，浙江省与希腊经贸合作具有广阔的发展前景，通过深入研究，总结案例经验，可以为政府和企业制定相关政策提供参考。

本书由聂志宏著。第一篇由聂志宏、王怡秋和唐婉莹合作完成；第二篇由聂志宏、唐婉莹和陈嘉铭合作完成；第三篇由聂志宏、王怡秋和唐婉莹合作完成；第四篇由聂志宏、陈嘉铭和王怡秋合作完成。同时，本书的完成要特别感谢宁波大学中东欧经贸合作研究院副院长杨丹萍教授的鼓励与指导，并得到宁波大学中东欧经贸合作研究院 2024 年度自设课题的资助。此外，要感谢中国财政经济出版编审周桂元的指导与帮助，本书才得以高效地顺利出版。

限于作者水平，文中难免会有疏漏之处，恳请专家和读者们批评指正。我们会在大家的鼓励下不断精进，争取今后向社会贡献更多高质量的学术成果。

作　者

2024 年 3 月

目　　录

第一篇　浙江省与希腊经贸合作概览

第二篇　浙江省与希腊的贸易合作

第三篇 浙江省与希腊的投资合作

第四篇 浙江省与希腊的产业合作

第一篇

浙江省与希腊经贸合作概览

第一章

希腊经贸发展概况

自 2013 年提出“一带一路”倡议以来，中国与中东欧国家之间的合作进入到了快速发展的阶段，其中希腊共和国由于其独特的地理位置和经济特点，成为了中国在“一带一路”框架下的重要战略合作伙伴。希腊共和国与中国虽处于不同的发展阶段，但两国经济结构的互补性较强，特别是在能源、航运、基础设施建设等领域的合作，为双方提供了丰富的合作机会。近年来，中国与中东欧国家的经济关系呈现出稳步扩大的趋势，尤其是在贸易、投资和技术合作等方面。这种趋势预示着中东欧地区，特别是希腊，将成为中欧贸易往来的新的经济增长点。本章深入分析希腊共和国的经贸发展状况，包括中希两国在贸易、投资和文化交流等方面的合作现状与潜力。通过综合考察希腊的经济政策、市场环境以及与中国的合作机遇，旨在为未来双边关系的深化提供策略建议和发展方向。

第一节 希腊基本情况

希腊共和国，简称希腊，位于欧洲大陆东南部，北邻保加利亚和阿尔巴尼亚，南濒地中海，西濒爱奥尼亚海，东临爱琴海。国家首都为雅典，属亚热带地中海气候。地形以山地为主，平原狭小，矿产资源丰富。希腊国土总面积131957平方千米，海岸线长约15021千米，全国分为13个行政省（大区）和325个行政市。截至2021年底，总人口1040万人。官方语言为希腊语，东正教为国教。希腊实行议会民主制，总理掌握实权，国民议会是国家最高权力机构，议员通过直接选举产生。在外交方面，希腊注重与大国发展关系，崇尚睦邻友好，广泛参与国际事务与贸易合作。中国与希腊于1972年6月5日正式建立外交关系。希腊一直是欧洲和地中海地区的重要国家，中国对希腊的独立和发展给予了支持，并与之保持着友好的外交关系。

希腊，作为欧洲重要的经济体之一，拥有悠久的经济历史。自1981年加入欧洲联盟以来，希腊积极参与欧洲经济一体化进程，同时在2001年加入了欧元区，与其他欧洲国家建立了紧密的经济和政治联系。然而，在2009年后，希腊经历了一场严重的债务危机，给其经济造成了巨大挑战。在国际社会和欧洲伙伴的帮助下，希腊经过艰苦努力，成功摆脱了经济困境。2021年，希腊的GDP总量达到了2032.49亿美元（按2015年不变价格计算），人均GDP约为20192.60美元，年度GDP增速也达到了1.90%。尽管经济复苏进程相对缓慢，但希腊在实施结构性改革方面取得了显著进展。希腊政府不断努力吸引外国投资，同时积极优化商业环境，旨在振兴国家经济。展望未来，希腊抱着国际合作的希望，致力于进一步提升国家经济实力和国际影响力。通过与其他国家合作，希望加速推动经济发展，吸引更多外国投资，培育新的增长点，提高国家整体竞争力。希腊将继续积极参与国际事务，加强与其他国家的合作，不断探索创新发展道路，为国家的繁荣和稳定努力奋斗。

一、建国历程

在古代，希腊是欧洲文明的中心，被认为是西方文化的起源。公元前7000年左右，新石器时代革命开始影响到当时的巴尔干半岛与希腊地区，来自北欧的印欧民族有爱奥尼亚人、亚该亚人、多利安人等，这些民族自称为希伦人，他们进入爱琴海一带，并且移居此地，向爱琴海沿岸的民族，学习与吸收他们的文化与知识。希伦人因此逐渐文明化，并且赶走原居于爱琴海沿岸的民族，成为希腊人的祖先。公元前3000年至前1100年克里特岛曾出现米诺斯文明，前1600年至前1050年伯罗奔尼撒半岛出现迈锡尼文明，希腊人逐步向爱琴海（包括克里特岛）的诸岛扩张。前1200年，多利安人将迈锡尼文明摧毁，原居克里特岛的希腊人为了躲避多利安人的侵袭，分别迁往阿提加半岛、小亚细亚等地。亚历山大去世后，帝国分裂成三大王国，古罗马共和国则先后吞并三大王国，希腊也成为罗马的一部分。后来罗马帝国分裂为东罗马帝国与西罗马帝国。以君士坦丁堡为中心的东罗马帝国（拜占庭帝国）本质上就是希腊化的。在中世纪，希腊成为了拜占庭帝国的一部分，直到1453年被奥斯曼帝国征服。19世纪末，希腊获得了独立，并成为了一个独立的国家。

希腊在独立后的几十年里，经历了政治、经济和社会的一系列重大变革。在20世纪初，希腊经历了两次战争，分别是巴尔干战争和第一次世界大战。这些战争导致了希腊经济的崩溃和政治的混乱。在20世纪中期，希腊经历了一系列政治动荡。1967年，军人发动政变，建立了七年的军事独裁政权。直到1974年，民主政治才得以恢复。在接下来的几十年里，希腊经历了经济和政治的挑战，包括国债危机和移民危机等问题。2009年底，希腊深陷主权债务危机。欧盟、欧洲央行和国际货币基金组织先后向希腊提供救助贷款2390亿欧元。2015年7月，希腊与欧盟达成总额820亿欧元的第三轮救助协议。2018年8月，希腊正式退出救助计划。2022年4月，希腊提前还清国际货币基金组织救助贷款。2022年8月，希腊退出欧盟强化监管机制。在脱离国际货币基金组织救助贷款和退出欧盟强化监管机制后，希腊迎来了更多自主权和灵活性，为其实施更有针对性的政策提供了更大空间。希腊政府表示将继续加强与其他国家的双边和多边经济合作，寻求更广泛的国际合作机会。近年来，希腊政府积极推行经济和社会改革，大力吸引投资，正逐渐摆脱希债危机负面影响，致力于继续推动经济和社会改革，以吸引更多投资，创造就业机会，提高国家整体竞争力。此外，希腊还计划通过提升科技创新、加强教育体系和培养高技能劳动力等手段，加速实现经济结构的升级和转型。希腊政府还将注重可持续发展和环境保护，积极参与全球应对气候变化的努力。推动绿色能源和环保技术的发展，促进可再生能源的利用，将成为未来希腊发展的重要方向之一。在国际事务中，希腊将继续维护并拓展与邻国和国际社会的友好关系，参与全球事务，为国际和平与稳定贡献力量。通过深入参与“一带一路”倡议等国际合作平台，希腊有望在贸易、投资和文化交流等领域取得更多合作机会，进一步巩固其在地区和国际事务中的地位。

二、人口情况

人口规模适中的希腊，其特征为多元的民族构成和丰富的文化传承。截至2021年底，希腊的总人口维持在1040万人左右，相当于我国哈尔滨市的常住人口规模，而人口密度为每平方千米82人。然而，过去10年间，希腊的总人口并未呈现显著增长趋势，相反，自2012年以来总人口减少了约70万人。希腊的民族构成展现出丰富多样，其中希腊族占比最大，几乎占总人口的98%。此外，希腊还有其他少数民族如阿尔巴尼亚族、马其顿族、土耳其族、保加利亚族、罗姆族（吉卜赛人）等，共同构建了国家的多元文化景观。这种民族多样性为希腊赋予了独特的文化底蕴，也在国内形成了和谐的社会氛围。在语言方面，希腊语是官方语言，属于印欧语系的希腊语族。同时，英语和法语在希腊扮演着重要的角色，成为国内最主要的外语。这反映了希腊在国际交流与合作中的开放态度，也为国民提供了更广泛的语言沟通途径。总体而言，希腊的人口状况呈现出相对平稳的趋势，而其多元的文化特色和语言环境为国家的社会融合和国际交往提供了丰富的资源（见图1-1）。

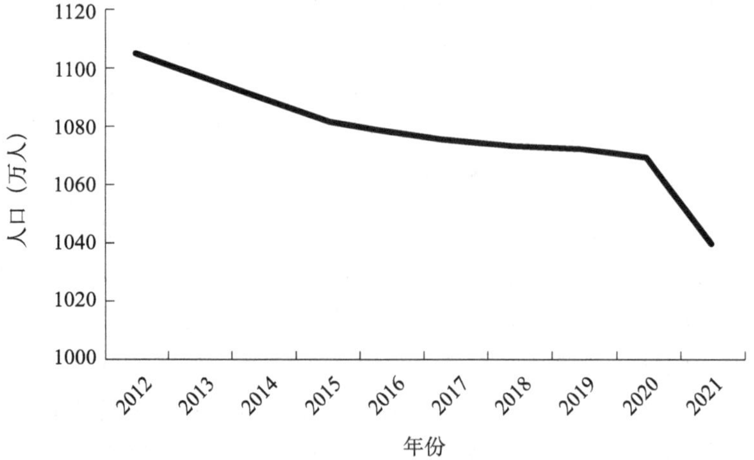

图1-1　2012—2021年希腊人口变化趋势

资料来源：世界银行（World Bank）。

从性别结构来看，2021年希腊男性人口约为509万人，占总人口的48.94%；女性人口约为531万人，占总人口的51.06%。从年龄结构来看（见图1-2），2021年希腊15—64岁的人口数约为700万人，约占63%；

而65岁及以上人口占比23%左右，明显超过国际通常界定的7%，这意味着希腊已处于老龄化社会的阶段。对比2012、2021两年希腊人口年龄结构图，可以发现65岁及以上人口在10年间占比下降了约2个百分点。尽管人口总数有所波动，但劳动年龄人口减少、社会养老金负担加重已是不争的事实。在应对老龄化社会方面，希腊政府需要研究和采取一系列的政策措施，以保证国家的可持续发展。

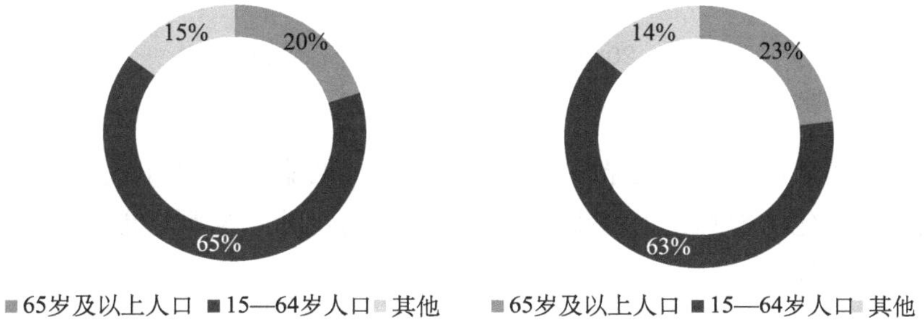

图1-2　2012年（左侧）与2021年（右侧）希腊人口年龄结构

资料来源：世界银行（World Bank）。

总体而言，正如图1-3所示，希腊的城镇化率相对较高。与其他发达国家城市人口数量日益增长的趋势一致，希腊城市人口逐年增加，城镇化率从2012年的76.64%上升至2021年的80%。根据世界银行WDI数据库统计，中国在2012年的城镇化率仅有51.77%，但到2021年，这一数值已经上升到62.51%，逐渐接近发达国家的水平，但仍低于希腊。希腊的持续城市化进程带动了国家经济的发展，并为城市居民提供了更多的就业和生活便利，但同时也带来了一些城市化进程中普遍会遇到的问题，如房地产价格的上涨、交通拥堵以及环境污染等，需要政府采取相应的措施来解决。

2012年，希腊全国乡村人口达到198.25万人，而2021年这一数字降至193.67万人。与此同时，2012年城市人口为780.33万人，到2021年则下降至776.42万人。对于总人口增长率，从2019年起表现出持续下降的趋势。在这一时期内，乡村人口下降率始终高于城市人口下降率，并且城市人口数量的减少速度相对较为缓慢。然而，自2020年以来，希腊面临着多重冲击，包括经济危机和全球疫情，导致人口下降率进一步加剧，使得希腊总人口处于负增长状态。这一趋势在图1-4中得以明显呈现，

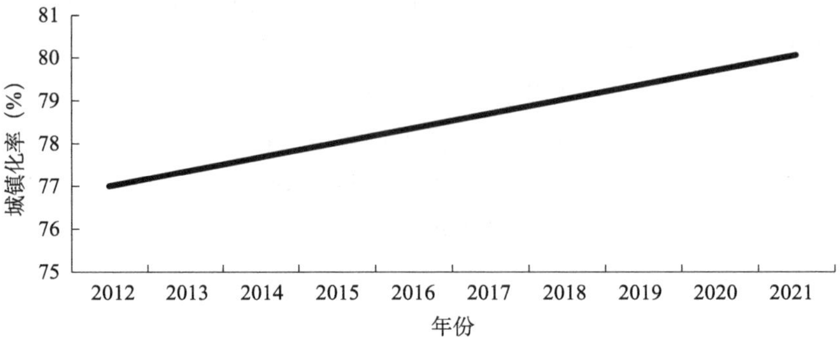

图 1－3　2012—2021 年希腊城镇化率变化情况

资料来源：世界银行（World Bank）。

展示出希腊人口动态的复杂性。乡村地区人口的稳步减少可能受到农业现代化和都市化的影响，而城市人口相对较为稳定的减少则可能与城市化过程中的人口迁徙、经济压力以及全球性事件等因素有关。

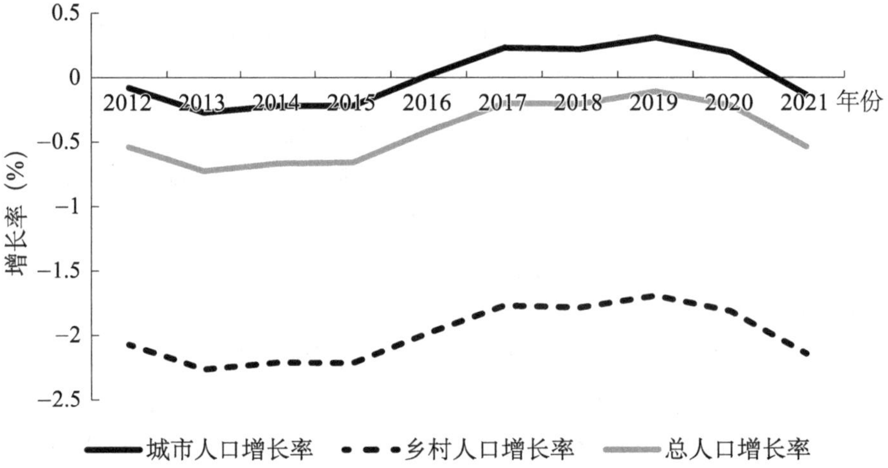

图 1－4　2012—2021 年希腊城乡人口增长率变化

资料来源：世界银行（World Bank）。

在教育领域，希腊实施了九年制义务教育制度，涵盖了小学和初中两个阶段。小学阶段通常为 6 年，而初中则为 3 年，国家对学生的食宿提供相应的补贴，以确保广大学生能够平等获得基本的教育资源。这一制度旨在为学生提供均等的教育机会，培养他们的基础知识和综合素养。希腊在高等教育方面具备多元的教育机构，包括大学、技术学院和艺术学院。大学通常提供本科、硕士和博士课程，为学生提供多层次、多领域的深度学习机会。在大学体系中，可分为公立和私立两类。公立大学接受国家资助，为学生提供相对经济的学费，并受到政府的管理和监督。而私立大学则依赖私人机构或团体提供经费支持，具有一定的独立性和自主性。本科学位课程通常为 4 年，涵盖广泛的学科领域，旨在为学生提供扎实的学科基础和广泛的知识面。硕士课程通常为 1—2 年，注重深度学习和专业知识的掌握，为学生提供更高水平的专业素养。博士课程通常需要 3—4 年，着重于独立研究和学术创新，培养学生成为在特定领域内的专业人才。

三、地域状况

希腊位于欧洲东南部，拥有丰富的海岸线和多岛屿，国土面积居欧洲 43 国的第 10 位。它横跨约 500 千米，纵深约 250 千米，位于巴尔干半岛的南端。首都雅典位于东二区，比北京时间晚 5 小时。希腊的政治结构为单一制，分为 13 个大区和 1 个自治僧侣共和国（阿索斯）。这些大区进一步划分为 74 个区，进而包含了 325 个市。根据 2021 年的数据，雅典和萨洛尼基分别是希腊人口数量第一大和第二大的城市。

希腊地貌以山地和丘陵为主，拥有丰富的海岸线和众多的岛屿。其中，品都斯山脉和托罗斯山脉是希腊的两大主要山脉，奥林帕斯山是国内最高峰，海拔 2918 米，也是希腊的国家象征。除了山地和丘陵外，希腊还有广阔的沿海平原和丰富的河流网络，主要河流有阿赫洛斯河、阿拉河和斯特里蒙河等，这些河流为希腊的农业和工业提供了丰富的水资源。希腊约有 6000 个岛屿，其中只有大约 200 个岛屿有人居住。最大的岛屿包括克里特岛、伊底特岛、罗得岛和科孚岛等。这些岛屿在地中海中分布广泛，是希腊风景秀丽和旅游业的重要组成部分。

希腊的气候主要为地中海气候，夏季炎热干燥，冬季温暖湿润。全年平均降水量为 652 毫米，但由于地理差异，降水在不同地区表现出显著差异，山区通常更为湿润。而内陆地区则呈现大陆性气候，夏季炎热干燥，冬季寒冷，气候变化较为明显。这一气候条件不仅塑造了希腊多样化的自然景观，也直接影响了国家的农业、工业和旅游业。

四、资源禀赋

希腊拥有相对丰富的水资源，全国水资源总量为 720 亿立方米，人均水资源量为6812立方米。希腊的主要河流包括阿赫洛斯河、阿拉河和斯特里蒙河，河流全长达1500千米，多数河流发源于内陆的山区。希腊的森林覆盖率也较高，占全境的三分之一左右，尽管森林资源丰富，但在不同地区分布不均。特别是在北部和中部地区的森林覆盖率较高，而南部和岛屿地区的覆盖率较低。针叶树和阔叶树种类繁多，过去林业主要侧重于木材生产，而现在更多关注于生态保护和生物多样性的维护。

希腊的矿产资源比较丰富，其中包括铝、铀、铅、锌、铁、镍和铜等。铝矿和铁矿资源尤为丰富，主要分布在中北部地区。希腊的铁矿资源主要集中在塞萨洛尼基附近，铜矿资源主要位于马其顿和色雷斯地区。此外，希腊还有一些重要的非金属矿产，如镁、铬和煤等，其分布主要在北部和中部地区。在过去的几十年里，希腊的煤炭产量一直保持稳定，主要用于国内的能源供应。

尽管希腊是石油和天然气的净进口国，但在爱琴海和伊奥尼亚海的海底发现了一些石油和天然气资源。然而，由于开采量有限，希腊仍然主要依赖进口来满足其石油和天然气需求。

希腊拥有丰富的可再生能源资源，尤其是太阳能和风能。得益于其地理位置，希腊享有充足的阳光和稳定的风力，为可再生能源的发展创造了有利条件。希腊政府也在积极推动可再生能源的发展，旨在减少对传统能源的依赖，降低温室气体排放，促进可持续能源的广泛应用。这一举措有望进一步推动希腊的绿色能源转型和可持续发展。

五、经济实力

在经济发展方面，希腊经历了不少挑战和变化。早年，希腊的经济依赖于农业和旅游业。进入21世纪后，国家逐渐尝试推动产业多元化，增强经济的抵御风险能力。然而，在全球经济危机和欧债危机的双重影响下，希腊经济遭受重创，国家不得不在国际救助的框架下实施严格的财政紧缩政策和结构性改革。从表1-1中可以看出，2012—2021年，希腊的GDP波动较大。2012年，希腊的GDP为1883.81亿美元（按2015年不变价格计算为2001.76亿美元），但随着经济危机的影响，2013年的GDP下降至1798.84亿美元（按2015年不变价格计算为1951.40亿美元），GDP增速为-2.52%。接下来的几年里，希腊的GDP增速缓慢上升，直至2019年达到1.88%的正增长。然而，2020年受到COVID-19疫情的影响，GDP 大幅下降，增速为 -9.00%。幸运的是，到了 2021 年，希腊经济出现强劲反弹，GDP 增速上升至 8.43%，GDP 总值回升至 1816.75 亿美元（按 2015 年不变价格计算为 2032.49 亿美元）。这段时期的经济波动展示了希腊在全球经济环境变化及国内结构性改革下，经济的恢复力和增长潜力。尽管面临众多困难，但希腊政府通过加强法制建设、改善企业经营环境，以及逐渐恢复国际信任，为国家经济的恢复和发展打下了基础。希腊的经济改革和复苏也为其他面临类似困境的国家提供了宝贵的经验。

表 1-1　2012—2021 年希腊国内生产总值状况

年份	GDP（亿美元）（现值）	GDP（亿美元）（2015 年不变价格）	GDP 增速（%）
2012	1883.81	2001.76	-7.09
2013	1798.84	1951.40	-2.52
2014	1772.36	1960.68	0.48
2015	1763.69	1956.84	-0.20
2016	1744.94	1947.30	-0.49
2017	1769.03	1968.57	1.09
2018	1795.58	2001.41	1.67
2019	1833.51	2039.13	1.88
2020	1654.06	1855.52	-9.00
2021	1816.75	2032.49	8.43

资料来源：世界银行（World Bank）。

希腊经济与其所处的欧元区紧密相连，虽然经济发展曾面临挑战，但人们的收入水平相对较高。图 1-5 展示了希腊人均 GDP 在多年间的变化情况，从 2012 年的 20192.60 美元到 2021 年的 20300 美元。在 2020 年，受到全球经济环境的影响，希腊的人均 GDP 出现了小幅下降，降至 17658.95 美元，但到了 2021 年，人均 GDP 几乎恢复到了 2019 年的水平，并呈现出上升态势，达到 20300 美元。这段时间的变化反映了希腊经济的逐步恢复和增长。虽然在 2015—2016 年，希腊的经济面临压力，人均 GDP 分别为 18083.88 万美元和 17923.97 万美元，但随后逐渐回升，2018 年更是达到 19756.99 万美元。这种增长趋势说明了希腊经济在面对困境时的恢复能力以及国家为改善经济状况所做的努力。从图 1 – 6 可知，希腊拥有发达的服务业，在 2012 年产值就到达了 197869 百万欧元，2021 年下降至 173654 百万欧元。而工业产值仅占 15% 左右，由 2012 年的 35832 百万欧元下降到 2021 年的 32902 百万欧元。农业产业规模最小，10 年间波动较小，2012 年为 8328 百万欧元，而 2021 年是 8317 百万欧元。第二产业和第三产业在十年中 GDP 占比略有下降，唯有第一产业得到发展（见图 1 – 7 和图 1 – 8）。

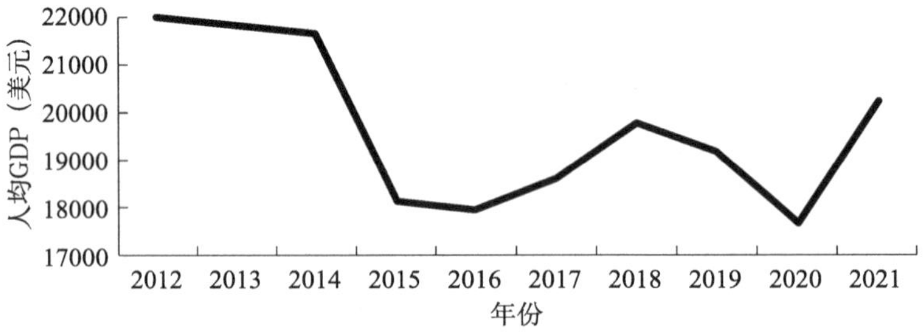

图 1 – 5　2012—2021 年希腊人均 GDP 变化情况

资料来源：世界银行（World Bank）。

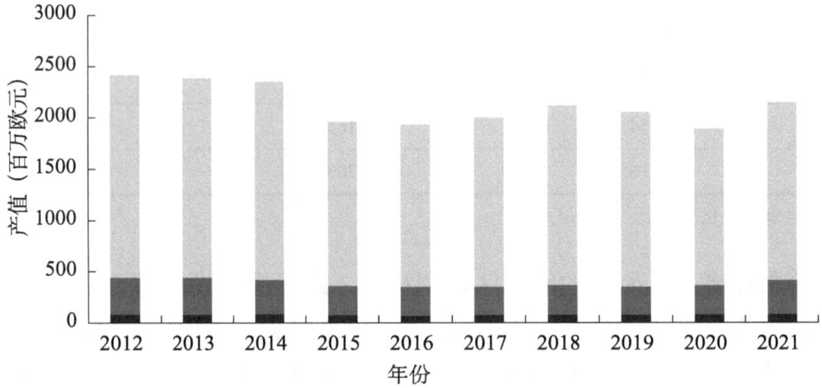

图 1 – 6　2012—2021 年希腊产值变动情况

资料来源：希腊国家统计局。

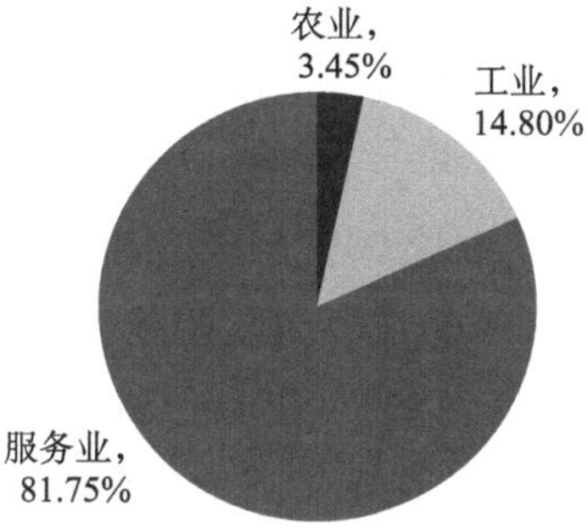

图 1－7　2012 年希腊三大产业占 GDP 比重

资料来源：希腊国家统计局。

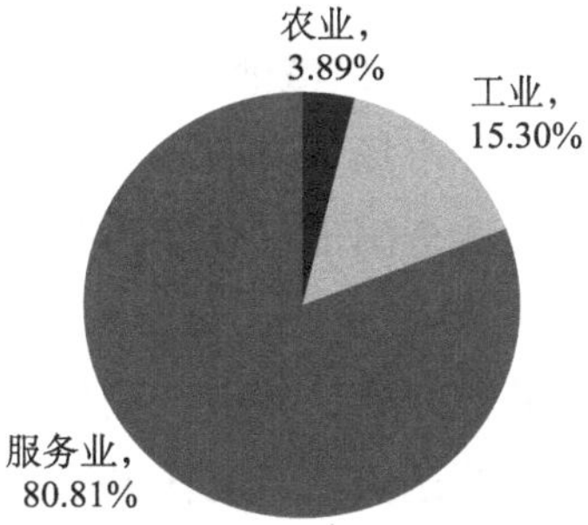

1－8　2021 年希腊三大产业占 GDP 比重

资料来源：希腊国家统计局。

六、重点产业

希腊是欧盟内中等发达国家，经济对外依存度高，以海运、旅游、商贸为支柱的第三产业占国内生产总值70%以上。近日全球第四大权威信用评级机构 DBRS 晨星将希腊信用评级上调至“投资级”，结束了该国债券 13 年来的“垃圾级”状态。这一发展对希腊的经济来说，具有历史性意义。因为它标志着希腊成功地结束了持续 10 年的金融危机。希腊的总体经济发展向好，与此同时，房地产业也是一片欣欣向荣。全球包括英、美等国家频频对希腊房产市场释放友好信号。

第一，矿产业。希腊主要矿产有铝矾土（储藏量约 10 亿吨）、褐煤（储藏量 58 亿吨）、镍、铬、镁、石棉、铜、铀、金、石油、大理石等。褐煤产量居欧盟第一位，世界第六位。希腊铝土矿储量较大，但属于中低品位的水软铝石和水硬铝石。希腊国产原油主要来自北爱琴海萨索斯岛的普利诺斯（Prinos）油田，该油田于 1981 年开始投产，已累计实际生产逾 1.10 亿桶，2019 年平均日产量约 3300 桶，每桶平均生产成本约 21.51 美元。Energean 油气公司是目前唯一一家在希腊生产石油的公司。希腊风能和太阳能资源丰富，新能源发展潜力巨大。

第二，农业。农业在希腊国民经济中占有一定地位，但农业产值对国内生产总值的贡献较小。根据希腊国家统计局（ELSTAT）公布数据，2021 年希腊农业产值占国内生产总值的 3.89%。这一占比虽然不高，但对就业和出口有较大影响。在欧盟农产品产量占比中，希腊橄榄油占比最高，为20.31%，次之，是水果占比为12%，最后是绵羊和山羊占比为10.71%。希腊的橄榄油、葡萄酒、蔬菜、水果和乳制品等是主要出口农产品，在国际市场上具有一定竞争力。2020年，希腊农产品出口额6500百万欧元，占全国出口总额的21.32%，其中近60%的农产品出口至欧盟国家。截至2019年底，希腊共有107项农产品注册为欧盟地理标志产品，数量位居欧盟前列，其中“受保护的原产地名称”（PDO）76项（如卡拉马塔橄榄、菲达奶酪、圣托里尼西红柿等），“受保护的地理标志”（PGI）31项（如拉科尼亚橄榄油、纳克索斯马铃薯、卡斯托里亚苹果等）。据欧盟统计局数据，2018年希腊农业吸纳就业人数占10.73%，比例在欧盟成员国中排名第三位。希腊的农业产品在欧洲拥有强大的影响力，在美国食品市场的占有率也越来越大。希腊是欧盟棉花和烟草的主要生产国，希腊橄榄油产量占全球总产量的13%，居世界第三位，其中75%是特级初榨橄榄油。葡萄、甜瓜、西红柿、桃子和橘子也是受欧盟欢迎的产品。

第三，旅游业。旅游业是希腊获得外汇来源和维持国际收支平衡的重要经济部门。近年来，希腊政府将旅游业发展重心从增加游客数量转向提高游客消费水平，取得较好经济和社会效益。主要旅游景点有：雅典卫城、德尔斐太阳神庙、奥林匹亚古运动场遗址、克里特岛迷宫、埃皮达夫罗斯露天剧场、维尔吉纳马其顿王墓、圣山、罗得岛、科孚岛等。在2023年第一季度，希腊旅游业收入增长了63.80%，达到了732.9亿欧元。从交通数据可以进一步体现希腊旅游业的强势。希腊全国共有39个机场，其中28个运营国际航班，国际机场比例极高，通行便利，可以通过大量的航班吞吐全球各地的游客。其中希腊最大的国际机场，2022年国际入境人数达到了740万人次，而通过港口入境的人数在2019年就已经达到了430万人次。从入境人数来看每年进入的游客超过1亿人次，而希腊的人口数量不过1043.2万人。

第四，海运业。在经济全球化的今天，海运贸易量约占全球贸易量的80%，海运对稳定全球供应链、消费品价格和支持必需品交付的重要性毋庸置疑。海洋对人类社会发展依旧至关重要，海运仍是全球贸易运输的顶梁柱。根据联合国贸发会议报告，截至2021年年底，希腊船队吨位占全球总吨位的17.63%，连续多年稳居世界第一位。希腊船东联盟2022年5月发布的年度报告指出，希腊是世界上最大的海运国，也是全球最大的跨境货物承运人。希腊船东目前拥有5514艘船舶，约占全球总吨位的21%、占欧盟总吨位的59%，掌控了世界31.78%的油轮、25.01%的散货船和22.35%的液化天然气船队。与2014年相比，希腊拥有的船队总吨位增长了45.81%。作为“希腊经济稳定的灯塔”，海运业创造的GDP占希腊全国GDP的近7%，并提供了约20万个就业机会。海运业为希腊经济带来了大量净收入，即便受到新冠疫情影响，2021年希腊海上运输的国际收支流入依旧超过2019年的水平，达到170亿欧元。

第五，数字经济产业。希腊的数字经济在加速发展，希腊很早便开始制定相关领域和行业的数字化发展战略，对生产领域、服务领域、贸易领域中所有致力于实施数字化创新、提高竞争力的企业提供多方面支持，但实施效果有待考量。自2014年起，欧盟每年都会公布数字经济和社会指数（DESI）排名，评分主要依据欧盟各成员国在人力资本、互联互通、数字技术融合和数字公共服务四大领域取得的进展。欧盟发布的2022年数字经济和社会指数显示，在欧盟27个成员国中，希腊属于EGDI非常高水平组，而总分第一的是芬兰。根据《2022联合国电子政务发展指数调查报告》显示，在193个国家中，希腊排第33位，相比2020年的第35位排名有所上升。如表1-2所示，2021年希腊电子政务发展指数（EGDI）为0.85，网络服务指数（OSI）为0.78，人力资本指数（HCI）为0.94，电信基础设施指数（TII）为0.82。而中国在193个国家中排第43位，EGDI在2021年达到了0.82，在亚洲地区排第9位。从三个细分指标来看：中国网络服务指数OSI为0.89，远超希腊；人力资本指数HCI比希腊低0.2，提升空间较大；电信基础设施指数TII差距较小，两国仅相差0.02左右。

报告有一套独特的评级标准，所有国家首先被分成极高指数（0.75—1）、高指数（0.50—0.75）、中等指数（0.25—0.50）和低指数（<0.25）四大类，其次为了更好地评估各国在各自组群中的电子政务发展情况，每个大类又被进一步分为4个级别。各组具体细分为（按从高到低次序）：极高指数组，VH、V3、V2、V1；高指数组，HV、H3、H2、H1；中等指数，MH、M3、M2、M1；低指数，LM、L3、L2、L1。如表1-2中，希腊与中国同属极高指数大类。表1-3中EGDI指数排名前15的国家都属于最高级别VH，其中欧洲国家还是占了绝大多数，而亚洲国

家发展速度较快，未来提升空间较大。

表 1－2　　2021 年希腊与中国 EDGI 排名对照

国家	级别	EDGI 排名	地区	OSI	HCI	TII	EGDI（2021）	EGDI（2020）
希腊	V2	33	欧洲	0.78	0.94	0.82	0.85	0.80
中国	V2	43	亚洲	0.89	0.74	0.80	0.82	0.79

资料来源：2020 和 2022 United Nations E－Government Surveys.

表 1－3　　2021 年 EGDI 全球排名前 15 的国家

国家	级别	EDGI 排名	地区	OSI	HCI	TII	EGDI（2021）	EGDI（2020）
丹麦	VH	1	欧洲	0.98	0.96	0.98	0.97	0.98
芬兰	VH	2	欧洲	0.98	0.96	0.91	0.95	0.95
韩国	VH	3	亚洲	0.98	0.91	0.97	0.95	0.96
新西兰	VH	4	大洋洲	0.96	0.98	0.89	0.94	0.93
瑞典	VH	5	欧洲	0.90	0.96	0.96	0.94	0.94
冰岛	VH	6	欧洲	0.89	0.97	0.97	0.94	0.91
澳大利亚	VH	7	大洋洲	0.94	1.00	0.88	0.94	0.94
爱沙尼亚	VH	8	欧洲	1.00	0.92	0.89	0.94	0.95
荷兰	VH	9	欧洲	0.90	0.95	0.96	0.94	0.92
美国	VH	10	美洲	0.93	0.93	0.89	0.92	0.93
英国	VH	11	欧洲	0.89	0.94	0.92	0.91	0.94
新加坡	VH	12	亚洲	0.96	0.90	0.88	0.91	0.92
阿联酋	VH	13	亚洲	0.90	0.87	0.93	0.90	0.86
日本	VH	14	亚洲	0.91	0.88	0.91	0.90	0.90
马耳他	VH	15	欧洲	0.88	0.87	0.92	0.89	0.85

资料来源：2020 和 2022 United Nations E－Government Surveys.

七、国际竞争力

根据世界经济论坛发布的《2019 全球竞争力报告》（见表 1－4），希腊在参与排名的全球 141 个国家（地区）中排第 59 位，综合得分 62.61。与上一年相比，希腊排名上升了 28 位，综合得分表现较为突出。之后一年，世界经济论坛在《2020 年全球竞争力报告特刊：各国在复苏道路上的表现》一文中选取了基础设施、公共机构、税收结构、教育课程更新、劳动保护、医疗保健与护理等 11 个指标，以此来评估各国的经济转型准备情况。在 0—100 的得分区间里，希腊综合得分为 62. 12，跨优先次序评估（即评估各国对 11 个转型优先事项中每个优先事项的准备情况，数字越接近 11，准备越充分）数量仅为 4，可以说该国在疫后经济复苏预期上缺乏韧性。相较于处于南欧的希腊，芬兰、丹麦等实行“北欧模式”的国家为经济转型所做的准备更充分，也更有希望带动经济体系实现可持续性并共享繁荣。世界银行在 2019 年发布的营商便利度排名显示，在计入统计的 190 个国家与地区当中，希腊排第 72 位。

表 1－4　2019 年全球竞争力指数排名（前 50）

排名	经济体	得分	排名变动	排名	经济体	得分	排名变动
1	新加坡	84. 81	+1	21	奥地利	76. 64	+1
2	美国	83. 72	−1	22	比利时	76. 41	−1
3	中国香港特别行政区	83. 11	+4	23	西班牙	75. 34	+3
4	荷兰	82. 42	+2	24	爱尔兰	75. 12	−1
5	瑞士	82. 31	−1	25	阿联酋	75. 01	+2
6	日本	82. 33	−1	26	冰岛	74. 71	−2
7	德国	81. 83	−4	27	马来西亚	74. 63	−2
8	瑞典	81. 24	+1	28	中国大陆	73. 92	−
9	英国	81. 21	−1	29	卡塔尔	72. 94	+1
10	丹麦	81. 22	−	30	意大利	71. 54	+1
11	芬兰	80. 24	−	31	爱沙尼亚	70. 92	+1
12	中国台湾省	80. 21	+1	32	捷克	70. 91	−3
13	韩国	79. 62	+2	33	智利	70. 54	−
14	加拿大	79. 62	−2	34	葡萄牙	70. 43	−
15	法国	78. 81	+2	35	斯洛文尼亚	70. 22	−
16	澳大利亚	78. 71	−2	36	沙特阿拉伯	70. 01	+3
17	挪威	78. 11	−1	37	波兰	68. 92	−
18	卢森堡	77. 01	+1	38	马耳他	68. 51	−2
19	新西兰	76. 74	−1	39	立陶宛	68. 41	+1
20	以色列	76. 72	−	40	泰国	68. 11	−2

续表

排名	经济体	得分	排名变动	排名	经济体	得分	排名变动
41	拉脱维亚	67.04	+1	46	科威特	65.11	+8
42	斯洛伐克	66.81	-1	47	匈牙利	65.12	+1
43	俄罗斯联邦	66.72	-	48	墨西哥	64.91	-2
44	塞浦路斯	66.41	-	49	保加利亚	64.91	+2
45	巴林	65.44	+5	50	印度尼西亚	64.61	-5

资料来源：世界经济论坛。

第二节 希腊对外贸易情况

希腊的对外经济往来和国际关系保持密切，全球范围内的关税壁垒逐渐减少，采取国际贸易便利化手段推动外贸增长已成为越来越多国家的外贸战略选项。近些年来，随着贸易制度越发完善，国际贸易开始集中在法国、德国、意大利、希腊等国。本节主要对希腊与主要贸易国的贸易现状和希腊与中国的贸易现状进行具体分析。

一、货物进出口总体规模

（一）希腊与主要贸易国的贸易现状

本节选取了与希腊的进出口贸易总额最多的 15 个国家进行了分析，选取了 2012—2021 年的数据，数据来自 OECD 数据库。这 15 个国家分别为：中国、日本、韩国、印度、美国、英国、新西兰、德国、俄罗斯、意大利、荷兰、印度尼西亚、法国、比利时、沙特阿拉伯。见表 1 -5。

表 1 -5　希腊与主要贸易国的贸易总额　单位：亿美元

国家	2012 年	2013 年	2014 年	2015 年	2016 年	2017 年	2018 年	2019 年	2020 年	2021 年
中国	83.878	98.242	96.858	67.614	68.371	91.627	70.64	120.936	112.794	130.411

续表

国家	2012年	2013年	2014年	2015年	2016年	2017年	2018年	2019年	2020年	2021年
日本	36.807	31.352	27.744	20.779	19.717	33.818	41.843	39.553	30.345	30.512
韩国	22.118	19.041	17.624	13.470	13.152	18.994	18.849	18.258	16.187	23.070
印度	12.750	8.930	8.220	7.859	7.562	12.403	12.758	10.228	7.395	14.815
美国	8.611	8.257	9.947	9.970	9.032	9.623	10.352	11.539	13.999	12.671
英国	8.000	5.028	4.882	4.076	8.719	5.901	5.178	11.762	11.404	4.239
新西兰	7.441	6.821	7.011	6.114	6.445	6.908	7.213	7.096	6.990	8.193
德国	7.272	7.207	7.343	6.148	6.504	7.196	8.253	8.317	8.636	9.851
俄罗斯	6.211	9.301	6.716	3.891	3.254	4.197	5.345	5.075	3.802	5.237
意大利	5.451	5.354	5.241	4.253	4.470	4.780	5.548	5.354	4.965	6.790
荷兰	5.300	4.805	4.744	4.307	4.260	5.100	5.762	5.207	5.144	6.646
印度尼西亚	4.608	4.362	4.599	3.696	4.081	5.294	4.990	4.370	3.842	7.248
法国	3.449	3.989	3.796	2.921	2.861	3.421	3.725	3.686	3.631	4.403
比利时	3.085	2.762	2.625	2.387	2.343	2.900	2.676	2.820	2.413	3.366
沙特阿拉伯	3.080	3.012	3.132	2.332	1.988	2.043	1.736	1.562	1.251	2.144

资料来源：OECD数据库。

从表1－5我们可以发现，中国是希腊第一大贸易国。以2021年的数据为例，希腊与中国的贸易总额是与美国和英国的贸易总额的约10倍，是与俄罗斯的贸易总额的25倍，而且是与德国的贸易总额的13倍。在2021年，希腊与中国的贸易总额为130.411亿美元，与日本的贸易总额为30.512亿美元，与韩国的贸易总额为23.070亿美元，与印度的贸易总额为14.815亿美元，与美国的贸易总额为12.671亿美元，与英国的贸易总额为4.239亿美元，与新西兰的贸易总额为8.193亿美元，与德国的贸易总额为9.851亿美元，与俄罗斯的贸易总额为5.237亿美元，与意大利的贸易总额为6.790亿美元，与荷兰的贸易总额为6.646亿美元，与印度尼西亚的贸易总额为7.248亿美元，与法国的贸易总额为4.403亿美元，与比利时的贸易总额为3.366亿美元，与沙特阿拉伯的贸易总额为2.144亿美元。

当对2021年的希腊与前15个国家的贸易总额进行排序时，可以发现有数个国家的排名发生了变化（见表1－6）。从贸易额由高到低来看，英国（从第5名跌至第13名），印度（从第7名升至第4名），美国（从第

4 名降至第 5 名），新西兰（从第 8 名升至第 7 名），印度尼西亚（从第 11 名升至第 8 名），意大利（从第 10 名升至第 9 名），荷兰（从第 9 名降至第 10 名），俄罗斯（从第 12 名升至第 11 名），以及法国（从第 13 名升至第 12 名），均发生了排名变动。其余国家的排名保持不变。然而，这些变动的幅度相对较小，没有显著变化。

表 1－6　　2021 年希腊与前 15 个国家贸易总额排名变动情况

国家	2021 年排名	2020 年排名	变动
中国	1	1	0
日本	2	2	0
韩国	3	3	0
印度	4	7	+3
美国	5	4	－1
德国	6	6	0
新西兰	7	8	+1
印度尼西亚	8	11	+3
意大利	9	10	+1
荷兰	10	9	－1
俄罗斯	11	12	+1
法国	12	13	+1
英国	13	5	－8
比利时	14	14	0
沙特阿拉伯	15	15	0

资料来源：OECD 数据库。

如表 1－7 可知，经过对同比增长率的计算，前 15 个国家的贸易增长率中有多个国家显示出正的增长率，说明希腊的贸易具有明显的增长趋势。同时，我们可以看到韩国的同比增长率为 42.52%，而俄罗斯的同比增长率为 37.76%，显示出这两个国家在 2021 年与希腊的进出口贸易呈现明显的增长趋势，势态良好。特别值得注意的是印度的同比增长率高达 100.34%，印度尼西亚的增长率为 88.68%，而沙特阿拉伯的增长率为 71.37%，说明希腊与这些国家的贸易增长显著。反观美国和英国的贸易额同比分别下降了 9.48% 和 62.83%，这可能与各国出台的相关贸易政策和全球经济环境有关。

表 1－7　2020—2021 年希腊与前 15 个国家贸易总额及同比增长率

国家	2020 年贸易总额（亿美元）	2021 年贸易总额（亿美元）	2021 年同比增长率（%）
中国	112.794	130.411	15.62
日本	30.345	30.512	0.55
韩国	16.187	23.070	42.52
印度	7.395	14.815	100.34
美国	13.999	12.671	-9.48
德国	8.636	9.851	14.07
新西兰	6.990	8.193	17.21
印度尼西亚	3.842	7.248	88.68
意大利	4.965	6.790	36.75
荷兰	5.144	6.646	29.19
俄罗斯	3.802	5.237	37.76
法国	3.631	4.403	21.26
英国	11.404	4.239	-62.83
比利时	2.413	3.366	39.46
沙特阿拉伯	1.251	2.144	71.37

资料来源：OECD 数据库。

（二）希腊与中国的贸易现状

本节选取了 2012—2021 年的数据，数据来自 OECD 数据库。希腊不仅与中东欧许多国家有着贸易往来，同时与中国的贸易也是不可或缺的一部分。中国“一带一路”的倡议一经提出，便引起了各个国家的热烈反响。由表 1－8 和图 1－9 可以看出，2021 年希腊对中国进出口商品总值为 130.411 亿美元，同比增长了 15.62%。与此同时，可以看到其他各个年份的同比增长率，其中 2014 年、2015 年、2020 年为负增长，其余年份为正增长。但是总体来看，希腊对中国的进出口总额还是朝着正向趋势发展。这一数据反映了希腊与中国之间的贸易关系持续增强，为双方带来了经济机会和合作潜力。

表 1 -8　　希腊与中国的贸易进出口情况　　单位：亿美元

项目	2012 年	2013 年	2014 年	2015 年	2016 年	2017 年	2018 年	2019 年	2020 年	2021 年
总额	83. 878	98. 242	96. 858	67. 614	68. 371	91. 627	105. 220	120. 936	112. 794	130. 411
增长率（%）	/	17. 13	-1. 41	-30. 19	1. 12	34. 01	14. 83	14. 94	-6. 73	15. 62
进出口差额	76. 010	90. 172	88. 113	59. 984	59. 863	83. 192	94. 219	109. 601	103. 184	117. 275

资料来源：OECD 数据库。

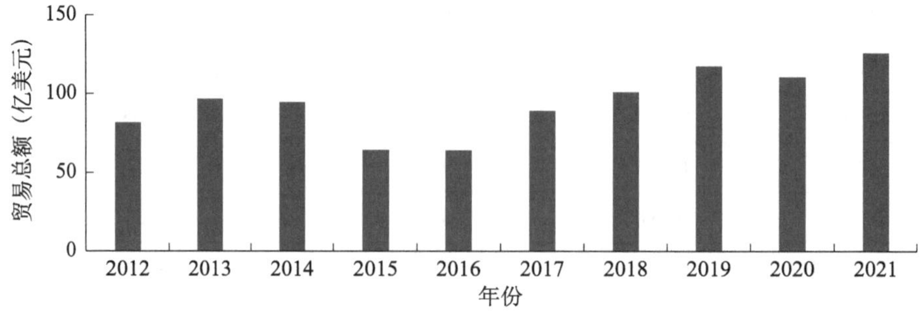

图 1 -9　希腊与中国的贸易总额

资料来源：OECD 数据库。

由表 1 -8 可知，2021 年中国对希腊进出口贸易差额为 117. 275 亿美元，2020 年为 103. 184 亿美元，2019 年为 109. 601 亿美元。由此可以看出，希腊从中国的产品进口额是远大于对中国产品出口额的。

二、希腊贸易政策与协定

（一）希腊贸易政策

1. 贸易主管部门

希腊的贸易主管部门是希腊经济和发展部（Ministry of Economy and Development），该部门负责制定和实施国内外贸易政策，以促进国家经济增长和发展。同时，该部门也负责消费者权益的保护。

2. 贸易法规体系

希腊是一个资源相对匮乏的国家，经济高度依赖对外贸易，因此贸易政策在国家经济中扮演着重要角色。希腊的贸易政策旨在通过国际商品交换来促进经济的持续增长，提高就业率和居民的生活水平。

希腊是欧盟的成员国，因此遵守欧盟的贸易法规和政策。欧盟内部实行自由贸易，同时也与许多国家和地区签署了贸易协定，这有助于扩大希腊的出口市场。此外，希腊还是世贸组织的成员，遵守相关的国际贸易规则。希腊与欧盟其他成员国之间的货物服务自由流动，与欧盟外国家的贸易适用欧盟统一的贸易政策。《共同关税税则》（Common Customs Tariff, Council Regulation 2658/87）规定了欧盟成员国对非欧盟国家贸易适用的关税税则。《欧洲共同体综合税则》（Integrated Tariff of the European Communities，简称 Taric）囊括欧盟正在实施的贸易措施，如优惠税率、关税配额、反倾销反补贴措施等。除了欧盟相关法规之外，欧盟给予发展中国家单边税收减免（Generalized System of Preferences），并与部分国家签署了双边自由贸易协定（Free Trade Agreements，FTAs）。欧盟依据协定条款与上述协议所涉国家开展贸易。

希腊与贸易有关的法规包括《希腊商业法典》（Greek Commercial Code）、《竞争保护法》（Competition Protection Act）以及《海关法》（Customs Law）等。希腊执行欧盟《关于对进口实施共同原则的第（EC）3285/94 号规则》和《关于对某些第三国实施共同进口原则的第（EC）519/94 号规则》，对相关进口产品实行进口配额、进口许可和进口登记等措施。希腊实行欧盟《关于实施共同出口原则的第（EEC）2603/1969 号规则》《关于文化产品出口的第（EEC）3911/1992 号规则》《关于文化产品出口的第（EEC）3911/1992 号规则》等，对少数产品实施出口管理措施。此外，希腊还执行欧盟对部分涉及核扩散和大规模杀伤性武器等领域的产品和技术的出口许可制度和最终用户监督制度。

3. 贸易管理的相关规定

（1）进口配额

按照欧盟的有关规定，希腊现对 89 项农产品实施关税配额制度。进口配额主要按照以下 3 种方式分配：将进口商划分为传统进口商和新进口商两部分，在配额分配时，优先考虑传统进口商；按申请先后次序分配，先来先领；按比例分配。以上 3 种分配方式由欧盟视具体情况选用。如以上方法均不适用，欧盟还可按规定程序采取特殊的管理措施。

（2）进口许可证

按欧盟的有关规定，希腊对数量限制产品、保障措施产品和进口监控产品实行进口许可管理。如对谷物、大米、牛肉、羊肉、牛奶及其制品、糖、加工水果和蔬菜、香蕉、植物油、种子、葡萄酒等实行进口许可制度。

（3）进口登记

目前，希腊按欧盟规定对产自中国的食品制剂、氯化铵、多元醇、柠檬酸、四环素及其衍生物、氯霉素、碱性燃料及其制剂、还原燃料及其制剂、烟花、聚乙烯醇、手套、鞋类、装饰瓷器、部分玻璃制品、含量低于99.99%未熔合锌，汽车用收音机、自行车、玩具、扑克牌和刷子等实行进口登记。

（4）进出口商品检验检疫

欧盟对大多数产品制定有技术法规，未涵盖在其中的商品受成员国自行制定的技术法规管辖。对于电子电气产品、能源相关产品、通信设备、机械、玩具、医疗器械等，欧盟的进口检验主要依赖供应商的“一致性声明”（Declaration of Conformity）。对于高风险产品，供应商需要在成员国授权的第三方机构进行“一致性评估”。

欧盟动植物产品检验检疫措施主要体现在一般食品法（178/2002 号法规）、以及与食品卫生相关的 852/2004 号、853/2004 号和 854/2004 号法规中。欧盟成员国进口商只能从预先经过批准的国家和地区进口动植物以及相关产品。

根据欧盟要求，希腊对进口农产品包装标识和标记要求严格，进口农产品包装上须用英语或希腊语标明产地、生产商及其联络地址、电话、包装产品的详细描述及重量（或内包装数量及其单位重量）等内容。

希腊对种植类农产品卫生标准的政策制定、检查和执行部门是农业部种植类农产品加工标准化和质量控制司，希腊各海关均设有受该司管制的产品检验所，负责对进口农产品进行卫生检验和检疫。

希腊对畜产品卫生和检疫标准的政策制定、检查和执行部门是农业部动物健康标准司，该司对进口畜产品检验和检疫的程序与农产品检验近似。

4. 海关管理规章制度

希腊海关管理制度与欧盟保持统一，执行《共同体海关通则》（Community Customs Code，Council Regulation 2913/92）及其实施条例（Council Regulation 2454/93）。该法典阐明了欧盟国家与非欧盟国家之间贸易的规则和程序，规定了相关各方的权利与义务，囊括了进出口的基本问题，如关税、海关估价、商品分类、原产地规则、仓储、过境、加工等。

WTO 数据显示，欧盟对盟外进口商品征收关税的平均税率为 5.21%，其中非农产品平均税率3.92%，农产品平均税率13.81%。农产品关税整体较高，且多为非从价税，还包括季节性关税及进入价格系统（如产品价格超过一定金额则关税降低）。

（二）希腊对外国投资的市场准入规定

希腊主管国内投资和外国投资的政府部门是经济、基础设施、航运和旅游部及其下属的希腊企业局（Enterprise Greece）。经济、基础设施、航运和旅游部主要负责制定投资宏观政策，希腊企业局负责提供咨询、信息以及投资指导等具体事项。

根据希腊有关法律法规，非欧盟公民不得拥有边境地区的房地产；不能持有那些在边境地区投资房地产的公司股份；不能持有私人电台、电视台公司的股份；希腊还限制非欧盟公民在航空、航运以及采矿业这些领域的投资。

根据希腊企业局的信息，希腊政府鼓励外商投资的领域主要包括：①新能源，如太阳能、风能等；②新技术，如通信、网络、软件开发等；③旅游产业，如酒店业、旅游配套设施等；④农副产品加工；⑤节能、环保项目；⑥道路、交通、停车场等物流基础设施；⑦生命科学和制药业；⑧对落后地区的投资。

希腊对外商投资的方式方法没有特别的规定，外国自然人和外国公司并购当地企业或是并购上市公司适用与当地企业相同的法律法规。

自2015年1月新政府上台后，暂时叫停了原政府对大型国有企业的私有化进程，包括部分中资企业参与的投标项目处于等待状态，未来政策尚不明朗。同年4月20日，生产重建、环境和能源部部长拉法扎尼斯对媒体称，欢迎中国企业参与爱奥尼亚海和南部克里特岛海域的深海油气勘探项目第二轮竞标。但目前竞标具体工作尚未开展。

希腊有两个法律框架适用于通过特许权招标进行的公共工程建设。第3669/2008号法适用于大型基础设施项目的特许经营；第3389/2005号是关于公私合营项目的法律框架，适用于满足特定要求且预算低于5亿欧元的项目。

已实施的以BOT方式开展的大型基础设施项目包括：（1）Rion - Antirion大桥，建成于2004年。作为特许经营权获得者，Gefyra公司在42年的特许经营期内，负责大桥的设计、建设、融资、维护和运营。法国公司

Vinci 是该公司的主要股东。（2）Attiki 公路，全部建成于 2004 年，作为特许经营权获得者，ATTIKI ODOS 公司与希腊政府签订了特许经营合同，承担公路的设计、建设、融资、运营和维护。该公司股东主要为希腊公司。（3）雅典国际机场，于 2001 年 3 月开始运营。成立于 1996 年的雅典国际机场公司（AIA）为公私合营公司，与希腊政府签署了 30 年的特许经营权协议，负责机场的“设计、融资、建设、完善、试运营、维护、运营、管理和发展”。希腊政府持有该公司 55% 的股份，私人股东共同持有剩余 45% 的股份，其中德国豪赫蒂夫机场投资有限公司持有 13. 33% 的股份；加拿大 PSP 投资公司持有 26. 67% 的股份（于 2013 年 5 月从豪赫蒂夫机场有限公司购得）。

中远比雷埃夫斯码头公司租用和建成的比港二号、三号码头项目是中资企业在希腊开展的唯一的 BOT 项目，也是中国在欧洲取得的第一个全资的大型集装箱码头特许经营权项目。2008 年在胡锦涛主席的见证下，中远集团与希腊比雷埃夫斯港务局签订了相关协议。其中二号码头为租用，三号码头为自建，该项目总的工程、设备投资额为 5. 53 亿欧元，营运期 35 年，期满后中国方面将项目完整地交还给希腊政府。目前该项目取得了非常好的经济和社会效益，成为中国和希腊合作的典范项目。截至 2014 年，希腊已签订协议的 PPP 项目共 7 项，总金额 4. 65 亿欧元，正在商谈的项目有 5 项。这些项目主要集中在环保、能源、城市发展、旅游、信息技术和交通方面。私营合作方主要是希腊本地公司，涉及领域主要为海运、机械、旅游业等。

（三）希腊对外国投资的优惠政策

1. 优惠政策框架

按《投资促进法》（第 3908/2011 号）的规定，在希腊投资可根据投资地区和投资行业的不同获得投资补助、租赁补助、工资补助和税收减免等优惠政策。此后修订的《投资促进法》（第 4146/2013）进一步加强了对战略性投资和私人投资的激励。

2. 行业鼓励政策

希腊《投资促进法》将鼓励类行业分为两类，不同类行业在不同地区享受不同的优惠政策。

3. 特殊经济区域的规定

目前希腊还没有设立经济特区，2011 年 10 月，欧盟曾表示，将与希腊政府讨论建立经济特区的问题，以改善希腊商业环境。

希腊有 2 个保税区，均位于比雷埃夫斯、萨洛尼卡和伊拉克利翁的港口地区。根据欧盟法规 2504/88 和 2562/90 进行装卸作业。转口货物也可储存在保税自由贸易区内。区内可进行再包装、分类和贴标签等作业。萨洛尼卡保税区内有小块区域可进行组装与加工。货物储存在空间上有限制，在时间上没有限制，每六个月交一次仓库保管费。

PROCOM 保税区位于希腊北部塞雷省（Serres）的 Promachon（保加利亚边界附近），到巴尔干国家各大城市的平均车程不到 2 小时，距离希腊北部第二大城市萨洛尼卡港 120 千米。PROCOM 保税区交通便捷，铁路、公路、海运、航空四通八达。该保税区拥有土地超过 70 万平方米，内有货运、仓储、商业中心及配套设施，可进行商品仓储、转运、零售和批发，也可开展商品展示和各种商务活动，是目前希腊最大的物流中心。已有来自摩尔多瓦、保加利亚、乌克兰、俄罗斯、马其顿、阿尔巴尼亚、黑山、德国、捷克、奥地利和希腊等国家的多家企业积极参与。希腊政府对该保税区的鼓励政策为：货物在保税仓库内存放或再组装等免交关税及增值税；对新投资项目给予 30% 的补贴，投资十年内如未分配利润，税收可减免。

位于希腊西海岸的 ASTAKOS 港口保税工业园是希腊具有保税功能的港口工业园。希腊西海岸靠近苏伊士—直布罗陀这一国际主要海洋运输通道，是南欧“欧盟—希腊—东欧”这一轴线的交通枢纽。ASTAKOS 毗邻 PLATIYIALI 海湾，北距西希腊 AETOLOAKARNANIA 省 ASTAKOS 市 7000 米，拥有深水良港以及所依托的四通八达的内陆交通网，供水、排污、通信等基础设施完善，使其有能力面对地中海任何港口的竞争。占地面积总计 166 万平方米，其中港口面积大约为 40 万平方米。根据希腊有关法律规定，在该港口保税工业园内建立的公司将享受以下优惠条件：第一，免征进口关税和其他有关税费，且无进口数量限制及其他类似的贸易限制措施，企业免税经营。第二，与在园外建厂相比，可享受较优惠的建厂条件。第三，在该保税工业园设立的公司将享受其投资额 30% 的政府补贴，并在前 5 年内免征税收。

第三节
希腊对外投资情况

一、FDI 总额

（一）流量

外商投资在希腊经济发展中具有重要意义。根据表 1 – 9 和图 1 – 10 的数据，在 2012—2014 年，希腊的 FDI 总额呈上升趋势，从 2012 年的 2418 百万美元上升到 2014 年的 5706 百万美元。从 2015 年开始，FDI 总额呈现出波动上升的态势，并在 2017 年达到 3653 百万美元，成为 2012—2021 年这 10 年间的最高值。然而，在 2017—2021 年，希腊的 FDI 总额再次呈现不稳定的波动下降趋势。这一趋势表明，希腊在吸引外商投资和对外投资方面面临一些挑战。尽管曾经有一段时间的增长，但后来的波动下降表明需要采取更多措施来吸引和维持外商投资，以促进希腊经济的可持续增长。

表 1 – 9　　2012—2021 年希腊 FDI 流入流出总体情况　　单位：百万美元

年份	FDI 总体情况
2012	2418
2013	2032
2014	5706
2015	2846
2016	1098
2017	3653
2018	4450
2019	5661
2020	3762
2021	7437

资料来源：联合国贸易和发展会议（UNCTAD）。

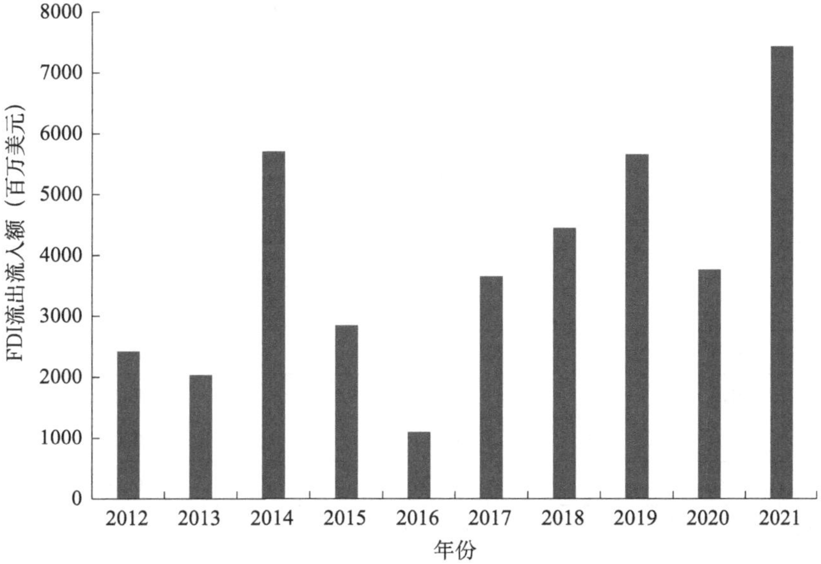

图 1－10　2012—2021 年希腊 FDI 流入流出总体情况

资料来源：联合国贸易和发展会议（UNCTAD）。

（二）存量

在国际投资流量不断提高的背景下，希腊的国际投资存量呈现持续上升的趋势。希腊吸引外商投资的规模较大，但增长较为缓慢。由表 1－10 可知，2021 年希腊吸引外资的存量规模为 43476 百万美元，占全球的比例为 0.10%。2012—2021 年，希腊的吸引外资存量由 24763 百万美元增长到 43476 百万美元，增加了接近 18713 百万美元，表明了希腊优越的投资环境在吸引外资方面取得显著成就。除此之外，希腊 FDI 存量占全球的比例由 2012 年的 0.11% 下降到了 2021 年的 0.10%，表明在世界版图中国际投资也有一定幅度的增加，而随着希腊经济增速放缓，外商投资规模相对减少。

希腊吸引外资存量变化也较为剧烈。2012—2016 年处于较为平稳的状态，从 2017 年开始其吸引外资存量迅速走高，从 2017 年的 33404 百万美元升至 2019 年的 45151 百万美元，增加了 11747 百万美元。但受 2020 年新冠疫情的影响，2020 年希腊吸引外商投资的存量呈现出增长疲软的状态，出现下降的趋势。

表 1－10　　2012—2021 年希腊 FDI 存量情况

年份	FDI 存量（百万美元）	在全球的占比（%）
2012	24763	0.11
2013	25851	0.10
2014	24567	0.09
2015	26951	0.10
2016	24615	0.09
2017	33404	0.10
2018	35737	0.11
2019	45151	0.13
2020	39083	0.09
2021	43476	0.10

资料来源：联合国贸易和发展会议 UNCTAD 官网。

二、资本流入

希腊是位于东南欧洲的国家，虽然国土面积较小，但对外资和国际市场的依赖程度颇高，外资和出口对希腊国民经济具有重要影响。希腊政府的首要经济目标之一是通过积极的国际商贸往来，推动国民经济实现快速增长，同时改善民众的生活水平。在过去几十年里，希腊政府采取了一系列重要的经济改革措施，以吸引外资、促进出口，以及推动国内产业的发展。2000 年，希腊成功加入了欧洲联盟（EU），这标志着希腊开始执行与欧盟一致的对外经济政策。自此以来，希腊进行了广泛的改革，包括税收政策的调整、劳动力市场改革、社会保障体系的完善、医疗保健改进以及公共财政的调整。这些改革措施全面提高了希腊的经商和投资环境，吸引了大量外国投资者前来投资。外资项目的数量和金额逐年增长，有助于希腊实现可持续的经济增长，提升民众的生活水平。

根据联合国贸易和发展会议（UNCTAD）的数据希腊的外国直接投资（FDI）流入状况呈现出一定的波动。2012 年，希腊吸引外资的总额为 1742 百万美元，占全球 FDI 总额的 0.12%。然而，在接下来的几年中，希腊的外资流入出现了波动，2013 年和 2014 年分别达到 2818 百万美元和 2687 百万美元，但占全球比例相对较小（分别为 0.20% 和 0.19%），显示出吸引外资的挑战（见表 1－11 和图 1－11）。

在2015—2019年，希腊的FDI流入逐渐回升，从2015年的1268百万美元增长到2019年的5019百万美元，其中2017年的3485百万美元是这段时间的FDI流入的高点，占全球比例为0.21%。这表明希腊在吸引外资方面取得了显著的进展。然而，2020年受到全球新冠疫情的影响，希腊的FDI流入大幅下降，降至3213百万美元，为近10年来的历史最低点，虽然占全球比例略有增加，达到0.33%，但外资流入水平仍然下降。

综合分析可见，希腊受到新冠疫情的影响，国内吸引外资的能力在2020年受到较大冲击。此外，希腊的FDI流入虽然呈现波动，但总体占全球FDI总额的比例相对较小，且近年来表现不稳定。因此，希腊需要进一步改善国内的投资环境，吸引更多外国投资，推动国内经济的发展。

表1-11　2012—2021年希腊FDI流入情况

年份	FDI流入（百万美元）	在全球的占比（%）
2012	1742	0.12
2013	2818	0.20
2014	2687	0.19
2015	1268	0.06
2016	2765	0.14
2017	3485	0.21
2018	3973	0.29
2019	5019	0.29
2020	3213	0.33
2021	6328	0.43

资料来源：联合国贸易和发展会议（UNCTAD）。

三、对外投资

随着希腊经济的发展势头不断增强，特别是在国际市场上旅游业需求的迅速增长，希腊的旅游部门迎来了极为有利的时机。自2012年至今，希腊经济不仅复苏，而且大大增强了实力。希腊的旅游业在国际市场上拥有显著的竞争优势，吸引了来自各地的游客，不仅提高了希腊居民的生活水平，还为国家积累了大量资金，为希腊资本进入其他国家金融市场打下了坚实的基础。希腊的风景如画、悠久历史和丰富文化吸引了全球游客的兴趣。这个国家的海滩、岛屿、古老的遗迹和美食文化成为游客们的热门

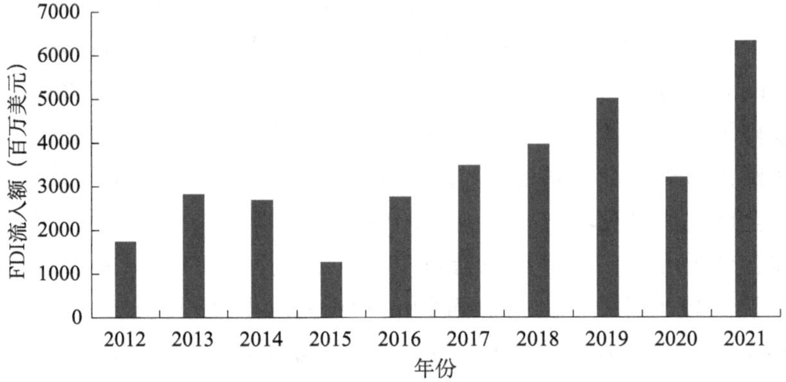

图 1 - 11　2012—2021 年希腊 FDI 流入情况

资料来源：联合国贸易和发展会议（UNCTAD）。

目的地。希腊的旅游业因其宜人的气候、壮丽的景色和多样性而蓬勃发展。尤其是在发展中国家市场的需求增长更为迅猛，为希腊旅游业创造了巨大的机遇，为国家经济注入了活力。

希腊的对外投资流量波动较大。表 1 - 12 和图 1 - 12 的数据显示，2012 年希腊实现了 678 百万美元的对外直接投资，但随后的 2013 年对外投资大幅下降，降至 - 786 百万美元。然而，在 2014—2017 年，希腊的对外投资一直处于波动状态。尽管希腊的对外直接投资额有较大的增长，但仍然表现出相当不稳定的特点。

综上所述，希腊的对外投资在过去 10 年中取得了显著的增长，尽管波动较大，但趋势总体上是向上的。这表明希腊正在逐步加强其在国际投资领域的地位，为国家经济的进一步发展提供了有力支持。希腊应继续改善投资环境，吸引更多外国投资，促进国内经济的繁荣。

表 1 - 12　　2012—2021 年希腊对外投资情况　　单位：百万美元

年份	流出额
2012	678
2013	- 786
2014	3019
2015	1578
2016	- 1667
2017	168

续表

年份	流出额
2018	477
2019	642
2020	549
2021	1109

资料来源：联合国贸易和发展会议（UNCTAD）。

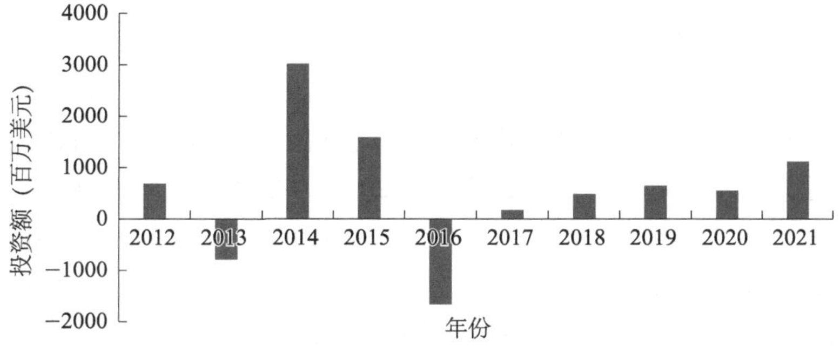

图 1－12　2012—2021 年希腊对外投资情况

资料来源：联合国贸易和发展会议（UNCTAD）。

第四节
希腊产业发展情况

一、产业规模

希腊早年也以农业为主，工业基础相对薄弱。在第二次世界大战结束后的几十年里，希腊逐步发展起了食品加工、纺织和旅游等行业。进入 21 世纪，希腊在经历了 2008 年国际金融危机后，开始加速推行市场经济，增强宏观经济调控，并调整产业结构。近年来，希腊政府持续致力于法制建设，改善企业经营环境，同时大力吸引外资，希望借此刺激国家经济复苏和产业升级。希腊逐渐将旅游业、航运业和能源等领域作为国家的支柱产业。特别是在旅游和航运领域，希腊有着得天独厚的自然资源和地理位置优势，成为国内外游客的热门旅游目的地，同时也是全球重要的航运中心。通过政府的努力和外资的支持，希腊逐步在一些关键领域实现了产业升级。例如，希腊开始发展起可再生能源产业，特别是风能和太阳能领域，并致力于成为东南欧地区的能源中心。同时，希腊也在不断提升其在全球航运业和旅游业中的地位，吸引更多的国际投资，希望借此推动经济进一步恢复和发展。

（一）产业总值

1. 国内生产总值

希腊国家统计局的数据显示，希腊的国内生产总值（使用现价本币计算）在2012年达到了228936百万欧元。在随后的几年间，希腊的国内生产总值呈现波动的趋势。然而，到了2020年，受到全球新冠疫情的影响，该国的国内生产总值下降到了178705百万欧元。幸运的是，在2021年，希腊的国内生产总值出现了回升，达到了203249百万欧元。这一数据显示，希腊的经济在疫情冲击下遭受了挫折，但在2021年得以恢复，并且呈现出增长的迹象。见表1－13和图1－13。

表1－13　　2012—2021年希腊国内生产总值　　单位：百万欧元

年份	国内生产总值	年份	国内生产总值
2012	228936	2017	189033
2013	225983	2018	200578
2014	222720	2019	194153
2015	185097	2020	178705
2016	182699	2021	203249

资料来源：希腊国家统计局。

2. 农业生产总值

希腊最主要的农业部门包括种植业、畜牧业、林业和渔业。希腊自1981年起成为欧盟成员国，因而也执行欧盟的共同农业政策，主要包括单一区域性补贴机制和农村发展计划。经过一系列的欧盟共同农业政策的改革，希腊也逐步形成了不与产量挂钩的农业补贴方式，即按照环保、食品安全和动物福利等新标准领取补贴，实行“单一补贴”。这种补贴方式适用于谷物、肉、奶、烟草、橄榄油和棉花等品类。同时，希腊政府对于

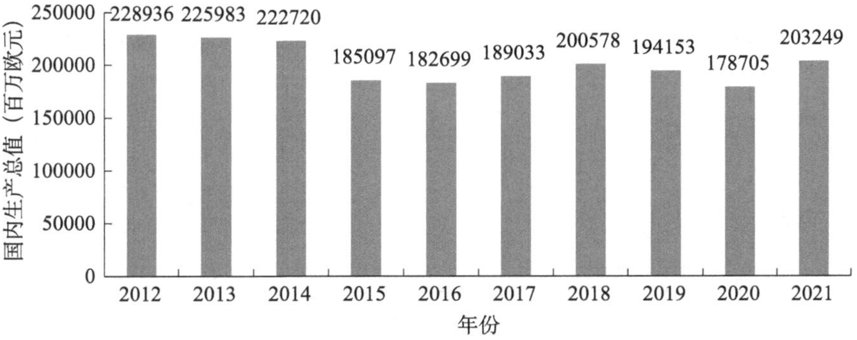

图 1－13　2012—2021 年希腊国内生产总值

资料来源：希腊国家统计局。

糖类也实行单独支付补贴，并对能源作物、大田作物、烟草、草地、牲畜进行补贴。另外，希腊也在实施农村发展计划，以提升农业竞争力，改善环境与居住空间，提高农村生活质量与经济多样化，以及加强农村经济发展。此外，值得注意的是，希腊的农业政策也会受到国内外经济环境的影响，政府在推动农业和农村发展的同时，也在努力解决农业结构不合理、农民收入较低等问题。希腊政府在欧盟的支持下，正努力通过农业政策调整和农村发展计划，提升农业的可持续性和竞争力。通过改善农村基础设施，提高农民的技能和知识，以及推动农业技术创新和农产品市场的开发，希腊正在努力促进农业和农村经济的发展，以实现农业现代化和农村振兴。见表 1－14 和图 1－14。

表 1－14　2012—2021 年希腊农业生产总值　单位：百万欧元

年份	农业生产总值	年份	农业生产总值
2012	8328	2017	7707
2013	8081	2018	7709
2014	8439	2019	7817
2015	7563	2020	8007
2016	6790	2021	8317

资料来源：希腊国家统计局。

表 1－14 和图 1－14 显示，希腊农业生产总值（使用现价本币计算）在 2012 年为 8328 百万欧元，2015 年下降到 7563 百万欧元，达到近几年来的较低值，2016 年和 2017 年分别回升到 6790 百万欧元和 7707 百万欧

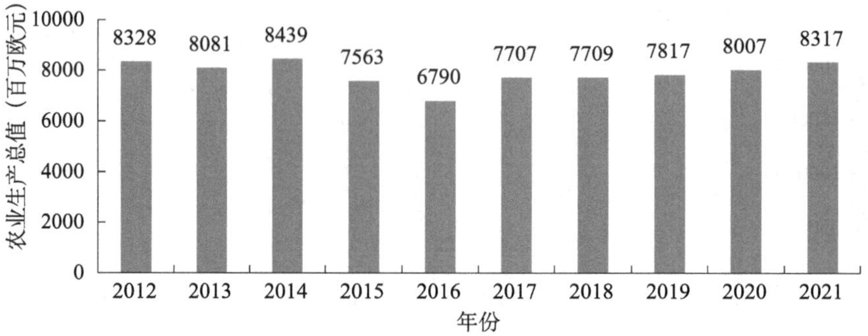

图 1－14　2012—2021 年希腊农业生产总值

资料来源：希腊国家统计局。

元，2019 年小幅下降，为 7817 百万欧元，2021 年上升到 8317 百万欧元，达到近 10 年来的较高值。

3. 工业生产总值

希腊拥有多元化的工业部门，最主要的工业部门包括船舶制造、食品和饮料工业、石化工业、金属制品工业和旅游业相关的产品制造。从地区分布来看，希腊的工业部门主要集中在马其顿、色萨利和雅典大都会区。近年来，希腊政府致力于吸引外国投资，并推行了一系列的经济改革措施以鼓励工业发展。通过创建工业区和技术发展区，希腊试图促进各地区工业的发展，特别是在高技术和环保产业方面。外国投资和欧盟资金的注入为希腊的工业部门提供了新的发展机遇，同时也推动了一些地区工业布局的优化。见表 1－15 和图 1－15。

表 1－15　　2012—2021 年希腊工业生产总值　　单位：百万欧元

年份	工业生产总值	年份	工业生产总值
2012	35832	2017	27436
2013	35979	2018	28899
2014	33246	2019	27409
2015	28373	2020	28285
2016	28068	2021	32902

资料来源：希腊国家统计局。

表 1－15 和图 1－15 显示，希腊工业生产总值（使用现价本币计算）在 2012 年为 35832 百万欧元，2012—2019 年希腊工业生产总值变化趋势

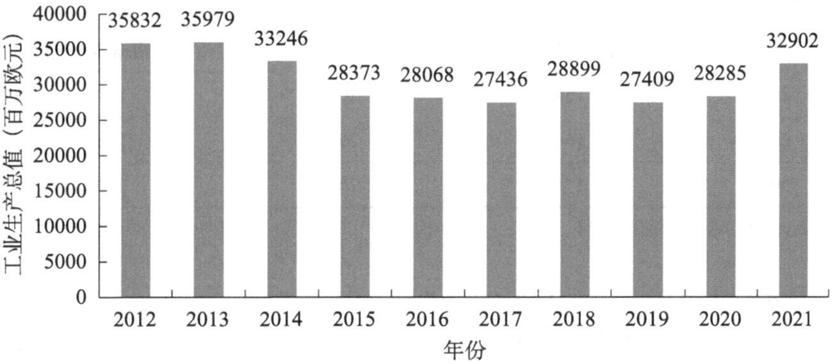

图 1－15　2012—2021 年希腊工业生产总值

资料来源：希腊国家统计局。

呈现一定的波动，但在 2020 年稍有上升至 28285 百万欧元，在 2021 年则大幅度回升到 32902 百万欧元，达到近 10 年来的较高值。

4. 服务业生产总值

希腊的主要服务业部门包括旅游业、航运业、交通与通信业和金融业。在希腊国民经济各部门向市场经济转型过程中，服务业的转型也表现出相对的迅速和彻底。早期商业的主要形式是小型的家庭经营店铺、传统的零售店和专卖店等。随着经济改革的深入，希腊通过一系列的私有化措施，逐渐将一些小型的以及之前国有的商业和服务业企业变为私人所有。这一转变为商业和服务业的进一步发展创造了有利的条件。在私有化和市场化的推动下，为了更有效地进行商品的供应和运输，希腊的生产者开始积极地与商人合作。此外，广告宣传、销售支持、产品展示和品牌销售成为商业运营的重要组成部分，深刻地影响着消费者的购买决策。与此同时，希腊政府也在推动服务业的现代化和国际化，尤其是在旅游业和航运业方面，积极吸引外国投资，努力提高服务质量和国际竞争力。例如，希腊政府通过提供税收优惠和其他优惠政策，吸引了大量的国际游客和航运公司，促使希腊的旅游业和航运业持续增长。见表 1－16 和图 1－16。

表 1－16　　2012—2021 年希腊服务业生产总值　　单位：百万欧元

年份	服务业生产总值	年份	服务业生产总值
2012	197869	2014	193773
2013	194847	2015	159748

续表

年份	服务业生产总值	年份	服务业生产总值
2016	158290	2019	170031
2017	164702	2020	152634
2018	175442	2021	173654

资料来源：希腊国家统计局。

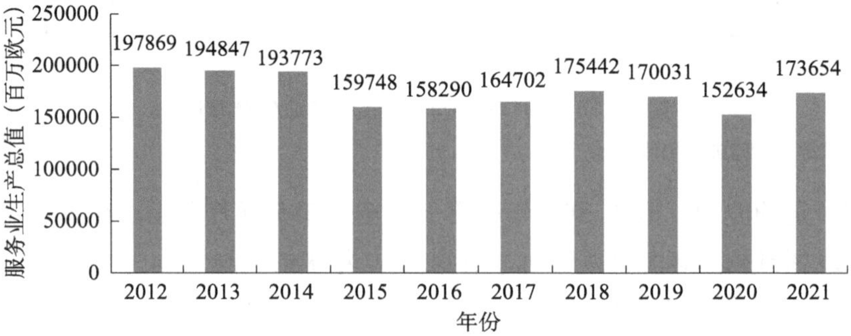

图 1－16　2012—2021 年希腊服务业生产总值

资料来源：希腊国家统计局。

据希腊国家统计局相关数据显示（见表 1－16 和图 1－16），希腊服务业生产总值（使用现价本币计算）在 2012 年为 197869 百万欧元，近十年来呈现一定的波动，但总体上在逐渐恢复增长。到了 2021 年，服务业生产总值上升到 173654 百万欧元。尽管没有达到 2012 年的水平，但与前几年相比有了明显的增长，表明希腊的服务业正在逐步恢复和增长。

（二）产业总值年增长率

1. 国内生产总值年增长率

据希腊国家统计局相关数据显示（见表 1－17 和图 1－17），希腊国内生产总值年增长率（使用现价本币计算）在 2012 年为 －7.09%，2012—2019 年，希腊的国内生产总值年增长率经历了由负转正的过程，但增长较为缓慢，2019 年希腊国内生产总值年增长率为 1.88%。然而，由于受到全球新冠疫情冲击，2020 年希腊国内生产总值年增长率出现了较大幅度的负增长，下降到 －9.00%。幸运的是，到 2021 年，希腊的经济得到了一定程度的恢复，国内生产总值年增长率大幅上升到 8.43%，显示出希腊经济在逐渐走出疫情阴影，开始恢复增长。

表 1－17　2012—2021 年希腊国内生产总值年增长率　单位:%

年份	国内生产总值年增长率	年份	国内生产总值年增长率
2012	－7. 09	2017	1. 09
2013	－2. 52	2018	1. 67
2014	0. 48	2019	1. 88
2015	－0. 20	2020	－9. 00
2016	－0. 49	2021	8. 43

资料来源：希腊国家统计局。

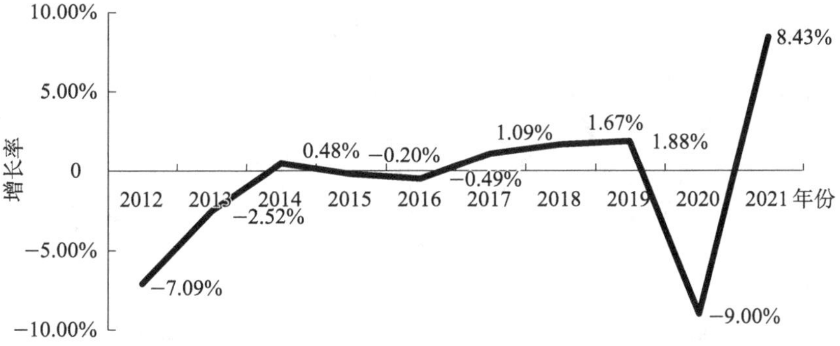

图 1－17　2012—2021 年希腊国内生产总值年增长率

资料来源：希腊国家统计局。

2. 农业生产总值年增长率

据希腊国家统计局相关数据显示（见表 1－18 和图 1－18），希腊农业生产总值年增长率（使用现价本币计算）在 2012 年为 5. 99%，2014 年希腊农业生产总值年增长率为 5. 13%，不过在 2015 年，希腊农业生产总值年增长率下降到－2. 42%。2016 年希腊农业生产总值年增长率进一步下降，降至－7. 44%。2017 年希腊农业生产总值年增长率大幅回升，达到近十年来的最大值，为 13. 03%。但在 2018 年，希腊农业生产总值年增长率再次变为负数，下降到－2. 02%。2019 年希腊农业生产总值年增长率回升到 6. 19%。2020 年，受到全球新冠疫情的影响，希腊农业生产总值年增长率再次下降，降至－4. 71%。2021 年，希腊农业生产总值年增长率为－2. 54%。

表 1－18　2012—2021 年希腊农业生产总值年增长率　单位：%

年份	农业生产总值年增长率	年份	农业生产总值年增长率
2012	5. 99	2017	13. 03
2013	－7. 02	2018	－2. 02
2014	5. 13	2019	6. 19
2015	－2. 42	2020	－4. 71
2016	－7. 44	2021	－2. 54

资料来源：希腊国家统计局。

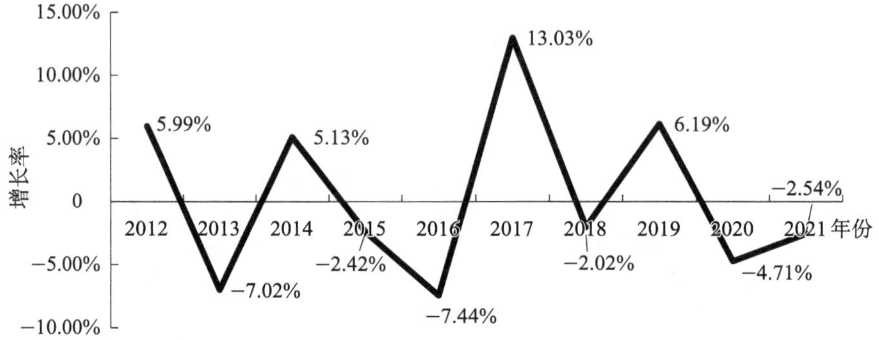

图 1－18　2012—2021 年希腊农业生产总值年增长率

资料来源：希腊国家统计局。

3. 工业生产总值年增长率

据希腊国家统计局相关数据显示（见表 1－19 和图 1－19），希腊工业生产总值年增长率（使用现价本币计算）在 2012 年为－5. 86%，2013 年希腊工业生产总值年增长率进一步下滑，降到－6. 49%。随后几年里，希腊工业生产总值年增长率持续在负值区间，直至 2016 年，希腊工业生产总值年增长率首次转为正，为 2. 18%。2018 年，希腊工业生产总值年增长率达到近十年来的最高值，上升到 3. 70%。2019 年，希腊工业生产总值年增长率略有下降，为 1. 46%。2020 年，尽管全球新冠疫情的影响，希腊工业生产总值年增长率仍然保持在正值，为 2. 50%。2021 年，希腊工业生产总值年增长率大幅上升，达到 10. 67%，是近 10 年来的最大增长幅度。

表 1－19　　2012—2021 年希腊工业生产总值年增长率　　单位：%

年份	工业生产总值年增长率	年份	工业生产总值年增长率
2012	－5. 86	2017	－2. 19
2013	－6. 49	2018	3. 70
2014	－6. 39	2019	1. 46
2015	－0. 78	2020	2. 50
2016	2. 18	2021	10. 67

资料来源：希腊国家统计局。

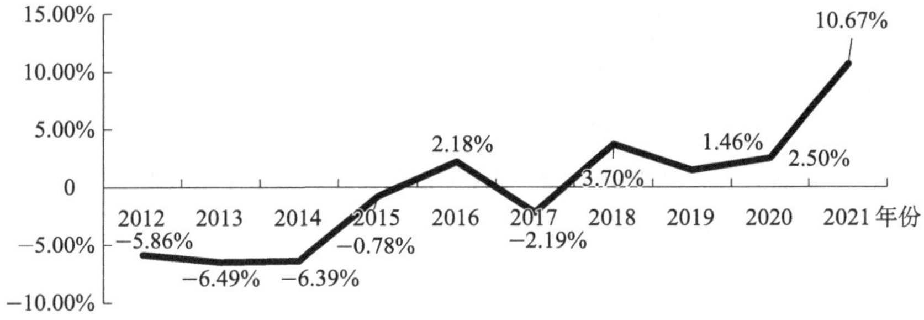

图 1－19　2012—2021 年希腊工业生产总值年增长率

资料来源：希腊国家统计局。

4. 服务业生产总值年增长率

据希腊国家统计局相关数据显示（见表 1－20 和图 1－20），希腊服务业生产总值年增长率（使用现价本币计算）在 2012 年为－0. 30%，2015 年希腊服务业生产总值年增长率略有下降，为－0. 15%，但在 2016 年小幅度上升为 0. 64%。然而，2018 年希腊服务业生产总值年增长率再度下滑至－0. 54%，2019 年继续下滑至－1. 74%。尽管受到全球新冠疫情的冲击，2020 年希腊服务业生产总值年增长率出现了正增长，达到 2. 10%，并在 2021 年进一步上升至 2. 54%，显示出希腊服务业在疫情冲击后逐渐回升的趋势。

表 1－20　　2012—2021 年希腊服务业生产总值年增长率　　单位：%

年份	服务业生产总值年增长率	年份	服务业生产总值年增长率
2012	－0. 30	2015	－0. 15
2013	－0. 11	2016	0. 64
2014	－3. 40	2017	1. 07

续表

年份	服务业生产总值年增长率	年份	服务业生产总值年增长率
2018	-0.54	2020	2.10
2019	-1.74	2021	2.54

资料来源：希腊国家统计局。

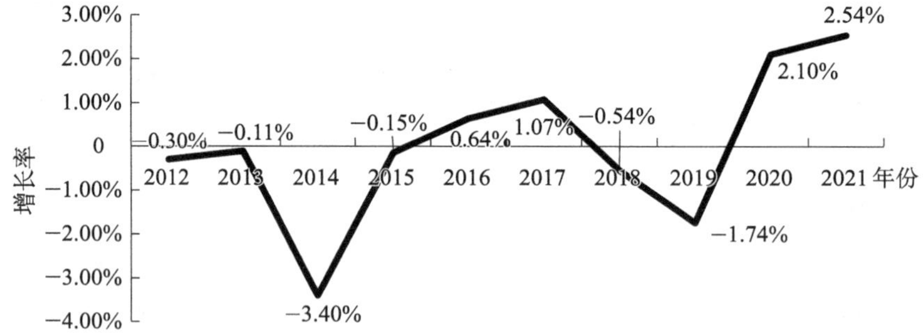

图 1-20　2012—2021 年希腊服务业生产总值年增长率

资料来源：希腊国家统计局。

（三）产业总值在 GDP 中的占比

1. 农业生产总值在 GDP 中的占比

据希腊国家统计局相关数据显示（如表 1-21 和图 1-21 所示），希腊农业生产总值占 GDP 的百分比（使用现价本币计算）在 2012 年为 3.44%，近十年来波动不大，但总体呈上升趋势。其中，在 2015 年希腊农业生产总值占 GDP 的百分比上升至 3.86%，并在 2017 年保持在相同的水平。2020 年，希腊农业生产总值占 GDP 的百分比进一步上升至 4.24%，表现出农业在国内生产总值中的占比逐年增加的趋势。到 2021 年，希腊农业生产总值占 GDP 的百分比略有回落，为 3.89%。

表 1-21　2012—2021 年希腊农业生产总值在 GDP 中的占比　单位：%

年份	农业生产总值在 GDP 中的占比	年份	农业生产总值在 GDP 中的占比
2012	3.44	2017	3.86
2013	3.38	2018	3.64
2014	3.58	2019	3.81
2015	3.86	2020	4.24
2016	3.52	2021	3.89

资料来源：希腊国家统计局。

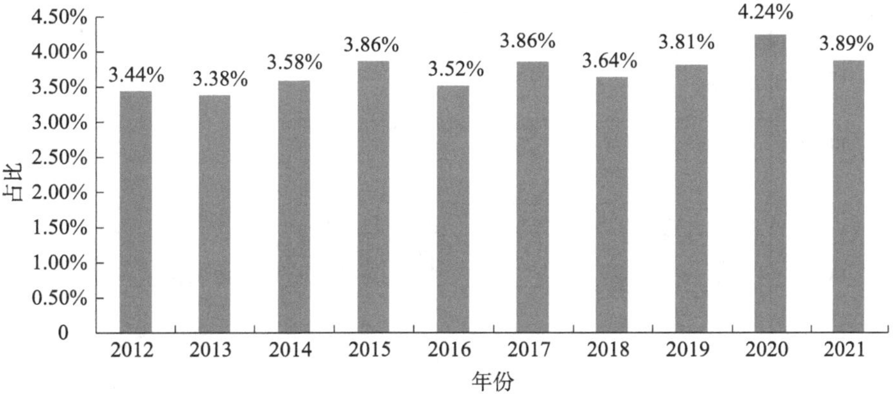

图 1-21 2012—2021 年希腊农业生产总值在 GDP 中的占比

资料来源：希腊国家统计局。

2. 工业生产总值在 GDP 中的占比

据希腊国家统计局相关数据显示（如表 1-22 和图 1-22 所示），希腊工业生产总值占 GDP 的百分比（使用现价本币计算）在 2012 年为 14.80%，在近十年的时间里，该比例波动不大但总体呈上升趋势。在 2020 年，尽管全球新冠疫情影响，希腊工业生产总值占 GDP 的百分比仍然有所上升，达到 14.97%。随着 2021 年疫情有所好转，希腊工业生产总值占 GDP 的百分比进一步上升至 15.31%。

表 1-22 2012—2021 年希腊工业生产总值在 GDP 中的占比 单位:%

年份	工业生产总值在 GDP 中的占比	年份	工业生产总值在 GDP 中的占比
2012	14.80	2017	13.73
2013	15.06	2018	13.63
2014	14.12	2019	13.35
2015	14.50	2020	14.97
2016	14.53	2021	15.31

资料来源：希腊国家统计局。

3. 服务业生产总值在 GDP 中的占比

据希腊国家统计局相关数据显示（见表 1-23 和图 1-23），希腊服务业生产总值在 GDP 中的占比（使用现价本币计算）在 2012 年为 81.75%，近十年来该比例有所波动，但总体保持在 80% 以上。然而，受全球新冠疫情的影响，2020 年希腊服务业生产总值在 GDP 中的占比下降

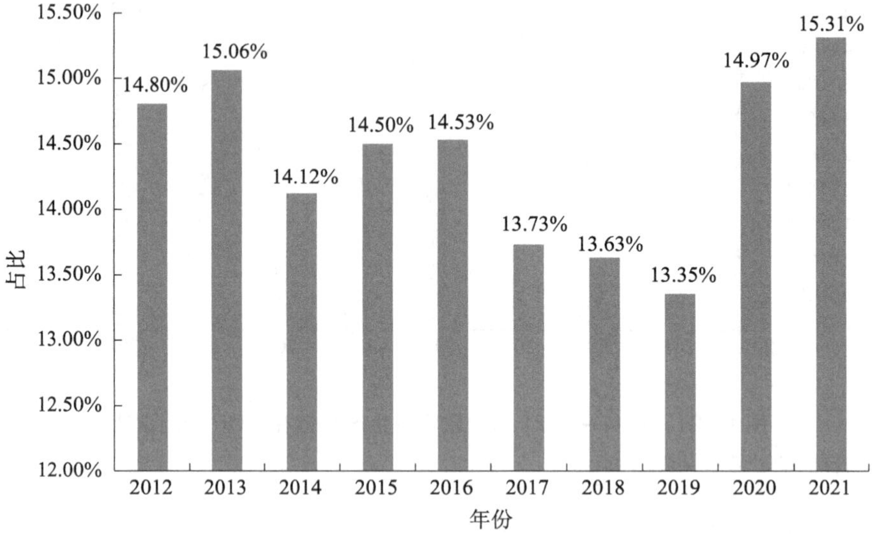

图 1－22　2012—2021 年希腊工业生产总值在 GDP 中的占比

资料来源：希腊国家统计局。

至 80.79%，略低于前几年的水平。幸运的是，到 2021 年，希腊服务业生产总值在 GDP 中的占比有所回升，达到 80.82%。

表 1－23　2012—2021 年希腊服务业生产总值在 GDP 中的占比　单位：%

年份	服务业生产总值在 GDP 中的占比	年份	服务业生产总值在 GDP 中的占比
2012	81.75	2017	82.41
2013	81.56	2018	82.74
2014	82.30	2019	82.84
2015	81.64	2020	80.79
2016	81.95	2021	80.82

资料来源：希腊国家统计局。

二、产业内部结构

（一）农业内部结构

1. 种植业

种植业是希腊农业生产的重要组成部分，其主要包括粮食作物种植、

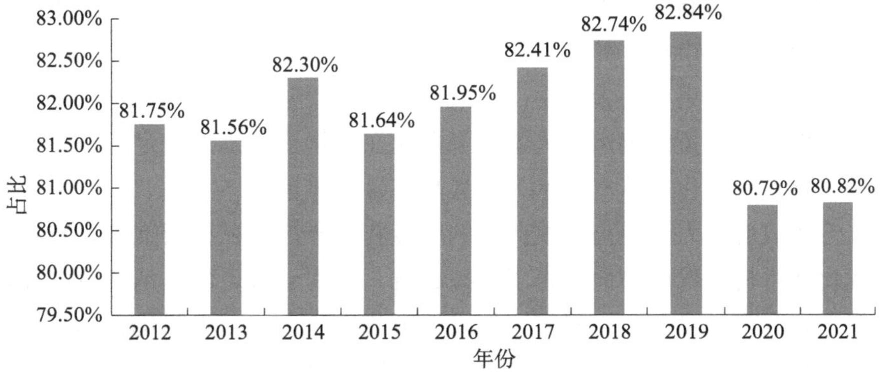

图 1－23　2012—2021 年希腊服务业生产总值在 GDP 中的占比

资料来源：希腊国家统计局。

经济作物种植和果菜种植。在粮食作物方面，主要有小麦、大麦和玉米；经济作物方面以棉花和橄榄为主；果菜种植则以葡萄和柑橘类为主。橄榄和葡萄种植具有悠久的历史和较高的产量。

希腊的种植业具有地区性的特征。例如，希腊北部地区更适宜种植小麦和大麦，而南部地区由于气候温暖，更适宜种植葡萄和橄榄。同时，希腊的众多岛屿也是果菜种植的重要区域，特别是某些岛屿因其独特的地理和气候条件，生产出具有独特风味和高质量的农产品。希腊种植业对国家经济发展起到了一定的支撑作用。橄榄油和葡萄酒的出口是希腊种植业的重要收入来源。同时，希腊政府也在积极推动农业现代化，以提高农产品的产量和质量，满足国内外市场的需求。

2. 畜牧业

畜牧业是希腊传统且重要的经济部门，包括养牛业、养羊业、养猪业和养禽业等。在希腊，畜牧牧场主要分布在北部和山区，同时也有很多分布在诸岛。畜牧业在希腊农业生产中占有重要的地位，为国家提供了大量的肉类和奶制品。

希腊的养牛业以产奶为主，而且在北部地区比较集中。奶牛的饲养规模相对较小，通常以家庭农场为主。希腊的奶制品，特别是各种奶酪，在国内外都享有很高的声誉。

养羊业是希腊畜牧业的重要组成部分。希腊有丰富的羊种资源，包括产奶的希腊本土羊和产毛的美利奴羊。羊奶主要用于制作羊奶酪和其他奶制品，而羊毛则主要用于纺织品生产。

养猪业在希腊不如养牛业和养羊业那么重要，但还是为居民提供了可选择的肉类消费市场。养猪场通常分布在北部和中部地区。

养禽业主要集中在希腊中部和南部地区，大型的专业化家禽饲养农场为主，提供了大量的鸡肉和鸡蛋。家禽业在近年来得到了一定的发展，政府也在推广现代化的养禽技术，以提高产量和质量。

希腊政府致力于提高畜牧产品的质量和安全性，在积极推动畜牧业的现代化和可持续发展方面取得了一些成就，有利于满足国内消费者的需求并提高国际市场竞争力。同时，传统的畜牧生产方式与希腊优美的自然环境和丰富的文化遗产相结合，也为希腊的旅游业提供了有力支持。这一综合性发展战略有望为畜牧业的可持续发展奠定基础，促进农村经济繁荣。

3. 林业

希腊的林业资源也相对丰富，尤其是在北部和山区。据相关数据统计，截至2020年，希腊的森林面积约为25000平方千米，森林覆盖率大约为29.3%。希腊的森林植被类型与地理环境和气候条件密切相关。在希腊的南部和东部，主要分布有地中海式的常绿阔叶林和针叶林，而在北部的山区，主要是针叶林和混交林。在希腊的低地和沿海地区，主要是橄榄树、松树和其他地中海常绿植物，而在北部山区，则主要是针叶林，如松树和冷杉。

长期以来，希腊的林业经历了不同程度的开发和保护。近年来，政府和相关机构更加重视森林的保护和可持续发展，以减轻火灾和侵蚀等自然灾害对林地的影响，同时也致力于增加森林覆盖率，改善生态环境。

希腊的林业发展主要侧重于提高森林的生态服务功能、保护生物多样性和提高森林抵御自然灾害的能力。同时，在林业的经济效益方面，通过木材生产和非木材林产品的开发，增加林业的经济收入。希腊政府也在出台一系列的政策和法规，以推动林业的可持续发展。包括加强森林管理、推广现代林业技术、加强林业法律法规的执行和提高公众的森林保护意识等。希腊的林业不仅为国家的经济发展提供了一定的支持，还为保护生物多样性和改善环境发挥了重要作用。

4. 渔业

渔业是希腊的重要经济活动之一，得益于其丰富的海洋资源和便利的地理位置。希腊拥有较长的海岸线，其海域面积为约13.676万平方千米，为该国渔业提供了丰富的资源。据统计数据显示，希腊的渔业主要分为海洋渔业和养殖渔业两大部分，常见的品种包括鳕鱼、鳗鱼、鲑鱼、鲷鱼、鲽鱼和章鱼等。希腊的渔业活动主要集中在爱琴海和伊奥尼亚海等地区，这些海域的渔业资源非常丰富。根据希腊海水养殖联合会发布的数据，2019 年希腊海鲷鱼和海鲈鱼产量达到 12.05 万吨，占欧盟鲷鱼和鲈鱼产量的 59%，占全球产量的近 23%；2019 年，希腊海鲷鱼和海鲈鱼出口量为 8.66 万吨，其中 95% 销往欧盟市场。

为了保护渔业资源和推动渔业的可持续发展，希腊政府制定了一系列的法律法规和标准，包括渔业管理、渔业许可和渔业资源保护等方面。希腊的渔业不仅为国家经济发展发挥了重要作用，还为世界各国提供了高质量的海产品。同时，渔业的发展也带动了希腊的旅游业和食品加工业的发展，为当地社区创造了大量的就业机会和不低的经济收益。

（二）工业内部结构

1. 机械制造业

希腊的机械制造业是其工业的重要组成部分，尽管不如一些欧洲邻国发达，但仍具有一定的基础和优势。希腊的机械制造业主要集中在几个主要城市和工业区，包括雅典、萨洛尼卡和帕特雷等地。

机械制造业的主要生产区域包括雅典的工业区、萨洛尼卡的工业园区和帕特雷的工业集群等。这些区域拥有较为完善的工业设施和技术人员，是希腊机械制造业的重要基地。希腊的机械制造业包括多个部门，主要有机动车辆和配件制造、金属结构和产品制造、机床和传动部件制造、家用电器制造、船舶制造和维修、农业和食品加工机械制造、医疗设备制造等。

希腊的机械制造业主要产品包括交通工具和配件、农业和食品加工机械、家用电器、船舶和船用设备、医疗器械和设备等。其中，船舶制造和修理是希腊机械制造业的重要领域，拥有悠久的传统和良好的国际声誉。希腊政府推出了一系列的政策和措施来支持机械制造业的发展，包括提供税收优惠、鼓励技术创新和国际合作、提供贷款和资金支持等，以期推动机械制造业的持续发展和国际竞争力的提升。

希腊机械制造业的发展也面临着一些挑战，包括技术创新能力的提升、国际市场竞争力的增强以及产业结构的优化等。但同时也存在着一些发展机遇，例如，通过国际合作和技术引进来提升产业水平和市场竞争力。

2. 海运业

希腊是一个具有悠久航运历史的国家，其海运业在全球航运业中占据重要地位。由于希腊的地理位置优越，位于欧洲、亚洲和非洲的交界处，海运业一直是希腊经济的重要支柱。

希腊拥有世界上最大的商船队，许多国际船东选择在希腊注册他们的船只。船舶注册制度灵活、税收优惠和管理规定相对宽松是吸引国际船东在希腊注册的重要因素。希腊的海运公司不仅在本国，而且在全球海运市场上都具有重要地位。他们运营着各种各样的船舶，包括散货船、油轮、集装箱船等。希腊的主要港口如比雷埃夫斯港和塞萨洛尼基港是区域性的交通枢纽，也是希腊海运业的重要组成部分。希腊政府通常会提供一些支持海运业发展的政策，例如税收优惠、船舶融资和人才培训等，以促进海运业的持续发展。

3. 食品加工和饮料制造业

食品加工和饮料制造业是希腊的重要工业部门之一，这个部门不仅为国内市场提供产品，也为国外市场提供了大量的食品和饮料产品。希腊的食品加工和饮料制造业提供了多种多样的产品，包括橄榄油、奶制品、肉制品、海鲜制品、面包糕点、蔬果加工品、酒类和非酒精饮料等。希腊的食品加工业通常可以得到充足的国内原料供应，特别是橄榄、奶制品和海鲜等。希腊的食品和饮料产品主要销往欧洲国家，而橄榄油、奶制品和某些传统食品在国际市场上具有一定的知名度和市场份额。

希腊食品加工和饮料制造业的产业基地分布在全国各地，包括雅典、塞萨洛尼基和希拉克利翁等地。希腊政府和私营部门都在努力投资食品加工和饮料制造业的技术创新和市场开发，以提升该领域的竞争力和可持续发展能力。

（三）服务业内部结构

1. 旅游业

希腊以其丰富的历史遗产、壮丽的自然风光和宜人的地中海气候而闻名，是世界上最受欢迎的旅游目的地之一。它位于欧洲东南部，拥有众多的岛屿和很长的海岸线。希腊的旅游业由国家旅游组织掌管，并与国际旅游机构保持广泛的合作。希腊是世界旅游组织（UNWTO）、欧洲旅游委员会（ETC）和其他多个国际旅游机构的活跃成员，同时在全球多个国家设立了旅游推广办事处。

希腊的历史和文化遗产丰富，包括雅典卫城、德尔菲遗址、奥林匹亚和克诺索斯宫等。游客可以通过参观这些古迹，深入了解古希腊文明和历史。希腊拥有众多美丽的岛屿和海滨，如圣托里尼、米科诺斯、罗多岛和克里特岛，每年吸引了大量的国内外游客前来度假。希腊的山区和国家公园也为游客提供了丰富的户外活动选择，包括登山、徒步和探索自然风光。在希腊的乡村地区，游客可以体验传统的希腊生活方式和多彩的民俗文化。

2. 交通与通信业

（1）交通运输

希腊地形以山岛为主，这在一定程度上影响了希腊的交通发展。作为欧盟成员国，希腊执行了由欧盟委员会制定的“融合”战略，其交通基础设施发展战略的核心是融入欧盟整体交通网络。在发展战略的具体实施上，分为核心网络和重点项目（包括近期项目和远期项目）两个部分。

希腊的交通运输以公路和海运为主，近年来航空运输也有所发展。据相关数据显示，2021 年希腊公路总长 117000 千米，其中高速公路 2650 千米。公路客运量和货运量持续增加，尤其是在主要的城市和旅游区域。截至 2021 年底，希腊共有汽车数百万辆，其中私人汽车占多数。2021 年希腊铁路总长 4600 千米，其中电气化铁路 1650 千米。铁路客运量和货运量分别为数千万人次和数百万吨。希腊拥有丰富的海运资源，其内河航道和港口数量众多，客运量和货运量分别为数百万人次和数亿吨。2021 年希腊空运客运量为数百万人次，主要集中在雅典国际机场和其他主要城市的机场。

（2）电信

希腊电信（OTE）是希腊的主要电信运营商，成立于 1949 年，目前为德国电信集团的子公司。在股权结构上，德国电信持有希腊电信的 45% 股份，而希腊国家也持有一定比例的股权。在互联网领域，希腊的网络运营服务商主要有希腊电信、Vodafone 希腊和 Wind Hellas 等。其中，Vodafone 希腊和 Wind Hellas 也是希腊重要的移动通信运营商，与希腊电信共同拥有希腊移动通信市场的大部分份额。

Vodafone 希腊是英国 Vodafone 集团在希腊的子公司，运营着广泛的数字网络和全球移动通信系统（GSM），覆盖了希腊的大部分地区和人口。希腊互联网已广泛应用于政府公务、贸易、能源、交通和金融领域，为国家的数字化和经济发展提供了重要支持。

希腊的电信业发展时间较早，其通信基础设施和服务普及程度也相对较高。据统计，移动电话的普及率已经超过了总人口数量，显示出移动通信在希腊人民生活中的重要地位。除了上述几家大型电信运营商外，希腊还有一些其他的电信和网络服务提供商，如 Cosmote，Nova 等，共同促进了希腊电信和互联网行业的发展。

3. 金融业

希腊的两级银行体系中的第一级是中央银行——希腊银行（Bank of Greece）。它是发行银行，总部位于雅典，是国家的重要财政金融机构。希腊银行的主要职责包括保持价格稳定，制定和实施货币政策，发行货币；控制、协调和保证货币流通及银行支付系统的正常运转；保持金融市场稳定，进行金融市场监督等。在外汇管理方面，希腊银行负责制定黄金和外汇的交易规定，保管和使用国家的外汇储备，以及监管国家的外汇和黄金交易。为了填补国家预算赤字，希腊银行也会协助政府发行国家债券。为了引导金融市场的发展，希腊银行可以参与有价证券的发行、购买和销售。

两级银行体系中的第二级是商业银行，包括希腊境内的股份制银行或国有金融机构，这些机构提供存贷业务，并拥有从事银行和金融活动的许可证。希腊的金融业开放度相对较高，一些主要的商业银行已经受到国际大公司的控股或重要影响。主要的商业银行包括希腊国家银行、Alpha Bank、Eurobank Ergasias 和 Piraeus Bank 等，它们为希腊国内外的个人和企业客户提供了一系列的金融服务和产品。通过这些银行，希腊的金融市场得以保持活跃，为国家的经济发展提供了重要的支持。

三、产业相关政策

（一）工业相关政策

工业是希腊国内经济发展的重要支柱之一，尤其是船舶制造和修理、食品和饮料制造、化学和石油产品制造以及基本金属产业。为了提升国家的经济增长和就业，希腊政府通过各种投资计划和欧盟基金的政策工具，特别是针对基础设施和重点工业领域提供了一定的补贴和支持。政府也鼓励和支持外资企业在希腊投资建厂，以促进国内产业的技术更新和产能升级。

希腊政府一直在努力创造有利的投资环境，以吸引更多的外国直接投资。例如，通过简化投资程序、提供税收优惠和提高公共服务效率等措施，以保证外资企业如沃尔沃集团等能够顺利投资投产。对于钢铁和其他重工业领域可能面临的困难，希腊政府也在考虑采取一系列措施来应对，例如执行欧盟的相关救助计划和推动产业结构调整，以促进这些传统工业的可持续发展。同时，希腊政府也在积极推动国内的创新和研发活动，以提高国家工业的竞争力和产业附加值，特别是在新能源、信息技术和生物技术等新兴产业领域，希望通过这些措施推动国家工业的长期发展，为未来的经济增长打下坚实的基础。

（二）能源业相关政策

希腊政府致力于在能源安全、竞争力和可持续发展之间寻求平衡。在能源安全方面，重点将放在调整能源供应结构上，以进一步提高多样化的水平，增加新能源、清洁能源和可循环使用能源的应用。政府将提供便利条件，支持如希腊的某些核电站的建设，并加强对新核电站项目的论证和前期准备工作。由于希腊是能源原料的进口国，政府将重点保障与油气能源运输有关的基础设施建设项目，如公路、铁路和输送管道等。同时，希腊将进一步加强与周边国家的能源安全合作，支持欧盟南北油气运输通道的建设。

在能源竞争力和可持续发展方面，希腊政府将考虑适当降低对重要工业企业的电力供应价格，并在欧盟的环保政策框架下，努力协调能源价格竞争力与气候环保变化政策目标的一致性。在保证能源价格稳定的前提下，政府将积极推广可再生能源的应用，以改善现有的电力能源供应结构，并为扩大混合发电模式的应用创造条件。通过这些措施，希腊政府希望能够在保障国家能源安全的同时，推动能源产业的可持续发展，为国家的长期经济增长提供支持。

（三）交通运输业相关政策

希腊的交通运输业在多方面都受到政府的支持和规范，为了满足国内外运输需求以及推动经济发展，希腊政府制定了一系列的政策。以下是一些重要举措：

1. 基础设施建设

希腊政府注重交通基础设施的建设和改善，包括公路、铁路、港口和机场等，以促进国内和国际的交通运输，并吸引外国投资。在欧盟的支持下，希腊进行了许多基础设施升级和新项目建设，例如，推进国际铁路和高速公路的建设与修复。

2. 港口和海运

由于地理位置的优势，希腊拥有多个国际性的港口，如比雷埃夫斯港。政府鼓励私营部门投资，并与国际合作伙伴合作发展港口基础设施和航运业务，以促进国际贸易和地区经济发展。

3. 公共交通发展

政府推广公共交通使用，以减轻城市交通拥堵和环境污染。例如，通过提供更多的公交和轻轨服务，以及优化交通网络。在交通政策制定中，希腊政府也考虑到环境保护的需求，如推动电动汽车的使用和发展清洁能源。

第二章

浙江省与希腊经贸合作概况

第一节

中国与希腊经贸合作历程回顾

随着“一带一路”倡议的持续推进，中国与希腊之间的经贸合作已经日益加深和扩展，成为两国全面合作关系的重要支撑。希腊，作为地中海的核心国家，不仅地理位置优越，连接东西方，而且拥有丰富多样的自然资源和独特的文化历史背景。这个国家不仅是欧洲和地中海地区的重要贸易枢纽，也是全球航运业的关键节点。希腊的港口和航运服务业，尤其是比雷埃夫斯港的发展，已成为共建“一带一路”在欧洲的重要标志。

此外，希腊不仅在旅游业方面表现优秀，还在其他多个领域展现出了强大的潜力。航运业是希腊的传统优势产业，其在国际航运市场上具有重要地位，为希腊经济的发展提供了强劲支持。此外，希腊拥有丰富的自然资源，包括海洋能源、太阳能和风能等，为可再生能源开发提供了广阔空间。在农业领域，希腊的特殊气候和土壤条件使其适合种植各种农产品，为与他国的农业合作提供了良好基础。希腊政府一直在积极改善投资环境，采取一系列政策措施吸引外国投资者。与此同时，希腊作为欧洲联盟的一员，与其他欧洲国家有着紧密的政治、经济联系，为中希两国间的经济合作提供了政策和法律上的支持。在这种背景下，中希两国的合作关系在多个领域持续深化，为两国乃至整个地区的繁荣发展创造了无限可能。

1. 缓慢发展时期（1972—2001 年）

中希两国于 1972 年正式建立外交关系。为了促进经贸合作，两国政府相继签署了一系列重要的协定，包括《中希贸易支付协定》（1973）、《中希经济技术合作协定》（1983）、《中希投资保护协定》（1992）以及《中华人民共和国政府和希腊共和国政府所得避免双重征税和防止偷漏税的协定》（1992），这些协定为中希两国的经贸关系奠定了坚实的基础。与此同时，中国在 20 世纪 70 年代末期实施了改革开放政策，积极推进对外开放，建立社会主义市场经济体制。这些改革措施激发了中国人民的生产积极性，释放了巨大的发展潜力。在这一背景下，中希两国的经贸合作虽然起步较晚，但经济合作逐渐取得稳步增长的态势。这一时期，中希两国的外交关系和经济贸易共同发展，为未来的合作奠定了坚实的基础。双方的努力和合作将进一步促进经济繁荣，增进两国人民的福祉。

2. 快速发展时期（2002—2014 年）

进入新世纪，中国加入世界贸易组织（WTO）标志着国内市场与国际市场的融合发展，极大地激发了中国的经济活力。在全球化不断扩展和中欧关系持续改善的背景下，中希经贸合作进入了一个全面发展的新阶段。2006 年，中希两国确立了全面战略伙伴关系，同时签署了多项经贸合作文件，如《中华人民共和国商务部与希腊共和国外交部关于中小企业合作的谅解备忘录》和《中国国际贸易促进委员会与希腊—中国商务理事会合作谅解备忘录》等，旨在推动双边经贸合作的深入发展。

这一时期，中希两国的元首互相访问，政治关系的不断深化为经贸合作提供了坚实的政治支持。2006 年，中希贸易额首次突破 20 亿美元，2007 年贸易总额同比增长近一半。到了 2008 年，双边贸易额超过了 40 亿美元，是 2006 年的近 2 倍，中希经贸合作在短时间内取得了显著的进展。

然而，在 2010 年之后，希腊实施了紧缩性财政政策，以获得欧洲央行、欧盟和国际货币基金组织的支持。这导致国内社会总产出和总需求的缩减，失业率上升，福利减少。尽管希腊面临严峻的挑战，中国仍然坚定支持其经济发展。在 2010 年的希腊债务危机高峰期，中国与希腊签署了多项投资协议，金额达数十亿欧元。在此期间，双边贸易发展逐步回升，但周期性波动明显，贸易发展规模仍未出现巨大提升。2013 年，中国提出了“一带一路”倡议，并不断将倡议的理念落到实处，大力加强与周边及沿线国家的贸易合作，重点促成“五通”的落实，即政策沟通、设施联通、贸易畅通、资金融通、民心相通。2014 年，李克强总理应希腊总理之邀，对希腊进行国事访问，巩固了双方政治互信，落实新领域合作，带动双边关系深入发展。但希腊的整体经济形势恢复缓慢，加剧了波动的可能。

为促进中希海洋合作，中国于 2014 年举办了首届“中希海洋合作论坛”，表达了与希腊在海运产业和贸易投资领域加强合作的意愿。同年 6 月，中希两国签署了《关于加强双边经济投资合作的谅解备忘录》，进一步推动了双边投资合作的发展。

3. 重振发展时期（2015 年至今）

在这一时期，希腊面临了来自欧洲债权组织的第三轮救助计划。为了应对危机，希腊政府采取了一系列改革措施，逐渐改善了希腊的经济状况。与此同时，受到“一带一路”倡议的影响，中希两国加强了经贸合作的意愿，推动了中国资本对希腊的投资和合作规模不断扩大。

为促进双边经贸的进一步发展，中希两国举办了多场活动，签署了多个合作文件，包括《中国商务部投资促进局与希腊企业局双向投资合作谅解备忘录》（2016）和《中希重点领域 2017—2019 年合作计划》（2017）等。这些举措进一步巩固了中希在关键产业投资合作方面的意愿。两国还决定重点加强在交通、能源和信息通信等领域的投资合作，取得了显著的成果。

为了增进中国人民对希腊的了解，促进中希经贸关系的发展，2019 年，中希两国在中国（上海）自由贸易试验区建立了“中国 · 希腊国家馆”，为双边合作搭建了新的平台。在双方共同努力下，这一时期见证了中希经贸合作的丰硕成果，双边经贸关系得以复苏和发展。

2021 年，希腊外交部国际经济事务秘书长斯米尔利斯在接受媒体记者采访中提到，在过去的几年里，希腊和中国在经济、文化、教育和研究交流以及旅游领域的合作得到了加强。然而，疫情给全世界带来了前所未有的挑战，在日常生活中出现了新的环境、习惯和准则，并影响了世界经济和全球贸易的状况。中国是希腊的重要贸易伙伴，双边经济和贸易关系呈现出前所未有的潜力。希腊和中国的双边经济关系旨在加强双边贸易，促进投资，并进一步发展各领域的合作。中国作为一个快速增长的市场和全球范围内充满活力的投资者，是希腊的重要贸易伙伴，希腊极其欢迎中国参与到经贸合作之中，两国在多个领域有巨大的合作潜力，如旅游、房地产、农业食品、运输、能源和连接、可再生能源、生命科学和制药、技术、物流、研究和开发（R&D）、文化和创意产业。

4. 发展现状

目前，中国与希腊的经贸合作主要在以下几方面展开：

交通运输方面。在“一带一路”倡议的框架下，交通运输设施的互联互通被视为关键内容之一，也是推动商品贸易的关键支撑。交通运输基础设施的建设和升级一直是中国企业海外投资的重要领域，而中希两国在这一领域已经取得了显著的合作成果。中远集团作为中国著名的航运企业，在希腊比雷埃夫斯港口取得了重要的特许经营权，包括两个码头的 35 年特许经营权，并于 2016 年获得了该港口 67% 的股份。自中远集团接手以来，比雷埃夫斯港口有了惊人的发展。集装箱吞吐量从 2010 年的 88 万标箱增长到 2017 年的 415 万标箱，世界港口排名也从第 93 位上升到第 36 位。这一巨大成功不仅帮助“比港”实现了从亏损到盈利的转变，还促进了希腊的经济增长，创造了大量就业机会，为希腊老旧港口注入了新的活力。目前，中远集团继续加大对“比港”的投资，并展示了将其打造成地中海最大枢纽港口的雄心壮志。这一合作案例不仅是中希两国在交通运输设施领域的成功范例，还展示了“一带一路”倡议为国际合作和共同发展带来的巨大机遇。这对于加强国际贸易、促进经济繁荣具有重要意义，同时也为未来类似合作项目提供了有益的经验。

电力能源方面。为满足不断增长的经济社会需求，希腊政府正在积极进行电力能源领域的改造和升级，并鼓励外国投资者积极参与该国电网的改善项目。中国公司也积极参与了希腊电力能源领域的合作，这为中希两国在电力领域的合作奠定了坚实基础。2016 年，中国国家电网公司成功收购了希腊 ADMIE 电网公司 24% 的股权，这标志着中希两国在电力领域合作的重要项目首次取得成功。这一合作不仅加强了两国之间的经济联系，还有助于提升希腊电力网络的可靠性和效率。此外，中国能建葛洲坝国际公司于 2019 年初与英国投资商合作，签署了希腊 MINOS 50MW 塔式光热发电项目的 EPC 合同。这标志着中国太阳能光热发电产业首次以“技术 + 设备 + 工程”的复合模式进军海外市场。这一重要项目为中国在国际市场上推广太阳能光热发电技术打下了坚实的基础，同时也为希腊提供了更多清洁能源选项，有助于满足该国不断增长的电力需求。

网络电信方面。近年来，中国公司在网络电信技术领域不断取得新的突破，加速技术升级周期，将其技术水平提升到了国际领先水平，逐渐在国际市场上获得更强的竞争力，其中希腊市场也是其成功的代表之一。在2017年11月，希腊研究和技术基金会网络集团与中兴公司签署了一项价值5.56亿美元的光纤网络协议。这一重要合作协议标志着中国公司在希腊网络基础设施领域的积极参与和贡献。通过引入先进的光纤技术，中国公司为希腊提供了更快速、更可靠的互联网连接，为希腊的信息通信基础设施带来了显著提升。此外，华为公司的产品和服务在希腊市场备受欢迎。据相关报道，中国华为智能手机在希腊市场的份额不断增长，已经成为希腊人民钟爱的手机品牌之一。华为手机以其高质量和创新性能吸引了越来越多的消费者，成为希腊智能手机市场的重要参与者。统计数据显示，华为为希腊超过一半的家庭提供了宽带互联网服务，同时覆盖了希腊超过80%的人口，为他们提供了高速、稳定的无线网络服务。这些成就不仅提升了中国公司在希腊市场的声誉，还为希腊人民提供了更好的通信体验，促进了数字化时代的发展。

这些案例凸显了中国公司在网络电信技术领域的卓越表现和在国际市场上的成功。目前中国企业在希腊的投资与合作除了涉及这些重点领域外，在海洋及生物、房产、旅游等领域的合作也在不断拓展，中国对希腊的投资合作日趋多元化。

第二节
浙江省与希腊经贸合作历程回顾

一、基本信息介绍

浙江省，位于中国东部沿海地区，一直以来都是中国经济的重要引擎。浙江省的地理位置优越，毗邻上海，是中国的经济大省之一。作为中国的外贸重要省份，浙江省一直以其强劲的经济活力和对外开放的态度而著称。浙江省已经与全球200多个国家和地区建立了经贸关系，特别是与中东欧国家保持着密切的经济联系。这种联系有助于推动地区之间的贸易和投资，促进双方共同繁荣。

浙江省是全国“一带一路”建设的排头兵，浙江省与希腊合作总体非常务实。从产业间贸易看，出口兼顾技术密集型行业与劳动密集型行业，进口偏向资源密集型行业。尽管浙江省与希腊经贸合作势头良好，但仍面临贸易结构单一、高技术行业竞争力不强、贸易国别过于集中、经贸合作不确定性增大等问题。下一步，要从优化贸易结构、提升贸易竞争力、改善贸易国别分布、多措并举防控风险四方面着力，进一步推动浙江省与希腊经贸合作向好发展。

浙江省一直积极致力于与中东欧国家的合作，展现出坚定而开放的合作态度。这种合作体现在多个层面和领域，旨在加强政府间跨国对话与合作，推动博览会常态化，借助云端交流机制，并建立经贸合作示范区以及贸易便利化国检试验区等措施。

首先，浙江省与中东欧国家建立了政府间跨国对话机制。这一机制的核心是中国—中东欧高级别会议，涵盖了经贸、文化、农业、质检、海关等多个领域。其中，包括中国—中东欧经贸促进部长级会议、中国—中东欧文化合作部长论坛、中国—中东欧17国农业部长会议、中国—中东欧17国质检合作对话会、中国—中东欧17国海关合作论坛以及中国—中东欧17国市长论坛等。这些高级别会议为深化合作、加强沟通提供了宝贵平台。

其次，浙江省积极推动博览会的常态化机制。连续五年举办的中国—中东欧投资贸易博览会是其中的亮点。这一博览会的成功举办，吸引了跨国企业、机构和组织的广泛参与，促进了经贸合作的蓬勃发展。

再次，浙江省着眼于云端交流机制的创新。通过云平台和云连线的方式，在线上举办了2020浙江省出口线上交易会（中东欧站）。这一举措促进了跨国供需对接，为国际贸易交流开辟了新的途径。

最后，浙江省还创建了全国首个中国—中东欧国家经贸合作示范区，以及全国首个中国—中东欧国家贸易便利化国检试验区，并将其纳入《中国—中东欧国家合作布达佩斯纲要》。这些示范区和试验区的建立为深化中东欧国家与浙江省的合作提供了有力支持，同时也有望成为未来更广泛合作的样板。综上所述，浙江省的积极合作态度以及多维度的合作举措，为中东欧国家与中国之间的合作提供了坚实基础，有助于加强互信，促进共同发展。

浙江省和希腊之间的经济合作潜力巨大。浙江省的经济活力和创新能力与希腊的地理位置和资源相辅相成。两地可以探索在贸易、投资、科技和文化等领域展开更深入的合作。特别是在“一带一路”倡议的框架下，浙江省和希腊有望进一步加强互联互通，促进共同繁荣。总而言之，浙江省和希腊之间的经济往来呈现出积极的态势，两地合作潜力巨大，有望在未来取得更多成果。通过加强合作，两地可以实现互利共赢，为地区和全球经济的发展作出更大的贡献。

二、相关合作历史

据希腊《中希时报》2011 年 12 月 22 日，报道，应希腊华人华侨联合总会邀请，浙江省商业集团副总裁蔡玉林率浙江省商业代表团于 12 月 21 日到访希腊。

访问期间，希腊华人华侨联合总会常务副会长张剑、白宏伟和陈六一等在雅典会所接待了代表团一行并举行座谈。会上，蔡玉林副总裁全面介绍了浙江省商业集团经济发展的基本情况，并表达了在互补性基础上与希腊华商界开展务实经贸合作和不断提高商贸往来的积极愿望。希腊华人华侨联合总会常务副会长张剑对浙江省商业代表团的来访表示欢迎。他向大家介绍了当前希腊政治社会经济等现状和形势，以及希腊华商在债务危机影响下的经济发展结构转变和产业调整动向，并期待双方通过直接交流拓展务实合作、为中希经贸合作注入新的活力。

2014 年 9 月 3 日，浙江省人民政府副省长梁黎明在希腊外交部会见了希腊外交部秘书长米哈洛斯，并与希腊海运、修造船、船用设备制造企业代表进行座谈，双方就加强在海运、修造船等领域的务实合作深入交换了意见。中国驻希腊大使邹肖力参加上述活动并在座谈会上发言。

2018 年，我国第一个中国—中东欧经贸合作示范区在宁波正式揭牌，成为服务“一带一路”建设和拓展与中东欧国家合作的高能级服务平台。面向中东欧国家最有影响力的展会——宁波的中东欧博览会，2019 年成功升格为国家级展会，是浙江省首个国家级涉外机制性展会。

据新华社 2018 年 6 月 7 日报道，中国和中东欧 16 国于 6 日开始在浙江省宁波召开第四届中东欧博览会、第二十届浙洽会、第十七届消博会

（以下简称“三会”），构建共商、共建、共享平台，进一步深化“一带一路”建设。经贸合作历来是中国—中东欧国家合作的重要内容。据介绍，近年来，中国与中东欧国家经贸合作稳步发展，相互投资不断扩大。据中国海关统计，2017 年中国与中东欧 16 国进出口贸易总额达 679.80 亿美元，较上年增长 15.9%。宁波市人民政府副秘书长颜伟国介绍，投资合作将重点关注中国企业对外投资合作需求，围绕汽车、物流、电子信息、医药、能源等产业重点开展交流，推动中国企业到中东欧国家开展投资。在人文交流方面，“三会”将加速与中东欧国家优质教育资源、科技资源、人才资源的双向流动，打造与中东欧国家教育战略合作的大平台，还将组织旅游合作大会、旅游资源推介等系列活动。

2019 年 6 月 8—12 日，首届中国—中东欧国家博览会暨国际消费品博览会、第 21 届中国浙江省投资贸易洽谈会在宁波成功举办（简称中国—中东欧博览会、消博会、浙洽会）。作为升格为高级涉外机制性展会后的首次亮相，此次中国—中东欧博览会展会吸引了 1186 家境内外企业参展，包括中东欧 17 国在内的 2 万余名境内外客商和政府官员参会，其中有来自 22 个国家和地区的 6700 余名专业采购商登记到会采购。随着 2019 年希腊加入中国—中东欧国家合作“朋友圈”，中国与中东欧国家的“16 + 1 合作”正式扩展为“17 + 1 合作”。同时，作为排名前列落户浙江省的大型机制性涉外展会、浙江省推进“一带一路”十大标志性工程的重要部分，本届中国—中东欧国家博览会展会规模和内容全面升级，首次将贸易展和消费展、进口展和出口展、综合展和专业展融为一体，内容更丰富，合作更深化。在招商方面，杭州原定目标为采购商 350 家、参展展位 42 个。经过市区两级商务部门共同努力，共有 428 家采购商报名参与，另有 34 家企业签订了 48 个展位，超额完成了原定任务。充分的筹备为各项参展工作取得良好成果打下了基础。据统计，在中国—中东欧博览会、消博会、浙洽会期间，杭州交易团意向采购金额达到 3075.62 万美元，超额完成原定 2500 万美元的任务，居全省排名前列（除宁波外）；出口意向额 510 万美元，超额完成任务；重点外资项目签约 13 个，总投资 22.37 亿美元。杭州市商务局相关负责人表示：“通过展会平台，杭州增进了与中东欧国家务实合作、推进经贸领域产业互融，并以此作为推进‘一带一路’建设的新的突破点和连接点，进一步走深走实，细致描绘‘一带一路’建设工笔画的‘杭州画卷’”。在借助盛会平台将“杭州制造”“杭州智造”

推向国际市场的同时，由428家零售商、进口贸易商、跨境电商平台等组成的杭州采购团，则通过采购对接、需求匹配，精选中东欧国家的特色优质产品入杭，丰富消费品市场，满足市民消费升级和对美好生活的需求。如零售大咖华润万家，两年前就在杭州门店销售中东欧进口商品，销量持续增长。在本届博览会上，该公司特别派出多个专业团队来选择优质产品，引进了渗透率比较高的希腊的果汁类单品。贝店紧随其后，与希腊红酒企业希品城达成合作意向，签下约5000万元的合作订单。

2021年11月1日，为进一步促进浙江省宁波与希腊在文化、经贸、投资领域的交流与合作，宁波市贸促会举办走进中东欧国家（希腊）活动。作为中国—中东欧国家经贸合作示范区和“一带一路”倡议重要节点城市，宁波近年来与中东欧各国交往日益密切，贸易合作规模不断扩大。2021年1—8月，宁波与中东欧国家进出口总额达247.40亿元（人民币，下同），同比增长40.6%。6月8日，第二届中国—中东欧国家博览会在宁波成功举办，为引领与中东欧国家合作交流、促进工商界互利共赢、推进“一带一路”建设注入了新动能。宁波市商务局中东欧处处长余海东表示，宁波与中东欧合作走过了7年的历程，中国—中东欧国家经贸合作示范区建设在经贸合作、平台建设、互联互通、科技合作、人文交流等方面取得了积极成效。希腊于2019年4月第八次中国—中东欧国家领导人会晤期间加入中国—中东欧国家合作机制。“希腊的加入，使得中东欧地区真正成为了亚欧大陆桥从最北面的芬兰湾到最南面的地中海全线贯通。”余海东说。

2020年，中国与希腊双边贸易额达540.86亿元，是在中东欧地区的第5大贸易伙伴、第3大出口国。希腊是宁波在中东欧地区的第7大贸易伙伴，2020年宁波与希腊贸易额20.6亿元，同比增长7%；2021年1—8月，宁波与希腊贸易额17.30亿元，同比增长29%。“此次活动目的在于，进一步促进宁波与希腊在文化、经贸、投资领域的交流与合作，引导有识之士参与到中国—中东欧国家合作之中来，更好地助力宁波—中东欧国家经贸合作示范区建设。”宁波贸促会党组成员、一级调研员赵大方如是说。作为地方一级的国际投资贸易促进机构，宁波市贸促会内设由贸促会、国际商会授权设立的中国—中东欧国家联合商会宁波联络办公室。赵大方介绍，这是中国—中东欧国家商会商务合作机制框架下的地方联络平台，其作用是本着“共商、共建、共享、共赢”的宗旨，通过“双向互访、双边推介、承办活动、打造平台”，不断凝聚共识，搭建与中东欧国家工商界经贸交流的桥梁。

2023 年 3 月 18 日，中国驻希腊大使馆商务参赞李颖参加在雅典举办的 2023 年希腊国际食品展，并在中国（宁波）—希腊经贸合作对接会上致辞。李颖参赞表示，中国一直高度重视与希腊的经贸合作。尽管三年疫情阻碍了人员交往，但中希两国经贸合作持续发展，双边货物和服务贸易不断增长。2021 年中希双边贸易额首次突破 100 亿美元大关，2022 年中希贸易额继续逆势上扬，增幅达到 14%，创下 138.12 亿美元的历史新高。目前，中国已成为希腊全球第 4 大贸易伙伴，希腊也是中国在中东欧国家中第 4 大贸易伙伴。随着中国式现代化全面推进，2035 年中国中等收入群体预计将超过 8 亿人口，这将为希腊产品进入中国带来巨大的市场机遇。此次，浙江省宁波市专门组织 20 家进口贸易商组成“宁波采购团”来雅典参加食品展，就是中国致力于扩大自希腊在内的中东欧国家产品进口的例证，中国也欢迎希腊企业积极参加将于 2023 年 5 月在宁波举办的第三届中国—中东欧国家博览会。中国—中东欧国家博览会暨国际消费品博览会是中国唯一面向中东欧的国家级展会，自 2019 年举办首届以来，见证了中国开放大门越开越大，汇聚各方务实合作的积极意愿。中国和中东欧国家都坚信开放创造机遇、包容成就多元，这也是中国—中东欧国家合作保持旺盛生命力的根本所在。

第三节

浙江省与希腊经贸合作的机遇与挑战

当前，中希经贸关系的发展既面临机遇，也面临一些挑战。首先，希腊经济逐渐向好发展，市场需求持续扩大。作为欧洲的重要一员，希腊的经济复苏为中方提供了更多商机，尤其是在能源、基础设施建设等领域。其次，中希两国保持着良好的政治关系和合作机制，为中希经贸合作提供了坚实的政治保障。双方在国际事务中的密切合作为经贸关系的拓展创造了有利条件。再次，中希的发展战略高度契合，尤其是在“一带一路”倡议框架下，两国在基础设施建设、港口运营、贸易往来等领域有着广阔的合作空间。最后，中希合作潜力巨大，双方在技术、文化、教育等多个领域都存在合作机会，可以进一步加深双边经贸关系。

然而，中希经贸关系的发展也伴随着一些挑战。首先，市场竞争激烈，双方需要认真研究市场需求和竞争格局，提高自身竞争力。其次，贸易壁垒仍然存在，包括一些国际贸易法规和标准的不一致，需要双方加强协调与合作。最后，政策调整可能对双方的经贸关系产生影响，因此需要建立灵活的合作机制以适应各种变化。在克服这些挑战的过程中，双方需要保持沟通，加强战略对话，寻找创新性的合作模式，以推动中希经贸关系的稳健发展。

一、机遇

（一）希腊经济向好发展，市场需求扩大

经过第三轮救助计划的实施以及在希腊政府的努力改革和全球经济回暖背景的影响下，希腊在 2018 年 8 月告别了债务危机，经济持续好转，国际评级机构对希腊信用评级等指标不断上调。在 2018 年，国际评级机构标准普尔将希腊的长期主权信用级别在短短的半年内连续上调了两次，1 月，信用评级从“B -”上调至“B”，6 月把希腊的信用评级又从“B”提升至“B +”。国际评级机构穆迪也上调了希腊国民银行、欧元银行等银行的评级，希腊的银行整体经营状况趋于良好。

近两年，希腊商品出口规模扩大，很多行业也开始回暖，经济基础得以巩固。航运业和旅游业增长势头强劲，根据希腊央行公布的信息，作为希腊三大支柱产业之一的旅游业，2018 年的收入达到了 375 亿欧元，同比增长 6.91%，增长势头强劲。希腊的失业率达到七年来最低，下降至 18%。2018 年经济增长率为 1.93%，前三季度保持着 2.12% 的增长速度。希腊的国内生产总值（GDP）从 2009 年开始连续八年处于下降的态势到了 2017 年得以扭转。欧盟对希腊经济发展的信心大增，预计未来两年希腊的增长率将会持续提高。

虽然希腊 2018 年没能实现全年预期 2.1% 的增长目标，失业率还比较高，但是这表明了希腊债务危机终结后，宏观经济在不断地向好发展。希腊经济的增长带动了就业，国家和人民的收入得到较大提高，希腊作为一个严重依赖进口的国家，伴随着经济的复苏，其市场需求在不断扩大，进口量将继续会增加。我国是制造业大国、商品出口大国，并且产能过剩，

为我国对希腊扩大商品出口提供了机遇。

（二）良好的政治关系以及合作机制为中希经贸的开展提供了重要保障

1. 政治互信增强，助推经贸合作发展

在“一带一路”倡议的框架下以及中希全面战略伙伴关系的积极推动下，两国之间的高层互访频繁，政治互信不断加深，友好合作日益巩固，双方在核心利益问题上相互支持，不断推动中希经贸合作不断前进。高层领导访问对双边经贸关系发展产生了显著的引领作用。例如，2014 年，中国国务院总理李克强和国家主席习近平先后访问希腊，双方签署了《中希关于深化全面战略伙伴关系的联合声明》，在贸易投资等领域表达了相互支持和提供便利以及在海洋经济、基础设施交通等领域展开合作的意愿。李克强总理在访问期间，中希双方签署了至少 19 份合作协议和商贸合同，总价值约为 34 亿欧元，涵盖了再生能源和航运等领域的合作，推动了两国的经贸关系。希腊齐普拉斯政府上台后逐渐认识到中国对希腊的重要影响，特别是认识到“一带一路”倡议对希腊经济复苏具有积极作用，因此将对华关系置于突出的战略位置。2016 年和 2017 年，希腊总理齐普拉斯两次访问中国，在与中国国家主席习近平的会谈中，双方一致认为，希腊建设重要的国际物流中转枢纽战略与“一带一路”倡议高度契合，因此决定共同努力将比雷埃夫斯港打造成地中海地区重要的集装箱中转港、海陆联运枢纽以及国际物流分拨中心，为中欧陆海快线和“一带一路”建设提供关键支持。2019 年 3 月，希腊新任外交部长卡特鲁加洛斯将中国作为首次外访国家，表明中国在希腊政府对外关系中的特殊地位，以及双方政治互信程度的高度。中希两国政治关系持续加强，为双边经贸合作不断发展提供了有力支持。

2. 中希经贸合作机制为两国经贸开展提供了重要基础

中希两国为促进经贸合作建立了多层次、多领域的合作机制和平台。2017 年，中希举办了第 12 次中希经贸混委会，这次会议为双方密切经贸关系、推进“一带一路”建设以及加强投资合作提供了机会，双方交换了看法，取得了广泛的共识，推动中希经贸合作进入了新的高潮。此外，已经举办了四届“中希经贸论坛”，特别是 2017 年在希腊举办的第四届论坛，代表们讨论了在“一带一路”框架下加强旅游、航运和能源等领域的合作，为中希经贸合作注入了新的动力。近年来，“中希海洋合作论坛”

“中希海洋合作年”以及“中国与南欧国家海洋合作论坛”的成功举办，为两国在海洋领域扩大合作提供了新的平台。在多边舞台上，如中欧领导人会晤、中欧战略对话和中欧经贸高层对话机制等方面的引领下，中希两国的互利合作得以持续加深。这些合作机制和平台为两国的经贸关系提供了坚实的基础，持续推动着双方的经贸合作不断发展。

（三）中希发展战略契合

自全球经济陷入低迷并复苏缓慢以来，中国经济也受到了影响，其增长速度逐渐放缓，经济下行压力持续上升。在这一背景下，中国政府提出了伟大的国际发展愿景——“一带一路”倡议。这一倡议的提出有着双重目标：一方面，推动全球经济增长，激发经济活力，为中国本国的经济发展提供助力；另一方面，通过扩大对外开放，促进商品出口，推进国内企业的国际化进程，提升国际竞争力，开拓海外投资市场，以及强化与其他国家的海洋合作，贯彻实施“海洋强国”战略。

自党的十八大以来，中国对海洋事务的高度关注逐渐显现，提出了构建“海洋强国”战略，计划未来大力发展海洋经济、海洋科技、海洋旅游等领域，并加强与其他国家在海洋领域的合作。根据国家发改委和国家海洋局合作编制的《“一带一路”建设海上合作设想》（2017），中国计划与“海上丝绸之路”沿线国家合作共建三大蓝色经济通道，其中“中国—印度洋—非洲—地中海蓝色经济通道”具有极其重要的地位。

在中国成功投资希腊比雷埃夫斯港项目的带动下，中国意图将希腊打造成通往欧洲的重要门户，成为亚欧陆海大通道的关键枢纽。希腊，地处连接欧亚大陆的要道，地理位置得天独厚。希腊政府也深受债务危机影响，急切希望推动经济发展。在中欧经贸关系不断增强的背景下，希腊愿意充当中国进入欧洲市场的门户，成为中欧贸易走廊的关键节点。

希腊还以其独特的地理位置和强大的海运业而著称。齐普拉斯政府上台后，更加重视海运业和海洋合作，计划充分发挥海运业的潜力，将希腊打造成中欧合作的重要桥头堡和国际物流中转枢纽。希腊还提出了建设“环地中海蓝色经济合作圈”的倡议，将海洋合作纳入其新的发展战略。

总之，希腊的发展战略与中国提出的“一带一路”倡议和“海洋强国”战略高度契合。希腊政府希望通过参与“一带一路”倡议来促进经济复苏和发展，多次表达了与中国合作的积极意愿。自“一带一路”倡议提出以来，中国对希腊的投资不断增加，中希合作项目逐渐增多，涵盖了多个领域。这为中希两国共同推动“一带一路”建设提供了坚实基础，也证明了在双方相互契合的战略指导下，中希之间在经贸领域有着广泛的合作空间，为双方的经贸合作带来了新的机遇。

（四）中希经贸合作的潜力较大

1. 农业方面

中国经过 40 年的改革开放，深刻认识到改革开放对国家发展的巨大意义，习近平主席一再强调：“中国的大门不会关闭，只会越开越大”。中国特色社会主义进入新时代，人民生活水平不断提升，消费结构升级，对国外高质量产品的需求不断增加。因此，中国于 2018 年 7 月发布了《关于扩大进口促进对外贸易平衡发展的意见》，并在同年 11 月举办了首届中国国际进口博览会，表明中国将扩大进口作为国家战略之一。这意味着中国，作为全球贸易大国，将继续扩大进口，为国际合作提供更多机遇。希腊有机会充分利用这一机遇，搭乘中国发展的快车，推动本国经济的复苏和发展。在 2014 年 6 月举办的中希海洋合作论坛上，时任国务院总理李克强曾表示，中国将优化贸易结构，增加从希腊的进口。

希腊在农业领域有着显著的发展，食品加工和农副产品在希腊农业中占有重要地位。希腊生产多种高质量的农产品和纯天然产品，如橄榄油、葡萄酒、奶酪、猕猴桃等。橄榄油被誉为“液体黄金”，被认为是迄今为止最适合人体营养的油脂之一。希腊生产的橄榄油品质卓越，70% 以上的橄榄油是超纯橄榄油，希腊也是世界三大橄榄油主产地之一，对外出口相对较多。希腊的酸奶因高蛋白质、低脂肪和出色口感而受欧美消费者喜爱，销售额在 2016 年占美国酸奶市场总额的 52%，被视为健康的选择，有着巨大的出口潜力。希腊还以悠久的葡萄酒酿造历史而自豪，其葡萄酒种类丰富，品质出众。此外，希腊的猕猴桃产量不断增加，已位居世界前五，尽管中国是猕猴桃的最大生产国，但国内市场需求依然巨大，需要大量进口。

随着中国人民生活水平不断提高，对橄榄油、葡萄酒、酸奶、猕猴桃等农副产品的需求呈现逐渐扩大的趋势。希腊齐普拉斯政府积极推动外向型经济发展，并将农产品作为出口的重要组成部分。因此，未来中希在这些领域有着广阔的合作前景。

2. 投资方面

希腊在经历了严重的债务危机之后急切地需要吸引外部投资和经济合作，以振兴国家经济。为应对危机，希腊政府近年来将吸引外资视为战略选择，并提出了“建设投资友好型经济”的口号。他们采取了一系列措施，包括修改《投资促进法》，推动大规模的私有化项目，以促进私人投资。

目前，希腊的私有化项目涵盖了多个领域，包括新能源（如太阳能和风能）、旅游产业（包括酒店业和旅游配套设施）、新技术（通信、网络和软件开发）、物流基础设施（道路、交通和停车场）、农副产品加工、节能环保等。这些领域与中国当前的科技强国和绿色发展战略高度契合。在一些领域，特别是网络通信和道路交通方面，中国企业具有竞争优势。中国企业的海外投资步伐不断加快，规模逐渐扩大，覆盖了世界多个国家和多个领域。在这一背景下，希腊的私有化项目为中国企业提供了巨大的投资机会。近年来，越来越多的中国企业选择在希腊投资和合作，这证明了中希两国在投资领域具有巨大的合作潜力。

另外，由于希腊近年来经济困难，失业率较高，爆发了多次示威和抗议活动。随着越来越多的中国企业在希腊投资，他们为希腊创造了更多的就业机会。这有助于降低希腊的失业率，减轻人民的就业压力，并对希腊社会的稳定产生积极影响。以中远海运公司为例，截至 2018 年 11 月底，该公司在希腊已经直接创造了 3100 个就业岗位，并间接创造了 1 万个就业岗位。因此，中希两国在投资领域继续合作的潜力依然巨大。

3. 旅游方面

希腊地理位置独特，毗邻地中海，拥有众多美丽的岛屿，被誉为“欧洲的阳台”。这个国家拥有丰富的自然和人文资源，吸引着游客来自世界各地的游客。希腊拥有悠久的历史和文化传统，古希腊神话故事令人神往。爱琴海的风光令人陶醉，特别是圣托里尼岛等地的美景，让人心旷神怡。而雅典卫城、奥林匹亚古运动场、德尔菲太阳神殿等历史古迹则引人入胜。

长期以来，旅游业一直是希腊的三大支柱产业之一，尤其在希腊债务危机期间，旅游业对于振兴经济发挥了重要作用。如今，旅游业在希腊经济中的地位更加凸显，根据统计数据显示，2018 年有超过 3100 万人次前往希腊旅游，同比增长了 10.8%。中希两国在旅游领域的合作也日益紧密。2016年，两国政府签署了《2016—2018年旅游领域联合行动计划》，推动了北京至雅典的直飞航班的开通，缩短了航程，提高了航班频次，为中国游客前往希腊旅游提供了更多便利。

近年来，希腊还不断扩大在中国的签证服务，增设了签证中心，雅典的中国签证服务中心也已正式投入运营。中国游客在希腊的花费总额已经达到了近4亿欧元（约30亿元人民币），可见中国游客赴希腊旅游的趋势持续增长。未来，随着中国经济的持续增长和国民收入水平的提高，中国境外旅游市场将继续扩大，为希腊旅游业的发展带来更多机遇。同时，随着中希关系的深化以及希腊政府和旅游部门在中国市场的积极推广，中希两国在旅游领域合作的前景广阔。

二、挑战

当前中国与希腊经贸关系发展面临的挑战主要有：中希经贸额较小，经贸结构失衡；希腊的营商环境欠佳，吸引外商投资能力不强等。

中希之间的经贸关系规模相对有限，同时存在明显的不平衡问题，成为制约两国经济合作的主要挑战。中希双边经贸不平衡主要体现在以下几个方面：双边贸易额不均衡、经济结构相对单一、互补性差，以及投资方面的不平衡。

希腊经济存在一系列结构性问题，其国土面积相对较小，矿产资源有限，主要包括铝土矿（储量约10亿吨）、褐煤（储量58亿吨）、镍、铬、镁、石棉、铀、铜、大理石等。希腊的天然气和石油资源储备相对稀缺，产出也较为有限，因此工业化水平相对较低。第一和第二产业在希腊国内经济中所占比例相对较小，而第三产业占据主导地位。希腊国内市场规模有限，对外部经济较为依赖，容易受到外部经济波动的影响。

总体来看，尽管中希贸易总额在2014—2018年有所波动，但总体呈上升趋势。然而其规模仍然有限，而且双边贸易存在明显不平衡。从横向比较来看，2018年的贸易总额约为70.64亿美元，其中希腊从中国进口的商品总额接近65亿美元，而中国从希腊进口的商品总额仅为5.64亿美元，前者是后者的11倍多。从纵向比较来看，希腊一直处于对中国贸易逆差状态，并且逆差额逐年增大，2018年希腊对中国的贸易逆差达到了59.36亿美元，同比增长了37.34%。考虑到中国是全球第二大经济体、第二大进口国，而希腊不论经济总量还是人口总量、国土面积等指标在欧盟排名靠后，而与中国相比，差距更远，这种不平衡将可能给中希两国贸易发展带来挑战。

在投资方面，双边投资较少且不平衡。中国对希腊的投资相对其他国家来说较少，2017 年底，中国在希腊直接投资仅为 2857 万美元。希腊虽是欧盟国家，但是经济欠发达，国内大型公司相对较少，对外投资能力有限，又由于受债务危机的影响，希腊经济不景气，以致当今希腊对中国的投资极少，2017 年中国实际利用希腊外商直接投资金额 85 万美元，并且增长较慢。

第四节 浙江省与希腊经贸合作的前景与展望

（一）顺应发展趋势，探索更适应中国与希腊深度合作的发展渠道

希腊因欧盟的一体化贸易政策而受益，但同时也面临一些不利影响。地区贸易组织通常具有排他性，旨在维护成员国内部的和谐与稳定，这意味着与地区贸易组织之外的国家合作会受到一定限制，这也适用于希腊与中国的合作。为了促进双方的贸易合作，可以考虑采取几个关键措施。

首先，中国可以积极推动贸易合作的便捷化，减少冗长的审批程序，使贸易更加顺畅。其次，定期举办博览会，通过这种方式推广两国的产品，扩大政府和民间之间的沟通渠道，增强互信。最后，双方可以努力促成自由贸易区的建立，这将有助于解决关税和贸易量的问题，显著扩大中国与希腊之间的贸易合作规模。

由于地理距离较远，中希之间的合作和交流经验有限，中国并未成为希腊主要的进出口伙伴之一。尽管中国在国际贸易中的地位不断增强，但中希之间的贸易合作仍有很大的增长潜力。随着中希共建“一带一路”，以及希腊不断推行私有化项目，为中国企业到海外投资带来了机遇，到希腊投资的中国企业将日益增多。然而，刚摆脱债务危机的希腊仍面临经济发展不稳定、营商环境欠佳、安全形势严峻以及欧盟加强对外投资审查等挑战。因此，中国政府及相关部门、智库和服务机构应建立健全信息服务体系和风险评估预测机制，以为中国企业在希腊投资提供政策、信息和服务支持，规避投资风险。具体方法包括：建立专门新闻网站，及时报道或发布关于希腊政策、法规、经济和社会发展情况等信息；为有意赴希腊投资的企业举办研讨会、交流会等，以分析和交流希腊的营商环境；组织中国企业实地考察和参观等活动。政府还需要在现有信息平台的基础上，添加和完善实时贸易数据、物流信息、投资机会、优惠政策以及简化烦琐程序的绿色通道等，以最大程度地提供合作的便利条件。

（二）扩大贸易规模，利用新的贸易模式，建立跨境电商平台

目前，中希之间的经贸规模相对较小，但潜力巨大，因此需要积极抓住机遇，扩大双边贸易规模。为实现双边贸易额持续、均衡增长，我们需要解决当前存在的进出口不平衡问题。为了扩大对希腊的出口，中国可以采取一些关键措施。

首先，中国可以致力于促进贸易合作的便捷化，减少烦琐的审批程序，以提高贸易的流畅度。其次，定期举办博览会，通过此方式推广两国产品，扩大政府和民间之间的沟通渠道，增强互信。最后，双方可以共同努力促成自由贸易区的建立，以解决关税和贸易量等问题，从而显著扩大中国与希腊之间的贸易合作规模。

当前，中希之间的进出口商品结构相对单一，因此有必要根据实际情况适度调整。在中国对希腊的出口方面，中国可以提高商品的品牌和质量，降低生产成本，以应对欧盟对产品质量的高要求和技术壁垒。同时，中国还可以加强对希腊进口贱金属及其制品、纺织品、纸张、塑胶等产品的宣传和推广，以满足双边合作的潜力和需求。此外，中国也可以进口更多优质的希腊橄榄油、葡萄酒、酸奶、猕猴桃等农副产品，以满足中国市场对高品质产品的需求，促进双方经贸的互补性，实现均衡可持续发展。

为进一步扩大贸易规模，我们还可以借助新的贸易模式，建立跨境电子商务平台。随着电子商务的迅速发展，跨境电子商务成为推动双边经贸的新方式。中希两国均具备强大的电子商务潜力，因此可以建立更多便捷、安全、高效的跨境电子商务平台和支付系统，以满足两国消费者对对方国家商品的需求。这将有助于推动中希经贸的增长，促进经济合作的持续发展。

（三）加强航运、新能源及文化、旅游方面的合作

贸易合作的顺利展开不仅需要强大的国内市场支持，还要充分考虑贸易伙伴的地理位置和交通条件。在这方面，希腊拥有独特的地理优势。作为欧洲的南大门，希腊位于欧洲、亚洲和非洲之间的战略性位置，使其成为了一个重要的贸易枢纽。这个地理位置让希腊能够轻松连接中东、北非和欧洲大陆，为跨境贸易提供了便捷的通道。

希腊拥有漫长而多样化的海岸线以及众多深水港口，其中最著名的是比雷埃夫斯港口。这些港口一直以来都在世界航运业中占据重要地位。中国的贸易伙伴需要依赖可靠的海上交通和航运支持，而希腊作为全球领先的航运国家，为中国提供了更多的停靠码头和物流设施，使其成为海上货物运输的重要中转站。这种合作有望进一步促进中希之间的贸易流量，并提高运输效率。

需要注意的是，希腊经济存在一些结构性缺陷，如矿产资源相对有限、工业水平相对较为落后。因此，与希腊在这些领域的合作前景可能有限。不过，目前希腊正在积极发展新兴产业，特别是新能源、海洋经济和文化旅游等领域。这为中国企业提供了机会，可以在这些新兴产业中加强与希腊的合作，共同探索发展机会，并共享相互的经验和资源。这种合作不仅有助于中希贸易的多样化，还能够为双方创造更多增长机会。

新能源产业方面。在追求环境保护和全球治理的背景下，欧盟于2018年底发布了旨在2050年实现净碳排放为零的“欧盟2050碳中和”愿景。这一愿景推动欧盟国家未来致力于发展新能源以替代传统能源，为生产和生活提供动力。在这一大趋势的引领下，希腊因其独特的地理位置而成为了发展新能源的理想之地，拥有丰富的太阳能和风能资源。

希腊地处阳光充沛的地区，太阳能资源丰富，同时也拥有出色的风能资源。这些因素使得希腊在可再生能源领域，如风能、太阳能和光伏等方面具备巨大的潜力。目前，希腊正积极发展新能源产业，其风能和太阳能行业取得了显著进展。例如，希腊政府在2018年启动的私有化项目中包括了大量新能源项目，其中有14个风电项目，总容量达到308兆瓦，并计划在2020年之前拍卖出2.6吉瓦（1吉瓦=1000000千瓦）的可再生能源项目。这些举措表明，希腊将继续加大新能源产业的发展力度。

中国企业在多年的新能源开发和应用中积累了丰富的经验和技术实

力，因此在希腊的新能源产业合作中有着良好的机会。首先，中国政府应鼓励国内领先企业充分抓住机遇，积极参与希腊新能源项目，继续增加对希腊私有化项目的投资和合作。其次，中国企业在希腊进行投资和合作时应深入了解当地的法律法规，同时提高自身的技术水平和服务质量，树立卓越的品牌形象，以增强在市场中的竞争力。这一点尤为重要，因为欧盟对外国企业在其成员国的投资项目进行了严格的资格审查，提高了市场准入的门槛。因此，中国企业在与希腊的合作中需要坚持环保高标准，以确保项目的顺利进行和成功落地。这样的合作将有助于进一步推动中希之间的经济合作，促进新能源产业的发展，同时也符合环保和可持续发展的全球愿景。

航运交通产业方面。中希两国都位于海岸线较长的地区，如今都将海洋产业发展视为国家的战略重点，为两国的合作提供了重要机遇。希腊拥有众多港口，尽管其中一些港口的运营状况不佳，但港口建设仍然是希腊私有化进程中的关键项目之一。中远集团成功投资比雷埃夫斯港口的案例为其他中国企业树立了典范，因此，对希腊港口投资有兴趣并具备实力的中国企业应密切关注希腊港口私有化进展，积极准备投资和运营希腊港口。

航运业是希腊的重要支柱产业之一，希腊拥有全球最大的商业运输船队。2018 年，来自希腊的船舶订单合同增长了 75.53%，成为全球造船厂的最大客户。随着全球经济的复苏、中欧贸易规模的扩大以及希腊自身经济的复苏，希腊船东的商船订单预计将继续增加。中国的造船业虽然发展较为成熟，但也面临来自日本、韩国等实力强大的竞争对手的竞争。

中国的造船企业应抓住这一机会，积极与希腊的船东保持密切联系，继续扩大双方在造船领域的业务合作。这可以包括与希腊船东建立合资企业、提供高质量的船舶设计和制造服务，以及积极参与希腊航运市场的发展。这样的合作不仅有助于提升中国造船业的国际竞争力，还将推动中希两国之间的经济关系取得更大的成果，促进航运业的繁荣发展。在希腊丰富的海洋资源和中国造船业的实力之间找到平衡，将为双方带来共赢的机遇。

文化产业方面。希腊有着悠久的历史，灿烂的文明，是欧洲文化遗产最丰富的国家，文化资源丰富，但是由于其国内文化市场较小，以致希腊对文化产业不够重视，其文化产业和文化创意产业并不发达。中希文化是东西方文化的代表，具有差异性和互补性，并且在当今物质条件基本得到满足的中国人民对精神文化层面的需求愈加强烈，文化市场潜力较大，因此中希两国可以加强文化产业和文化创意产业的合作，如合拍影视、翻译对方国家优秀的著作、建立文化产业园等。

旅游业方面。目前，希腊的旅游业正以惊人的速度迅猛发展，吸引了越来越多的游客前往。然而，希腊在经历了严重的债务危机后，资金相对有限，导致旅游景区的开发和相关基础设施建设进展较为滞后，难以满足不断增长的游客需求。正是在这个背景下，中国与希腊之间在旅游业领域蕴藏着巨大的合作潜力。

中国企业可以积极考虑投资合作，特别是在旅游景区的建设方面。这包括但不限于酒店、餐饮场所以及景区娱乐设备等配套基础设施的建设。通过这些投资，中国企业不仅有机会参与希腊旅游业的发展，还能够为游客提供更加舒适和愉悦的旅行体验。此外，随着中国游客出境游的规模不断增长，以及希腊政府加大在中国市场的旅游资源宣传力度，中国游客前往希腊的数量预计会进一步增加。因此，中希双方应继续合作，为游客提供更多便利，包括签证申请流程的简化、中文服务的提供以及旅游安全保障等方面的改善，以进一步促进中希两国之间的旅游合作，实现互利共赢。这不仅将有助于希腊旅游业的可持续发展，还将深化中希两国的友好关系。

第二篇

浙江省与希腊的贸易合作

第三章

浙江省与希腊贸易现状

浙江省作为中国长江三角洲的核心省份，长期以来在中国的经济发展中充当领先角色的地位。该省以其商业创新和经济活力而闻名，对全国乃至全球经济都产生显著影响。值得注意的是，浙江省在国际贸易领域的表现，尤其是其与希腊的贸易往来，成为展示其经济实力的关键点。浙江省与希腊的贸易关系不仅促进了经济合作，还加深了两地的文化和技术交流。本章旨在深入分析浙江省与希腊之间的贸易关系，主要包括贸易规模、贸易结构和政策建议三个方面内容。首先，分析双方贸易的规模，探讨主要进出口商品及其贸易额的趋势变化。其次，研究双方的贸易结构，包括出口优势产品和贸易模式的演变。最后，提出加强浙江省与希腊贸易往来的政策建议，旨在提升双方在国际贸易中的地位和影响力。

第一节 浙江省与希腊的贸易规模

浙江省与希腊的进出口贸易关系具有深远的历史，自中国“一带一路”倡议提出以来，这一关系得到了显著加强。浙江省，作为中国在进出口贸易方面的重要省份之一，其与希腊的贸易往来在这一背景下呈现出迅猛的发展势头。这不仅彰显了浙江省在全球贸易网络中的重要地位，也标志着希腊在共建“一带一路”中扮演的关键角色。本节将通过对浙江省与希腊的贸易结构进行细致分析，重点探讨双方贸易的总额以及具体的进口和出口情况。

一、浙江省与希腊的进出口贸易规模分析

在本节中，选取了2012—2021年这10年浙江省与希腊之间的贸易总额数据作为研究对象。这些数据全部源自国研网旗下的“国际贸易研究及决策支持系统”，该系统提供了全面而详细的贸易数据，覆盖了广泛的商品类别和国际贸易伙伴。具体而言，该数据库包含22大类、99个章节、1200个四位码商品类别以及超过7800个八位码商品的海关统计数据。通过在商品、伙伴国家、地区、贸易方式、贸易流向、指标和时间七个维度上进行交叉查询，能够提取出所需的月度贸易数据，这为本章的分析提供了全面而深入的视角。

除了浙江省与希腊之间的贸易数据外，该数据库同样包含了浙江省与其他中东欧国家的贸易数据。这些国家包括波兰、捷克、匈牙利、斯洛伐克、罗马尼亚、保加利亚、北马其顿、斯洛文尼亚、克罗地亚、塞尔维亚、阿尔巴尼亚、波黑、黑山13个国家。这些数据的综合分析不仅能够呈现浙江省与希腊之间的贸易模式和趋势，还能够在更广泛的地缘政治和经济背景下，展现浙江省在国际贸易中的地位和作用。

从表3－1可以看出，浙江省与希腊的贸易总额也显示出了逐年增加的趋势。2012年，浙江省与希腊的贸易总额为716.86百万美元。到了2013年，这个数字上升至772.89百万美元，同比增长了7.82%。2014年，贸易总额继续增长至944.83百万美元，同比增长了22.25%。2015年增长趋势有所减缓，贸易总额为954.83百万美元，同比增长了1.06%。然后在随后的几年中，贸易总额持续稳步增长，2016—2018年，浙江省与希腊的贸易总额分别达到了1116.75百万美元、1222.23百万美元、1581.51百万美元。2019年，总额显著上升至2135.47百万美元。然而，2020年受到外部因素影响，贸易总额降至1803.60百万美元，同比下降了

15.54%。2021年，贸易总额显著反弹，达到了2913.66百万美元，同比大幅增长61.55%。2021年的增长率约是2013年的增长率的8倍，标志着浙江省与希腊贸易关系在这10年间取得了显著的增长。

表3－1　　浙江省与希腊及中东欧国家的总体贸易情况

年份	浙江省与中东欧国家贸易总额（百万美元）	浙江省与希腊贸易总额（百万美元）	浙江省与希腊每年的贸易总额增长率（%）
2012	6071.94	716.86	/
2013	6468.29	772.89	7.82
2014	7378.89	944.83	22.25
2015	7010.63	954.83	1.06
2016	7710.38	1116.75	16.96
2017	9907.25	1222.23	9.45
2018	12555.33	1581.51	29.40
2019	13161.85	2135.47	35.03
2020	13512.58	1803.60	－15.54
2021	15382.70	2913.66	61.55

资料来源：国研网“国际贸易研究及决策支持系统”。

二、浙江省自希腊的进口贸易规模分析

本节详细分析了2012—2021年浙江省自希腊的进口额数据，这些数据均源自国研网提供的数据库。该数据库提供了全面的海关统计数据，覆盖22大类、99个章节、1200个四位码商品类别和超过7800个八位码商品。通过对商品种类、伙伴国家、地区、贸易方式、贸易流向、关键指标以及时间跨度七个维度的交叉查询，该系统能够精准提取所需的庞大月度贸易数据。这些数据不仅包括浙江省与希腊之间的贸易情况，还包括了浙江省与其他中东欧国家的详细贸易数据，包括波兰、捷克、匈牙利、斯洛伐克、罗马尼亚、保加利亚、马其顿、斯洛文尼亚、克罗地亚、塞尔维亚、阿尔巴尼亚、波黑、黑山13个国家。

表3－2的数据显示，2012—2021年浙江省自希腊的进口额波动情况较多。2012年，浙江省自希腊的进口额为32.32百万美元。到了2013年，这一数字略有下降，为31.35百万美元，同比减少了2.98%。2014年，

进口额进一步下降至 18.80 百万美元，下降率高达 40.02%。然而，2015 年进口额继续减少至 16.98 百万美元，下降率为 9.67%，2016 年下降至 10.55 百万美元，同比下降了 37.85%。

随后几年，浙江省自希腊的进口额出现了显著增长。2017 年，进口额大幅上升至 21.94 百万美元，增长率高达 107.84%。2018 年，进口额继续增长至 33.53 百万美元，增长率为 52.80%。2019 年，进口额达到了 54.54 百万美元，同比增长 62.65%。然而，2020 年进口额降至 39.54 百万美元，下降率为 27.49%。2021 年，浙江省自希腊的进口额达到了 60.10 百万美元，同比增长 51.98%，标志着浙江省与希腊贸易关系在这 10 年间取得了显著的增长。

表 3－2　浙江省自中东欧国家进口及自希腊进口的贸易情况

年份	浙江省自中东欧国家进口额（百万美元）	浙江省自希腊进口额（百万美元）	浙江省自希腊的进口额增长率（%）
2012	394.91	32.32	/
2013	403.35	31.35	－2.98
2014	497.49	18.80	－40.02
2015	315.06	16.98	－9.67
2016	318.02	10.55	－37.85
2017	605.95	21.94	107.84
2018	774.32	33.53	52.80
2019	839.22	54.54	62.65
2020	929.52	39.54	－27.49
2021	1549.73	60.10	51.98

资料来源：国研网“国际贸易研究及决策支持系统”。

三、浙江省向希腊的出口贸易规模分析

本节选取了 2012—2021 年浙江省向希腊出口额的数据，资料来源于国研网数据库。该数据库涵盖了 22 类、99 章、1200 个四位码商品以及 7800 多个八位码商品的海关统计数据，以通过对商品、伙伴国、地区、贸易方式、贸易流向、指标、时间七个维度交叉查询到所需要的庞大月度数据，可以为本章提供全方位立体化的贸易数据。其中也包括了浙江省与

其他中东欧国家的贸易数据，包括波兰、捷克、匈牙利、斯洛伐克、罗马尼亚、保加利亚、北马其顿、斯洛文尼亚、克罗地亚、塞尔维亚、阿尔巴尼亚、波黑、黑山共13个国家的数据。

表3－3数据显示，浙江省向希腊的出口额2012—2021年整体上呈现逐年增长的趋势。2012年，浙江省向希腊的出口额为684.53百万美元。到了2013年，这一数字略有增长，达到741.53百万美元，同比增长8.33%。2014年，出口额继续增长至926.02百万美元，增长率为24.88%。2015年，出口额略有增加，为937.84百万美元，同比增长率为1.28%。接下来几年，浙江省向希腊的出口额继续保持持续增长的姿态。2016年，出口额达到1106.19百万美元，同比增长17.95%。2017年，出口额进一步增加至1200.29百万美元，增长率为8.51%。2018年，出口额显著上升至1547.91百万美元，增长率为28.97%。2019年，出口额达到2080.92百万美元，增长率进一步上升至34.43%。然而，2020年出口额下降至1764.05百万美元，同比下降15.23%。到了2021年，浙江省向希腊的出口额大幅回升至2853.55百万美元，同比增长61.76%，2021年的增长率约是2013年的增长率的7倍，数据显示了近10年里浙江省与希腊之间贸易关系的显著增长。

表3－3 浙江省出口到希腊及中东欧国家的贸易情况

年份	浙江省出口到中东欧国家的金额（百万美元）	浙江省出口到希腊的金额（百万美元）	浙江省出口到希腊的金额增长率（%）
2012	6282.97	684.53	/
2013	6670.36	741.53	8.33
2014	7468.94	926.02	24.88
2015	7101.75	937.84	1.28
2016	7851.00	1106.19	17.95
2017	8624.67	1200.29	8.51
2018	10797.25	1547.97	28.97
2019	11197.98	2080.92	34.43
2020	11455.98	1764.05	－15.23
2021	12589.17	2853.55	61.76

资料来源：国研网“国际贸易研究及决策支持系统”。

第二节
浙江省与希腊的贸易结构

本节采用国研网“国际贸易研究及决策支持系统”中所记载的浙江省与希腊在T01－T22大类商品上的进出口贸易数据（二十二类产品代码及名称见表3－4）。

表3－4　　二十二类商品代码及名称

代码	名称
T01	第一类　活动物；动物产品
T02	第二类　植物产品
T03	第三类　动、植物油、脂及其分解产品；精制的食用油脂；动、植物蜡
T04	第四类　食品；饮料、酒及醋；烟草、烟草及烟草代用品的制品
T05	第五类　矿产品
T06	第六类　化学工业及其相关工业的产品
T07	第七类　塑料及其制品；橡胶及其制品
T08	第八类　生皮、皮革、毛皮及其制品；鞍具及挽具；旅行用品、手提包及类似容器；动物肠线（蚕胶丝除外）制品
T09	第九类　木及木制品；木炭；软木及软木制品；稻草、秸秆、针茅或其他编结材料制品；篮筐及柳条编结品
T10	第十类　木浆及其他纤维状纤维素浆；回收（废碎）纸或纸板；纸、纸板及其制品
T11	第十一类　纺织原料及纺织制品
T12	第十二类　鞋、帽、伞、杖、鞭及其零件；已加工的羽毛及其制品；人造花；人发制品
T13	第十三类　石料、石膏、水泥、石棉、云母及类似材料的制品；陶瓷产品；玻璃及其制品
T14	第十四类　天然或养殖珍珠、宝石或半宝石、贵金属、包贵金属及其制品；仿首饰；硬币

续表

代码	名称
T15	第十五类　贱金属及其制品
T16	第十六类　机器、机械器具、电气设备及其零件；录音机及放声机、电视图像、声音的录制和重放设备及其零件、附件
T17	第十七类　车辆、航空器、船舶及有关运输设备
T18	第十八类　光学、照相、电影、计量、检验、医疗或外科用仪器及设备、精密仪器及设备；钟表；乐器；上述物品的零件、附件
T19	第十九类　武器、弹药及其零件、附件
T20	第二十类　杂项制品
T21	第二十一类　艺术品、收藏品及古物
T22	第二十二类　特殊交易品及未分类商品

资料来源：国研网“国际贸易研究及决策支持系统”。

一、浙江省从希腊的进口贸易结构分析

（一）浙江省从希腊的进口贸易结构

本小节主要分析浙江省从希腊的进口贸易结构。表 3 – 5 对 2021 年浙江省从希腊进口每一类产品的进口额进行排序，第一至第十名分别为：T06（化学工业及其相关工业的产品）、T15（贱金属及其制品）、T05（矿产品）、T07（塑料及其制品；橡胶及其制品）、T03（动、植物油、脂及其分解产品；精制的食用油脂；动、植物蜡）、T08（生皮、皮革、毛皮及其制品；鞍具及挽具；旅行用品、手提包及类似容器；动物肠线（蚕胶丝除外）制品）、T10（木浆及其他纤维状纤维素浆；回收（废碎）纸或纸板；纸、纸板及其制品）、T11（纺织原料及纺织制品）、T04（食品；饮料、酒及醋；烟草、烟草及烟草代用品的制品）；T02（植物产品）。

T06 类（化学工业及其相关工业的产品）以 321.87 百万美元的进口额占据第一位，占整体进口额的 64.07%，显示出这一类别在浙江省进口中的重要性。T15 类（贱金属及其制品）紧随其后，进口额为 161.71 百万美元，占比 32.19%。这两个类别合计占总进口额的 96.26%，表明浙江省从希腊进口主要集中在这两个领域。排在第三至第十一名的类别进口额相对较小，例如，T05 类（矿产品）和 T07 类（塑料及其制品；橡胶及其制品）分别占总额的 0.80% 和 0.72%。这些类别的贡献虽小，但仍是

浙江省多元化进口结构的一部分。T02 类（植物产品）至 T13 类（石料、石膏、水泥、石棉、云母及类似材料的制品；陶瓷产品；玻璃及其制品）的进口额占比相对较低，表明这些类别在浙江省的进口贸易中占据较小的份额。T09 类（木及木制品；木炭；软木及软木制品；稻草、秸秆、针茅或其他编结材料制品；篮筐及柳条编结品）至 T22 类（特殊交易品及未分类商品）的进口额为零，意味着在 2021 年，浙江省从希腊几乎没有进口这些类别的产品。数据表明，浙江省对于希腊的进口贸易结构相对集中，特别是在化学产品和贱金属制品方面。同时，浙江省也存在多样化的小规模进口类别，但它们对总进口额的贡献相对较小。2021 年浙江省从希腊的进品额为 502. 39 百万美元。

表 3－5　2021 年浙江省从希腊进口每一类产品的金额及排序情况

排序	类别	浙江省从希腊进口的每一类产品金额（百万美元）	浙江省从希腊进口每一类产品的金额在二十二类产品总额（502. 39 百万美元）中的占比（%）
1	T06	321. 87	64. 07
2	T15	161. 71	32. 19
3	T05	4. 01	0. 80
4	T07	3. 61	0. 72
5	T03	2. 93	0. 58
6	T08	2. 40	0. 48
7	T10	2. 35	0. 47
8	T11	1. 13	0. 23
9	T04	1. 10	0. 22
10	T02	0. 72	0. 14
11	T13	0. 27	0. 05
12	T12	0. 13	0. 03
13	T01	0. 05	0. 01
14	T14	0. 04	0. 01
15	T09	0	0
16	T16	0	0
17	T17	0	0

续表

排序	类别	浙江省从希腊进口的每一类产品金额（百万美元）	浙江省从希腊进口每一类产品的金额在二十二类产品总额（502.39 百万美元）中的占比（%）
18	T18	0	0
19	T19	0	0
20	T20	0	0
21	T21	0	0
22	T22	0	0

资料来源：国研网“国际贸易研究及决策支持系统”。

（二）进口额前五类产品情况

1. T06 类产品（化学工业及其相关工业的产品）

由表 3－5 可知，T06 产品进口额排名第一，为 2021 年贸易量最大的产品。表 3－6 汇总了 2012—2021 年浙江省从希腊进口 T06（化学工业及其相关工业的产品）的贸易情况，其中化学工业及其相关工业的产品具体包括除高分子化工产品、作为材料使用的金属单质及部分石油化工产品外，该类几乎包括了所有的化学工业以及与化学相关工业的产品。从表 3－6 中可以观察到，T06 类产品（化学工业及其相关工业的产品）在 2012—2021 年在浙江省从希腊进口额中的波动幅度显著。2012 年，浙江省从希腊进口的 T06 类产品金额为 0.08 百万美元，但到了 2013 年下降至 0.05 百万美元，下降幅度达 38.56%。2014 年继续下降，进口额为 0.04 百万美元，再次下降 21.59%。然而，在 2015 年，T06 类产品的进口额急剧增加至 0.31 百万美元，增长率高达 736.14%。2016 年，进口额有所下降至 0.11 百万美元，下降 62.90%，但到了 2017 年，这一数字进一步下降至 0.02 百万美元，下降幅度为 84.66%。2018 年，T06 类产品的进口额突破性增长至 8.53 百万美元，增长率高达 48580.25%。2019 年，浙江省从希腊进口的 T06 类产品额进一步增长至 28.56 百万美元，增长率为 234.87%。2020 年，进口额有所下降，达到 14.52 百万美元，下降 49.19%。然而，到了 2021 年，这一数字再次增长至 32.18 百万美元，增长率为 121.75%。这一波动反映了浙江省与希腊在 T06 类产品贸易方面的不稳定性。特别是在 2018 年和 2019 年的显著增长，表明该类产品在两地贸易中的潜在重要性。浙江省在与希腊进行化学工业及其相关工业的产品贸易时应更加关注市场动态和国际经济形势，以适应这些变化并最大化利用贸易机会。

表 3 -6　　浙江省从希腊进口 T06 类产品贸易情况

年份	进口额（百万美元）	进口额增长率（%）
2012	0. 08	/
2013	0. 05	-38. 56
2014	0. 04	-21. 59
2015	0. 31	736. 14
2016	0. 11	-62. 90
2017	0. 02	-84. 66
2018	8. 53	48580. 25
2019	28. 56	234. 87
2020	14. 51	-49. 19
2021	32. 18	121. 75

资料来源：国研网“国际贸易研究及决策支持系统”。

2. T15 类产品（贱金属及其制品）

由表 3 -5 可知，T15 产品进口额排名第二，为 2021 年贸易量第二大的产品。表 3 -7 汇总了 2012—2021 年浙江省从希腊进口 T15（贱金属及其制品）的贸易情况。从表 3 -7 中可以观察到，T15 类别（贱金属及其制品）在 2012—2021 年，浙江省从希腊进口额的波动幅度相当大。2012 年，浙江省从希腊进口 T15 类产品的金额为 18. 25 百万美元。然而到了 2013 年，这一数字下降到 14. 58 百万美元，下降率为 20. 12%。2014 年继续下降，进口额为 11. 81 百万美元，下降率为 18. 98%。但在 2015 年，进口额略有上升至 12. 20 百万美元，增长率为 3. 34%。2016 年，T15 类产品的进口额出现显著下降，降至 7. 33 百万美元，下降率高达 39. 93%。但到了 2017 年，进口额反弹至 13. 44 百万美元，增长率达到 83. 38%。2018 年，进口额略有下降，降至 13. 40 百万美元，下降率为 0. 36%。2019 年，进口额大幅下降至 1. 84 百万美元，下降率为 86. 24%。2020 年，进口额有所回升，达到 3. 02 百万美元，增长率为 63. 84%。而到了 2021 年，进口额显著增加至 16. 17 百万美元，增长率高达 435. 40%。

表3-7　　浙江省从希腊进口T15类产品贸易情况

年份	进口额（百万美元）	进口额增长率（%）
2012	18.25	/
2013	14.58	-20.12%
2014	11.81	-18.98%
2015	12.20	3.34%
2016	7.33	-39.93%
2017	13.44	83.38%
2018	13.40	-0.36%
2019	1.84	-86.24%
2020	3.02	63.84%
2021	16.17	435.40%

资料来源：国研网“国际贸易研究及决策支持系统”。

3. T05类产品（矿产品）

由表3-5可知，T05产品进口额排名第三，为2021年贸易量第三大的产品。表3-8汇总了2017—2021年浙江省从希腊进口T05（矿产品）的贸易情况。由于数据缺失，只搜集到了2017—2021年的数据。从表3-8中可以看出，在2017—2021年，浙江省从希腊进口额的波动幅度非常大。2017年，浙江省从希腊进口T05类产品的金额为0.14百万美元。然而，到了2018年，这一数字下降至0.06百万美元，下降率高达57.04%。接着在2019年，进口额急剧增加至1.68百万美元，增长率达到惊人的2520.65%。2020年，进口额进一步增长至4.82百万美元，增长率为186.04%。但到了2021年，进口额大幅下降至0.40百万美元，下降率为91.69%。这些数据表明，浙江省从希腊进口的T05类产品在这几年间经历了极大的波动，从显著的下降到急剧的增长，再到大幅度的下降。这种波动可能反映了市场需求的变化、全球经济环境的影响、贸易政策的调整等因素的综合作用。特别是2019年的显著增长和2021年的大幅下降，可能与新冠疫情、全球市场的供需关系、价格波动以及国际经济情势等有关。

表 3 - 8　　浙江省从希腊进口 T05 类产品贸易情况

年份	进口额（百万美元）	进口额增长率（%）
2017	0. 14	/
2018	0. 06	-57. 04
2019	1. 68	2520. 65
2020	4. 82	186. 04
2021	0. 40	-91. 69

资料来源：国研网“国际贸易研究及决策支持系统”。

4. T07 类产品（塑料及其制品；橡胶及其制品）

由表 3 - 5 可知，T07 产品进口额排名第四，为 2021 年贸易量第四大的产品。表 3 - 9 汇总了 2012—2021 年浙江省从希腊进口 T07（塑料及其制品；橡胶及其制品）的贸易情况。这段时间的数据显示浙江省从希腊进口这一类产品的显著波动。2012 年，进口额为 1. 19 百万美元的高点开始，进入了波动的周期。紧接着在 2013 年，进口额急剧下降至 0. 16 百万美元，下降率达到 86. 36%，显示出一种突然的市场收缩。2014 年的进口额进一步降至 0. 07 百万美元，继续下降 53. 86%，反映出市场需求的持续减弱或其他外部经济因素的影响。然而，2015 年情况有所改变，进口额小幅回升至 0. 15 百万美元，增长率达 105. 18%，表明市场有所恢复。但这种复苏在 2016 年和 2017 年又转为下降趋势，分别下降至 0. 11 百万美元和 0. 09 百万美元。2018 年，浙江省的进口额突然大幅增加至 0. 39 百万美元，增长率高达 329. 87%，显示市场需求的快速回暖，但这种增长并未持续。2019 年虽有所增长，到 2020 年又出现了大幅下降。2021 年，浙江省从希腊的进口额再次大幅增加至 0. 36 百万美元，增长率高达 591. 78%。这些数据反映了浙江省在进口 T07 类产品方面的不稳定性。

表 3 - 9　　浙江省从希腊进口 T07 类产品贸易情况

年份	进口额（百万美元）	进口额增长率（%）
2012	1. 19	/
2013	0. 16	-86. 36
2014	0. 07	-53. 86
2015	0. 15	105. 18
2016	0. 11	-24. 60

续表

年份	进口额（百万美元）	进口额增长率（%）
2017	0.09	-21.55
2018	0.39	329.87
2019	0.56	43.88
2020	0.05	-90.75
2021	0.36	591.78

资料来源：国研网“国际贸易研究及决策支持系统”。

5. T03 类产品（动植物油、脂及其分解产品；精制的食用油脂；动植物蜡）

由表3-5可知，T03产品进口额排名第五，为2021年贸易量第五大的产品。由于数据缺失，只收集到了2017—2021年的数据。从表3-10中可以看出，T03类别（动、植物油、脂及其分解产品；精制的食用油脂；动、植物蜡）在2017—2021年，浙江省从希腊进口额也经历了显著波动。2017年，浙江省从希腊进口T03类产品的金额为0.41百万美元。到了2018年，进口额增长至0.67百万美元，增长率为61.17%。然而，2019年进口额急剧下降至0.13百万美元，下降率达到80.33%。在2020年，进口额有所恢复，增长至0.20百万美元，增长率为54.77%。继续到2021年，进口额进一步增加至0.29百万美元，增长率为42.91%，表明市场需求的逐渐回暖和经济环境的改善。

表3-10　浙江省从希腊进口T03类产品贸易情况

年份	进口额（百万美元）	进口额增长率（%）
2017	0.41	/
2018	0.67	61.17
2019	0.13	-80.33
2020	0.20	54.77
2021	0.29	42.91

资料来源：国研网“国际贸易研究及决策支持系统”。

根据2012—2021年浙江省从希腊进口的前五个产品类别（T06，T15，T05，T07，T03）的数据，可以发现这些产品在进口额和市场需求方面呈现出显著的波动性。这种波动反映了市场需求的动态变化和全球经济环境的影响。例如，T06类产品（化学工业及其相关工业的产品）在某些年份如2015年和2018年经历了急剧的增长，可能指向了特定时间段内市场需求的急剧变化。类似地，T07类产品（塑料及其制品；橡胶及其制品）在2018年和2021年的显著增长表明了市场需求的复苏。这些波动也可能与国际贸易政策和经济环境的变化有关，如新冠疫情对T05类产品（矿产品）的进口额的影响尤为显著。同时，不同的产品类别在市场需求和贸易趋势上显示出明显的差异，如T15类产品（贱金属及其制品）相较于T03类产品（动、植物油、脂及其分解产品）展现出更加稳定的增长趋势。这些数据的波动性和不确定性要求浙江省在国际贸易中采取更具灵活性和适应性的策略，尤其是对于周期性波动较大的产品类别，如T06和T05，需采取更为审慎的风险管理措施。综合来看，这些贸易数据揭示了浙江省在与希腊贸易中需考虑的多种因素，包括市场需求的变化、全球经济环境的影响、贸易政策的调整，以及不同产品类别间的差异。通过深入分析这些因素，浙江省可以更有效地调整其贸易策略，以适应全球市场的不断变化。

二、浙江省向希腊出口的贸易结构分析

（一）浙江省向希腊出口的贸易结构

在出口额方面，浙江省2021年向希腊出口二十二类产品的金额为2498.83百万美元，这说明在二十二类产品的贸易额上，浙江省与希腊的贸易额不容小觑。表3－11对2021年浙江省出口到希腊每一类产品的出口额进行排序，第一至第十名分别为T11（纺织原料及纺织制品）、T16（机器、机械器具、电气设备及其零件；录音机及放声机、电视图像、声音的录制和重放设备及其零件、附件）、T12（鞋、帽、伞、杖、鞭及其零件；已加工的羽毛及其制品；人造花；人发制品）、T15（贱金属及其制品）、T07（塑料及其制品；橡胶及其制品）、T06（化学工业及其相关工业的产品）、T08（生皮、皮革、毛皮及其制品；鞍具及挽具；旅行用品、手提包及类似容器；动物肠线（蚕胶丝除外）制品）、T13（石料、石膏、水泥、石棉、云母及类似材料的制品；陶瓷产品；玻璃及其制品）、T10（木浆及其他纤维状纤维素浆）、T05（矿产品）。

从表3－11可以看出，浙江省在2021年对希腊的出口贸易结构呈现出一定的集中性与多样性。浙江省2021年出口到希腊的二十二类产品总

额为2498.83百万美元，各类产品占比大不相同。T11类（纺织原料及纺织制品）以1199.69百万美元的出口额居第一位，占整体出口额的48.01%，体现出这一类别在浙江省出口中的重要性。T16类（机器、机械器具、电气设备及其零件；录音机及放声机、电视图像、声音的录制和重放设备及其零件、附件）以473.07百万美元的出口额紧随其后，居第二位，占比18.93%。T12类（鞋、帽、伞、杖、鞭及其零件；已加工的羽毛及其制品；人造花；人发制品）以335.88百万美元居第三位，占比13.44%。这三个类别合计占总出口额的80.38%，表明浙江省对希腊的出口主要集中在这三个领域。排在第四至第十五名的类别出口额相对较小，例如T15类（贱金属及其制品）和T07类（塑料及其制品；橡胶及其制品）分别占出口总额的5.68%和4.51%。虽然这些类别的贡献相对较小，但它们展示了浙江省出口结构的多样化特征。T02类（植物产品）至T14类（天然或养殖珍珠、宝石或半宝石、贵金属、包贵金属及其制品；仿首饰；硬币）等出口额占比相对较低，表明这些类别在浙江省的出口贸易中占据较小的份额，几乎为0。总体来看，浙江省的出口贸易结构相对集中，尤其在纺织品、机械器具和鞋帽等产品上，同时存在多样化的小规模出口类别，但它们对总出口额的贡献相对较小。这一贸易结构反映了浙江省的产业优势和希腊市场需求的相互适应。

表3-11 2021年浙江省对希腊每一类产品的出口额的排序情况

排序	类别	浙江省出口到希腊每一类产品金额（百万美元）	浙江省出口到希腊每一类产品的金额在二十二类产品总额（2498.83百万美元）中的占比（%）
1	T11	1199.69	48.01
2	T16	473.07	18.93
3	T12	335.88	13.44
4	T15	142.01	5.68
5	T07	112.78	4.51
6	T06	60.52	2.42
7	T08	50.53	2.02
8	T13	35.27	1.41
9	T10	35.13	1.41

续表

排序	类别	浙江省出口到希腊每一类产品金额（百万美元）	浙江省出口到希腊每一类产品的金额在二十二类产品总额（2498.83百万美元）中的占比（%）
10	T05	26.52	1.06
11	T14	11.12	0.45
12	T09	9.23	0.37
13	T01	6.31	0.25
14	T04	0.59	0.02
15	T02	0.37	0.02

资料来源：国研网“国际贸易研究及决策支持系统”。

（二）出口额前五类产品情况

1. T11 类（纺织原料及纺织制品）

由前面的表 3 – 11 可知，T11 产品出口额排名第一，为 2021 年贸易额第一大的产品。从表 3 – 12 中可以看出，T11 类产品（纺织原料及纺织制品）在 2012—2021 年，浙江省对希腊的出口额呈现出一定的波动性。2012 年，浙江省对希腊的出口额为 246045.49 美元，为观测期内的起始点。到了 2013 年，出口额增加至 273987.92 美元，同比增长 11.36%。2014 年，继续增长至 287668.18 美元，同比增长 4.99%。然而，2015 年出口额有所下降，降至 273393.48 美元，同比下降 4.96%。在接下来的几年中，T11 类产品的出口额继续波动。2016 年，出口额下降至 253257.63 美元，同比下降 7.37%，但在 2017 年小幅回升至 257319.97 美元，增长率为 1.60%。2018 年，出口额进一步增长至 266007.67 美元，同比增长 3.38%。然而，2019 年又出现轻微下降，降至 260240.58 美元，下降率为 –2.17%。2020 年，出口额回升至 280561.22 美元，增长率为 7.81%，并在 2021 年继续增长至 304739.38 美元，增长率为 8.62%。这一数据表明，尽管浙江省对希腊的 T11 类产品出口总体呈增长趋势，但这一过程中也经历了几次波动。特别是在 2015—2019 年的下降，以及 2020—2021 年的连续上升。浙江省作为中国重要的纺织品生产和出口基地，其对希腊的 T11 类产品出口额的增长也反映了该省在全球纺织品市场中的竞争力。浙江省的纺织企业可能通过持续的技术创新、产品质量提升和市场开拓来适应国际市场的需求，从而在竞争激烈的全球市场中保持了其优势。与此同时，可以发现，2021 年是 T11 类产品贸易往来最多的年份，高达 304739. 38 美元。2012 年却是 T16 类产品贸易往来最少的年份，仅 246045. 49 美元。2021 年是增长率最大的一年，2016 年是下降率最大的一年。

表 3 – 12　　浙江省出口到希腊 T11 类产品贸易情况

年份	浙江省出口到希腊金额（美元）	浙江省出口到希腊的贸易额增长率（%）
2012	246045. 49	/
2013	273987. 92	11. 36
2014	287668. 18	4. 99
2015	273393. 48	–4. 96
2016	253257. 63	–7. 37
2017	257319. 97	1. 60
2018	266007. 67	3. 38
2019	260240. 58	–2. 17
2020	280561. 22	7. 81
2021	304739. 38	8. 62

资料来源：国研网“国际贸易研究及决策支持系统”。

2. T16 类（机器、机械器具、电气设备及其零件；录音机及放声机、电视图像、声音的录制和重放设备及其零件、附件）

由表 3 – 11 可知，T16 类产品出口额排名第二，为 2021 年贸易量第二大的产品。从表 3 – 13 中可以观察到，浙江省对希腊出口的 T16 类产品（机器、机械器具、电气设备及其零件；录音机及放声机、电视图像、声音的录制和重放设备及其零件、附件）在 2012—2021 年出现一定的波动，但整体趋势呈现出显著增长。2012 年，浙江省对希腊的该类产品出口额为 863134. 25 美元，为观测期内的起始点。2013 年出口额增加至 944727. 23 美元，同比增长率为 9. 45%，显示市场需求的增长。2014 年，出口额继续上升至 972091. 27 美元，增长率为 2. 90%。然而，2015 年出口额略有下降，降至 958601. 55 美元，同比下降 1. 39%。这种下降可能反映了当年全球市场需求的减少或国际贸易环境的变化。在接下来的几年中，T16 类产品的出口额再次波动。2016 年，出口额下降至 896962. 57 美元，同比下降 6. 43%，但在 2017 年出口额回升至 981566. 74 美元，增长率为9.43%。2018年，出口额进一步增长至1093349.50美元，增长率为11.39%。2019年，出口额有所下降，降至1087084.07美元，同比下降0.57%，但在2020年出口额回升至1149953.70美元，增长率为5.78%。2021年，浙江省对希腊的出口额大幅增长至1446289.66美元，增长率高达25.77%，标志着该年度出口增势非常强劲。与此同时，可以发现，2021年是T16类产品贸易往来最多的年份，高达1446289.66美元。2012年却是T16类产品贸易往来最少的年份，仅863134.25美元。2021年是增长率最高的一年，2016年是下降率最高的一年。

表3-13　　浙江省出口到希腊T16类产品贸易情况

年份	浙江省出口到希腊金额（美元）	浙江省出口到希腊的贸易额增长率（%）
2012	863134.25	/
2013	944727.23	9.45
2014	972091.27	2.90
2015	958601.55	-1.39
2016	896962.57	-6.43
2017	981566.74	9.43
2018	1093349.50	11.39
2019	1087084.07	-0.57
2020	1149953.70	5.78
2021	1446289.66	25.77

资料来源：国研网"国际贸易研究及决策支持系统"。

3. T12类（鞋、帽、伞、杖、鞭及其零件；已加工的羽毛及其制品；人造花；人发制品）

由表3-11可知，T12产品出口额排名第三，为2021年贸易量第三大的产品。从表3-14中可以观察到，浙江省对希腊出口的T12类产品（鞋、帽、伞、杖、鞭及其零件；已加工的羽毛及其制品；人造花；人发制品）在2012—2021年出现一定的波动，但整体上显示出增长趋势。2012年，浙江省对希腊的该类产品出口额为58811.52美元，作为观测期内的起始点。2013年，出口额增加至64071.08美元，同比增长8.94%，显示出市场需求的逐步增长。2014年，出口额继续上升至70559.85美元，增长率为10.13%。然而，2015年出口额有所下降，降至68210.44美元，同比下降 3.33%。在接下来的几年中，T12 类产品的出口额继续波动。2016 年，出口额下降至 59440.39 美元，同比下降 12.86%，但在 2017 年小幅回升至 61102.96 美元，增长率为 2.80%。2018 年，出口额几乎保持稳定，为 61118.46 美元，增长率仅为 0.03%。2019 年，出口额略有增加至 63627.67 美元，增长率为 4.11%，但在 2020 年出口额下降至 53077.27 美元，下降率为 16.58%。然而，在 2021 年，浙江省对希腊的 T12 类产品出口额大幅增长至 73268.13 美元，增长率高达 38.04%。与此同时，可以发现，2021 年是 T12 类产品贸易往来最多的年份，高达 73268.13 美元。2020 年却是 T12 类产品贸易往来最少的年份，仅 53077.27 美元。2021 年是增长率最高的一年，2020 年是下降率最高的一年。

表 3－14　　浙江省出口到希腊 T12 类产品贸易情况

年份	浙江省出口到希腊金额（美元）	浙江省出口到希腊的贸易额增长率（%）
2012	58811.52	/
2013	64071.08	8.94
2014	70559.85	10.13
2015	68210.44	－3.33
2016	59440.39	－12.86
2017	61102.96	2.80
2018	61118.46	0.03
2019	63627.67	4.11
2020	53077.27	－16.58
2021	73268.13	38.04

资料来源：国研网“国际贸易研究及决策支持系统”。

4. T15 类（贱金属及其制品）

由表 3－11 可知，T15 产品出口额排名第四，为 2021 年贸易量第四大的产品。从表 3－15 中可以看出，浙江省对希腊出口的 T15 类产品（贱金属及其制品）在 2012—2021 年同样出现一定的波动，但整体上呈现出显著的增长趋势。2012 年，浙江省对希腊的该类产品出口额为 149073.45 美元，标志着观测期的开始。2013 年，出口额略有增加至 156026.88 美元，同比增长 4.66%，反映出市场需求的逐渐增长。2014 年，出口额进一步增长至 184373.93 美元，同比增长 18.17%，显示出市场对该类产品的强烈需求。然而，在 2015 年，出口额有所下降，降至 176567.35 美元，同比下降 4.23%。2016 年，T15 类产品的出口额进一步下降至 154410.21 美元，同比下降 12.55%，但在 2017 年出口额回升至 165092.32 美元，增长率为 6.92%。2018 年，出口额进一步增长至 185435.06 美元，同比增长 12.32%，表明市场需求的恢复。2019 年，出口额略有下降至 182625.81 美元，同比下降 1.51%，但在 2020 年出口额降至 176205.15 美元，下降率为 3.52%。2021 年，浙江省对希腊的 T15 类产品出口额大幅增长至 264280.73 美元，增长率高达 49.98%。与此同时，可以发现，2021 年是 T15 类产品贸易往来最多的年份，高达 264280.73 美元。2012 年却是 T15 类产品贸易往来最少的年份，仅 149073.45 美元。2021 年是增长率最高的一年，2016 年是下降率最高的一年，此类产品一直处于不断波动的情况。

表 3 – 15　　浙江省出口到希腊 T15 类产品贸易情况

年份	浙江省出口到希腊金额（美元）	浙江省出口到希腊的贸易额增长率（%）
2012	149073.45	/
2013	156026.88	4.66
2014	184373.93	18.17
2015	176567.35	–4.23
2016	154410.21	–12.55
2017	165092.32	6.92
2018	185435.06	12.32
2019	182625.81	–1.51
2020	176205.15	–3.52
2021	264280.73	49.98

资料来源：国研网“国际贸易研究及决策支持系统”。

5. T07 类（塑料及其制品；橡胶及其制品）

由表 3 – 11 可知，T07 类产品出口额排名第五，为 2021 年贸易量第五大的产品。从表 3 – 16 中可以看出，浙江省对希腊出口的 T07 类产品（塑料及其制品；橡胶及其制品）在 2012—2021 年出现一定的波动，但整体上呈现出显著的增长趋势。2012 年，浙江省对希腊的该产品出口额为 77343.47 美元，这为观测期内的起点。2013 年，出口额增长至 84895.78 美元，同比增长 9.76%，反映出市场需求的逐步增长。2014 年，出口额进一步上升至90435.25美元，增长率为6.53%。然而，2015年出口额有所下降，降至86030.39美元，同比下降4.87%，可能是由于当年全球市场需求的波动或国际贸易环境的变化所致。2016年，T07类产品的出口额进一步下降至81105.75美元，同比下降5.72%，但在2017年出口额回升至90652.23美元，增长率为11.77%。2018年，出口额继续增长至101867.89美元，同比增长12.37%。2019年，出口额略有增加至106296.93美元，增长率为4.35%，但在2020年出口额进一步增长至118908.94美元，增长率为11.86%。2021年，浙江省对希腊的T07类产品出口额大幅增长至162194.62美元，增长率高达36.40%，这标志着该年度出口增势非常强劲。与此同时，可以发现，2021年是T07类产品贸易往来最多的年份，高达162194.62美元。2012年却是T07类产品贸易往来最少的年份，仅77343.47美元。2021年是增长率最高的一年，2016年是下降率最高的一年。

表3-16　　浙江省出口到希腊T07类产品贸易情况

年份	浙江省出口到希腊金额（美元）	浙江省出口到希腊的贸易额增长率（%）
2012	77343.47	/
2013	84895.78	9.76
2014	90435.25	6.53
2015	86030.39	-4.87
2016	81105.75	-5.72
2017	90652.23	11.77
2018	101867.89	12.37
2019	106296.93	4.35
2020	118908.94	11.86
2021	162194.62	36.40

资料来源：国研网“国际贸易研究及决策支持系统”。

浙江省对希腊的出口产品在2012—2021年出现了不同程度的波动，但整体上呈现出增长趋势。特别是在T11（纺织原料及纺织制品）、T16（机器、机械器具、电气设备及其零件）、T12（鞋、帽、伞、杖、鞭及其零件）、T15（贱金属及其制品）和T07（塑料及其制品；橡胶及其制品）

这些类别中，可以观察到不同的市场表现和需求趋势。T11 类产品作为出口额最大的类别，尽管在 2015—2019 年经历了轻微下降，但总体呈增长趋势。这表明浙江省在全球纺织品市场中保持了其竞争力，可能得益于技术创新和市场开拓。T16 类产品显示了更加显著的增长趋势。与此同时，T12 类产品虽然在 2020 年有所下降，但 2021 年的强劲反弹显示了消费品市场的恢复力。T15 类产品表现出稳定的增长，尽管在 2016 年有所下降，但之后几年持续增长，尤其是 2021 年的显著增加。T07 类产品在 2012—2021 年也表现出增长趋势，尽管在某些年份有所波动。2021 年的显著增长可能反映了全球经济复苏和消费市场的扩张。

第三节 对策建议

综合以上数据，接下来是对浙江省与希腊贸易合作的一些对策建议。

一、增强贸易多样性

浙江省应寻求与希腊贸易商品的多样化，拓宽合作领域。除了传统的纺织品和机械设备贸易外，浙江省可以探索新兴领域，如可再生能源、环保技术、海洋经济等。这种多样化不仅有助于降低市场波动风险，还可以利用希腊的资源和市场优势，提升浙江省在这些新领域的国际竞争力。

二、促进文化和旅游交流

希腊的丰富文化遗产和旅游资源是其独特优势。浙江省可以通过文化交流活动，如艺术展览、音乐会、文化节等，加深两地民众的相互了解和友谊。这些活动不仅有助于增进双方的文化交流，还可以带动相关产业的发展，如旅游业、酒店业和服务业等，考虑到希腊的文化旅游业极其发达，双方可以展开进一步商讨与合作。

三、推动技术和创新合作

浙江省在高科技和创新方面具有明显优势，可以与希腊在科技研发、创新项目上建立合作，推动高新技术的发展。双方可以共同开发新技术，促进产业升级，提高双方企业的国际竞争力。例如，共同研发环保技术、智能制造系统等。

四、加强教育和科研合作

浙江省的高等教育机构与希腊的大学和研究机构应建立更紧密的合作关系，促进学术交流，加强科研合作。可以通过联合研究项目、学术会议、学生和教师交换项目等方式，共同培养具有一定国际视野的人才。

五、优化投资环境

为吸引希腊企业来浙投资，浙江省应进一步优化投资环境，提供政策支持和服务保障，尤其是在高技术和绿色经济领域。可以通过提供税收优惠、行政便利化、高效的营商环境等方式，吸引希腊企业投资。同时浙江省也应当制定优惠政策鼓励本地企业对希腊投资。

六、重视环境保护和可持续发展

在贸易和投资合作中，双方应重视环境保护和可持续发展，推动绿色经济的发展。可以通过绿色技术交流、环保项目合作等方式，实现经济增长与环境保护的统一。

七、关注文化差异和商务礼仪

在与希腊进行贸易合作时，浙江省企业需要关注文化差异和商务礼仪，加强跨文化沟通能力。可以通过学习当地语言、了解当地文化和风俗习惯等方式，更好地融入当地市场，同时为本土客户提供更完善的服务。

总而言之，随着中东欧国家地区经济竞争日益激烈，给浙江省与希腊之间贸易的发展带来更多的机会和挑战。面对这一形势，浙江省企业应该加强与希腊企业的联系，扩大双方的商贸技术合作，以实现共赢发展。当前，希腊对中国商品需求量巨大，市场潜力无限，浙江省相关企业应抓住机遇，积极参与，在广阔的中东欧国家市场上占有一席之地。

第四章

浙江省与希腊贸易潜力研究

为全面深入地分析浙江省与希腊在国际贸易中的商品竞争优势与互补性，本章使用了一系列的分析方法和工具，目的在于准确评估两地在不同商品类别上的竞争力，并深入探讨他们的贸易互补性。这一分析不仅有助于理解浙江省与希腊在贸易上的相互依赖程度，还能揭示它们在全球市场中的竞争地位。

为了量化和分析竞争力，本章采用了显示性比较优势指数（RCA）和贸易竞争优势指数（TC）两个量化指标。RCA 指数通过对比特定商品的贸易表现与总体贸易表现来衡量相对竞争优势，而 TC 指数则进一步分析了浙江省与希腊在特定商品类别上的竞争状态。为了更加全面地解读两地的贸易关系，本章还综合运用了贸易互补性指数和产业内贸易指数。贸易互补性指数帮助我们了解两地在不同商品类别上的需求和供应匹配程度，而产业内贸易指数则揭示了两地在相同或相似产品类别上的贸易互动情况。在商品分类方面，本章遵循国研网“国际贸易研究及决策支持系统”中的分类原则，将商品细分为二十二个大类，编号从 T01 至 T22。然而，鉴于数据获取的局限性和分析的实际需要，本章的分析范围限定在 T01 至 T20 类商品。所使用的贸易数据基于浙江省与希腊 2012—2021 年的进出口贸易记录，这些数据主要来自 UN Comtrade 数据库、EPS 数据库和国研网数据库。考虑到数据库中某些数据的不完整性，本章采用了插值法对缺失数据进行了补充和修正，以确保分析的准确性和数据的完整性。

第一节
浙江省与希腊的贸易竞争性

一、显示性比较优势指数分析

显示性比较优势指数（Revealed Comparative Advantage，简称 RCA），是由经济学家 Balassa 于 1965 年提出的一个重要概念，旨在深入分析和衡量国家或地区在特定商品类别上的贸易比较优势。RCA 指数的核心在于反映一个国家或地区某类产品在全球贸易中的占比情况，从而揭示该类产品在出口贸易中的竞争强度和专业化水平。这一理论不仅被众多学者广泛认可，而且在随后的研究中得到了进一步的发展和完善。RCA 指数的计算方法是将一国某类商品在全球贸易中的占比与该国所有商品在全球贸易中的占比进行比较。具体而言，如果某一商品类别的 RCA 值大于 1，这表明该国在这一商品类别上具有比较优势；相反，如果 RCA 值小于 1，则说明该国在该商品类别上没有比较优势。因此，RCA 指数提供了一个量化的方式来分析和比较不同国家在特定商品类别上的贸易表现。通过运用 RCA 指数，政策制定者和经济学者能够识别国家或地区在国际贸易中的强势和弱势领域，这对于制定有效的贸易政策和战略具有重要意义。此外，RCA 指数还可以帮助企业和投资者识别潜在的出口市场和投资机会，从而在全球市场上寻找最具竞争优势和增长潜力的产业。

显示性比较优势指数（RCA）的公式如下：

$$RCA_{ij} = \frac{X_{ij}/X_{tj}}{X_{jw}/X_{tw}} \quad (4-1)$$

式中，RCA_{ij}表示 i 国 j 产品的国际出口竞争优势。公式中的 i 表示出口国，j 表示 j 类产品，X_{ij}表示 i 国的 j 类产品的出口额，X_{tj}表示 i 国所有产品的出口额，X_{jw}表示世界所有国家 j 类产品的出口总额，X_{tw}表示世界所有产品的出口总额。根据公式测算出的 RCA 值对产品的国际竞争力进行分类（见表 4－1）。

表4－1　　RCA 取值分类依据表

产品类别	RCA 取值范围
极强国际竞争力产品	(2.50，∞)
较强国际竞争力产品	[1.25，2.50]
中等国际竞争力产品	[0.80，1.25)
较弱国际竞争力产品	(0，0.80)

根据公式（4－1）计算出了浙江省和希腊的出口商品 RCA 指数，如表4－2 所示。其 RCA 指数的计算基于2012—2021 年中国与希腊间的贸易数据，为我们提供了关于浙江省在不同商品类别中的竞争力的深入洞察。具体来看，在过去 10 年时间，浙江省的第八类（生皮、皮革、毛皮及其制品；鞍具及挽具；旅行用品、手提包及类似容器；动物肠线（蚕、胶丝除外）制品）、第十一类（纺织原料及纺织制品）、第十二类（石料、石膏、水泥、石棉、云母及类似材料的制品；陶瓷产品；玻璃及其制品）和第二十类产品产品（杂项制品）为具有极强国际竞争力产品，RCA 指数都在 2.50 以上，尤其是第十一类和第十二类、第二十类产品。而第五类（矿产品）的 RCA 指数非常低，平均只有约 0.01，属于具有竞争劣势的产品。除第五类产品以外，浙江省还有 T01（活动物；动物产品）、T02（植物产品）、T03（动、植物油、脂及其分解产品；精制的食用油脂；动、植物蜡）、T04（食品；饮料、酒及其醋；烟草、烟草及烟草代用品的制品）、T06（化学工业及其相关工业的产品）、T10（木浆及其他纤维状纤维素浆；回收（废碎）纸或纸板；纸、纸板及其制品）、T14（天然或养殖珍珠、宝石或半宝石、贵金属、包贵金属及其制品；仿首饰；硬币）、T17（车辆、航空器、船舶及有关运输设备）、T18（光学、照相、电影、计量、检验、医疗或外科用仪器及设备、精密仪器及设备；钟表；乐器；上述物品的零件、附件）、T19（武器、弹药及其零件、附件）的 RCA 指数平均数都小于 0.8，属于具有较弱国际竞争力产品。若是从平均水平来看的话，第七类产品（塑料及其制品；橡胶及其制品）和第九类产品（木及木制品；木炭；软木及软木制品；稻草、秸秆、针茅或其他编结材料制品；篮筐及柳条编结品）属于具有中等国际竞争优势的产品，然而第九类产品在 2012—2016 年具有较强的优势，但从 2017 年起便逐步下降。第十三类（石料、石膏、水泥、石棉、云母及类似材料的制品；陶瓷

产品；玻璃及其制品）和第十五类（贱金属及其制品）的 RCA 指数平均值大于 1.25，属于具有较强优势产品，但是浙江省的第十三类产品 2012—2016 年属于具有中等优势的产品。

表 4-2　　2012—2021 年浙江省出口产品 RCA 指数

类别代码	2012 年	2013 年	2014 年	2015 年	2016 年	2017 年	2018 年	2019 年	2020 年	2021 年	平均值
T01	0.44	0.45	0.43	0.37	0.38	0.39	0.37	0.32	0.23	0.20	0.35
T02	0.19	0.19	0.16	0.15	0.15	0.17	0.16	0.16	0.15	0.13	0.16
T03	0.02	0.02	0.03	0.03	0.02	0.05	0.05	0.03	0.03	0.03	0.03
T04	0.27	0.27	0.25	0.24	0.23	0.24	0.26	0.24	0.21	0.18	0.23
T05	0.00	0.00	0.00	0.00	0.00	0.01	0.01	0.00	0.01	0.05	0.01
T06	0.62	0.57	0.56	0.52	0.54	0.65	0.67	0.66	0.72	0.77	0.62
T07	0.90	0.90	0.97	1.04	1.10	1.10	1.16	1.28	1.43	1.58	1.14
T08	3.08	3.27	2.90	2.75	3.00	2.84	3.00	2.89	2.05	1.95	2.77
T09	1.42	1.28	1.20	1.26	1.27	1.16	1.14	1.05	1.09	1.13	1.20
T10	0.55	0.60	0.73	0.78	0.87	0.78	0.78	0.89	0.97	0.90	0.78
T11	7.22	7.40	6.66	6.09	6.13	6.10	6.15	6.07	5.54	4.96	6.23
T12	6.23	6.31	5.79	5.28	5.11	4.40	4.27	3.98	2.79	2.59	4.67
T13	1.07	1.03	1.11	1.18	1.27	1.41	1.35	1.56	2.15	1.41	1.35
T14	0.08	0.08	0.08	0.11	0.09	0.04	0.04	0.04	0.03	0.04	0.06
T15	1.25	1.29	1.37	1.34	1.33	1.36	1.35	1.43	1.64	2.01	1.44
T16	0.95	0.98	0.92	0.89	0.94	1.03	1.09	1.12	1.15	1.20	1.03
T17	0.54	0.50	0.47	0.42	0.39	0.37	0.38	0.36	0.36	0.45	0.42
T18	0.54	0.52	0.51	0.54	0.53	0.53	0.52	0.55	0.58	0.52	0.53
T19	—	—	—	—	—	—	0.21	0.19	0.18	0.24	0.20
T20	4.83	4.79	4.73	4.77	5.28	5.32	5.48	5.63	6.19	5.86	5.28

注：表中“—”表示 T19 类产品 2012—2017 年的显示性比较优势指数由于数据可得性为未知，下表皆同。

通过对表 4-3 的分析，我们可以深入了解希腊在不同产品类别中的国际竞争力和专业水平。在这 10 年间，希腊在某些产品类别中呈现显著的竞争优势，尤其是在 T20 类（多种商品类别）产品上，其平均 RCA 指数高达 24.37。同样值得注意的是 T03 类（动、植物油、脂及其分解产品；精制的食用油脂；动、植物蜡）产品，其 RCA 指数在 10 年间呈现显著的增长趋势，从 2012 年的 2.66 上升到 2021 年的 5.83，这一变化反映了希腊在这一领域逐渐增强的国际市场地位。另外，T16 类（机器、机械器具、电气设备及其零件；录音机及放声机、电视图像、声音的录制和重放设备及其零件、附件）产品的 RCA 指数平均值仅为 0.05，表明希腊在这一类产品的竞争力相对较弱。这可能是由于希腊在这些高科技产品上的生产和出口能力不足，或者是因为国际市场上这些产品的竞争极为激烈。此外，T08 类（生活用品及其他成品）和 T04 类（动物或植物油和脂肪制的酒精；乙醇和其他醇类）产品在某些年份表现出显著的竞争力，RCA 指数在 2018 年和 2019 年分别达到高峰。这可能是由于特定的市场需求变化或希腊在这些年份采取的有效出口策略。总结来看，希腊在不同产品类别的国际竞争力表现多样。在某些领域如 T20、T03 和 T04 等类别中，希腊保持着较强的国际竞争优势，而在 T16 等类别中则相对较弱。这些分析不仅揭示了希腊出口产品的优势和劣势，也为未来的市场策略和政策制定提供了重要的参考依据。

表 4－3　　2012—2021 年希腊出口产品 RCA 指数

类别代码	2012 年	2013 年	2014 年	2015 年	2016 年	2017 年	2018 年	2019 年	2020 年	2021 年	平均值
T01	2.18	2.19	2.22	2.61	2.88	2.67	1.46	1.51	3.29	2.82	2.38
T02	1.7	1.71	1.79	1.68	2.01	1.7	1.75	1.79	2.43	2.1	1.87
T03	2.66	4.19	2.58	5.56	5.41	4.21	11.07	11.86	5.35	5.83	5.87
T04	2.55	2.44	2.47	2.81	3.12	2.89	2.66	2.68	3.72	3.17	2.85
T05	1.82	1.91	1.99	2.31	2.14	2.31	2.52	2.51	2.08	2.9	2.25
T06	0.74	0.79	0.81	0.85	0.88	0.87	2.76	3.2	1.7	1.4	1.40
T07	0.88	0.85	0.9	0.96	0.97	0.95	0.06	0.05	1.13	1.22	0.80
T08	2.36	2.53	1.88	1.57	1.51	1.71	3.78	4.85	0.96	1.05	2.22
T09	0.68	0.61	0.6	0.7	0.71	0.73	0.73	0.8	0.96	1.17	0.77
T10	2.57	2.38	2.1	2.31	2.82	2.52	0.37	0.48	3.72	4.49	2.38
T11	0.1	0.09	0.1	0.11	0.16	0.15	0.28	0.56	0.3	0.35	0.22
T12	1.02	1.34	1.56	1.72	1.61	1.62	0.39	0.35	1.29	1.05	1.20
T13	1.53	1.65	0.8	1.17	1.73	1.08	5.29	4.06	1.93	1.72	2.10

续表

类别代码	2012 年	2013 年	2014 年	2015 年	2016 年	2017 年	2018 年	2019 年	2020 年	2021 年	平均值
T14	0.11	0.12	0.13	0.11	0.08	0.1	0.87	0.75	0.07	0.04	0.24
T15	0.36	0.3	0.34	0.38	0.39	0.38	1.28	1.52	0.54	0.76	0.63
T16	0.09	0.07	0.06	0.07	0.06	0.05	0.04	0.04	0.03	0.03	0.05
T17	1.84	2.08	2.38	2.87	3.53	2.21	0.09	0.1	4.21	3.68	2.30
T18	0.86	0.96	0.28	0.19	0.11	0.13	0.17	0.2	0.12	0.09	0.31
T19	0.16	0.15	0.43	0.67	0.71	0.92	5.31	4.81	1.14	0.87	1.52
T20	44.52	62.36	29.49	3.65	58.15	10.96	2.72	4.01	15.18	12.66	24.37

比较表 4－2 与表 4－3，我们可以看到这两个地区在不同产品类别上的国际竞争力。在 T01 至 T06 类产品上，浙江省和希腊均显示出较弱的国际竞争力。然而，在一些特定产品类别中，两地的表现截然不同。例如，浙江省在 T08（生皮、皮革、毛皮及其制品；鞍具及挽具；旅行用品、手提包及类似容器；动物肠线制品）、T11（纺织原料及纺织制品）、T12（鞋、帽、伞、杖、鞭及其零件；已加工的羽毛及其制品；人造花；人发制品）、T20（杂项制品）等类别的产品中展现出极强的国际竞争优势，RCA 指数远高于希腊。这些数据反映出浙江省在这些领域拥有明显的出口优势。相比之下，希腊在 T13（石料、石膏、水泥、石棉、云母及类似材料的制品；陶瓷产品；玻璃及其制品）、T15（贱金属及其制品）、T17（车辆、航空器、船舶及有关运输设备）、T19（武器、弹药及其零件、附件）等类别的产品中表现出较强的国际竞争力，RCA 指数普遍高于 2。尤其在 T20（杂项制品）类别中，希腊的 RCA 指数平均值高达 24.37，显著高于浙江省，在该类别中具有显著优势。此外，浙江省在 T07（塑料及其制品；橡胶及其制品）类产品中的 RCA 指数显示出较强的竞争优势，而希腊在此类产品的竞争力相对较弱。这一对比反映了浙江省作为中国的经济发达省份，在制造业基础扎实，特别是在纺织和服装等劳动密集型产品上具有明显的国际竞争优势。而希腊则在某些特定的产品类别，如食品加工和酒类产品上，凭借其地理和文化优势展现出较强的竞争力。

在深入分析浙江省与希腊之间的贸易关系时，RCA 的研究结果揭示了两地在不同产品类别上的显著差异，这不仅反映了浙江省和希腊各自的产业结构特点，也展示了两地在国际贸易中的出口竞争力。具体而言，浙江省的出口优势主要集中在劳动密集型产品和传统制造业，这反映了其作为中国重要制造业基地的地位和能力。浙江省的制造业凭借成熟的工业体系和丰富的劳动力资源，在纺织、皮革、塑料制品等传统产业领域具有明显的出口优势。与此相对照，希腊则在食品加工、饮料制造以及某些特定的工业制品领域表现出较强的国际竞争力。希腊拥有丰富的农业资源和独特的地中海饮食文化，这为其食品加工和饮料行业的发展提供了良好的条件。此外，希腊在某些特定的工业产品领域，如某些化学品和工业设备制造，也展现出不俗的竞争力。这些差异不仅反映了浙江省和希腊经济发展的不同侧重点和竞争力布局，而且为两地在国际贸易中寻求互补性合作提供了有价值的参考。在全球化和区域经济一体化的背景下，理解这些差异对于优化两地的贸易结构、挖掘潜在的贸易机会具有重要意义。此外，本书还将进一步探讨浙江省与希腊在具有比较优势的产品领域是否能够形成互补优势。下一章将通过分析贸易互补性指数，检验两地在贸易中的互补性程度。这种分析有助于揭示两地在贸易合作方面的潜力，特别是在互补性较强的产品领域。通过这样的研究，可以为未来两地在国际贸易中的策略制定提供科学的依据和指导，进一步促进两地的经济合作和发展。

二、贸易竞争优势指数分析

贸易竞争优势指数（Trade Competition Index，简称 TC 指数）亦称贸易竞争力指数，是一个重要的经济指标，用于衡量一个国家或地区在国际贸易中某一特定产品的竞争优势。TC 指数的核心在于比较本国某种产品在国际市场上的竞争力相对于世界上同类型产品的竞争力。具体来说，TC 指数通过分析一个国家或地区在某一商品类别上的进出口差额与该类别的进出口总额之比，从而量化该国或地区在国际市场上该产品的竞争优势。TC 指数的计算方式通常基于以下公式：

$$TC = (X_{ij} - M_{ij}) / (X_{ij} + M_{ij}) \qquad (4-2)$$

式中，X_{ij}表示 i 国 j 类产品的出口总额，M_{ij}表示 i 国 j 类产品的进口总额，公式表示 i 国 j 产品的净出口总额与 i 国 j 产品的进出口总额。TC 指数的取值范围为[-1，1]，越靠近 -1 则意味着国际竞争力越弱，越靠近 1 则说明国际竞争力越强。当 TC 指数小于 0 时则说明该产品是缺乏国际竞争力的产品。TC 指数不仅能够为政策制定者提供关于国家或地区在全球贸易中哪些商品类别具有竞争优势的重要信息，还能帮助企业了解和评估自身在国际市场上的竞争地位，从而作出更加合理的市场策略和投资决策。通过对 TC 指数的深入分析，可以更有效地识别和挖掘国际市场的潜在机会，为提升国家或地区的国际贸易竞争力提供重要依据。在全球化和经济一体化的背景下，TC 指数的应用和研究对于理解和促进国际贸易的健康发展具有重要意义。

根据公式测算 TC 指数可以将产品进行如表 4 –4 的分类。

表 4 –4　　TC 指数产品分类表

产品类别	TC 值取值范围
有极大竞争劣势产品	[–1，–0.60)
有较大竞争劣势产品	[–0.60，–0.30)
有微弱竞争劣势产品	[–0.30，0)
有微弱竞争优势产品	[0，0.30)
有较强竞争优势产品	[0.30，0.60)
有极强竞争优势产品	[0.60，1]

根据表 4 –5，对 2012—2021 年浙江省出口产品贸易竞争力的分析显示，浙江省在特定产品类别上具有明显的国际竞争优势。尤其是在 T08、T11 – T20 等类别中，浙江省表现出了极强的竞争力，这些类别的 TC 指数高于 0.30，其中 T11（纺织原料及纺织制品）、T12（服装鞋帽等产品）、T19（杂项制品）和 T20（塑料及制品）的 TC 指数甚至超过 0.90，这表明浙江省在这些领域不仅是净出口国，而且相较于世界其他地区同类产品具有很强的竞争优势。然而，第二类（植物产品）、第三类（动、植物油、脂及其分解产品；精制的食用油脂；动、植物蜡）和第五类产品的 TC 指数自 2012 年以来一直为负值，显示出这些产品在国际市场上具有明显的竞争劣势。此外，具有微弱竞争优势的产品还包括 T01、T04、T06、T07、T09 等类别，尽管这些产品类别在 10 年间偶尔出现负值，但总体上其 TC 值表明了微弱的竞争优势。这与浙江省的产业结构紧密相关，特别是纺织和服装行业，这一行业在浙江省的经济发展中扮演了重要角色。2021 年，浙江省的纺织和服装行业规模居全国首位，实现了工业总产值和营业收入双双突破万亿元大关。特别是在义乌这样的对外贸易重镇，出

口的主要产品包括纺织原料和纺织制品、杂项制品、塑料及制品等，为浙江省的出口贸易做出了重大贡献。因此，可以得出结论，浙江省在纺织原料及纺织制品、服装鞋帽等产品、杂项制品等领域的国际竞争力非常强，这不仅从贸易竞争优势的角度反映出来，也与显示性比较优势指数的结果一致，进一步证实了浙江省在这些领域的强劲竞争地位。

表 4－5　　2012—2021 年浙江省出口产品 TC 指数表

类别代码	2012 年	2013 年	2014 年	2015 年	2016 年	2017 年	2018 年	2019 年	2020 年	2021 年	平均值
T01	0.48	0.42	0.39	0.58	0.49	0.42	0.38	0.20	－0.15	－0.25	0.30
T02	－0.16	－0.17	－0.23	－0.12	－0.05	－0.22	－0.17	－0.24	－0.31	－0.47	－0.21
T03	－0.91	－0.88	－0.84	－0.84	－0.88	－0.82	－0.84	－0.91	－0.90	－0.93	－0.87
T04	0.67	0.70	0.75	0.39	0.30	0.11	0.03	－0.04	－0.21	－0.22	0.25
T05	－1.00	－1.00	－1.00	－0.99	－0.99	－0.97	－0.98	－0.99	－0.97	－0.90	－0.98
T06	－0.18	－0.15	－0.06	0.04	0.11	0.02	－0.02	0.02	0.20	0.21	0.02
T07	0.03	0.07	0.20	0.23	0.25	0.10	0.14	0.15	0.19	0.33	0.17
T08	0.73	0.69	0.72	0.71	0.77	0.73	0.75	0.74	0.78	0.70	0.73
T09	0.48	0.41	0.21	0.31	0.34	－0.12	－0.11	－0.07	0.06	0.07	0.16
T10	－0.32	－0.18	－0.01	0.03	0.09	－0.09	－0.06	0.15	0.10	0.14	－0.02
T11	0.92	0.92	0.93	0.94	0.94	0.92	0.93	0.93	0.94	0.94	0.93
T12	0.99	0.99	0.99	0.995	0.99	0.99	0.98	0.980	0.98	0.98	0.99
T13	0.82	0.84	0.88	0.90	0.90	0.89	0.88	0.89	0.92	0.88	0.88
T14	0.61	0.56	0.67	0.74	0.90	0.52	－0.42	－0.25	0.66	－0.18	0.38
T15	0.23	0.31	0.45	0.52	0.54	0.33	0.26	0.30	0.14	0.13	0.32
T16	0.76	0.75	0.78	0.76	0.73	0.73	0.70	0.71	0.75	0.73	0.74
T17	0.94	0.93	0.93	0.89	0.89	0.91	0.87	0.88	0.83	0.83	0.89
T18	0.59	0.60	0.63	0.68	0.63	0.64	0.62	0.65	0.68	0.65	0.64
T19	－	－	－	－	－	－	0.092	0.102	0.091	0.111	0.108
T20	0.99	0.98	0.98	0.96	0.96	0.95	0.96	0.97	0.97	0.98	0.97

注：表中“－”表示 T19 类产品 2012—2017 年的显示性比较优势指数由于数据可得性为未知，下表皆同。

根据表 4－6，我们可以看出希腊在这 10 年间的出口产品竞争力情况。综合来看，希腊的出口产品在国际市场上整体表现出较弱的竞争力。除了

T03 类（动植物油脂及其分解产物；制备的食脂；动植物蜡）展现出较强的竞争优势外，其他多数产品类别的竞争力呈现下降趋势。T02 类（植物产品）、T04 类（食品、饮料、酒精和醋；烟草及其替代品）、T18 类（武器及其零件和附件）、T20 类（杂项制品）在部分年份显示出微弱的竞争优势，而 T01 类（动物产品）、T05 类（矿产品）、T07 类（塑料和其制品；橡胶和其制品）等多个产品类别则呈现一定的竞争劣势。特别值得注意的是，T06 类（化学品及其相关产业产品）、T09 类（木材及木制品；木炭等）、T11 类（鞋靴、帽子及其附件、伞等）等产品类别在大多数年份中表现出较大的竞争劣势。希腊各类产品相对于世界上同类产品而言的竞争优势较差，这与用 RCA 衡量的该类产品在国际市场上的竞争力情况类似。这一趋势表明，希腊需要采取措施提高其出口产品的质量和市场竞争力，例如，优化产业结构、增强创新能力和改善产品标准，以提升其在全球市场中的竞争地位。

表 4-6　2012—2021 年希腊出口商品 TC 指数表

类别代码	2012 年	2013 年	2014 年	2015 年	2016 年	2017 年	2018 年	2019 年	2020 年	2021 年	平均值
T01	-0.36	-0.37	-0.34	-0.27	-0.26	-0.28	-0.26	-0.27	-0.16	-0.16	-0.27
T02	-0.03	-0.04	-0.01	-0.08	-0.04	-0.08	-0.08	-0.08	0.03	-0.03	-0.04
T03	0.15	0.36	0.08	0.45	0.45	0.32	0.44	0.26	0.40	0.31	0.28
T04	-0.06	-0.08	-0.07	-0.04	-0.03	-0.01	0.00	0.00	0.06	0.03	-0.04
T05	-0.25	-0.21	-0.20	-0.17	-0.14	-0.12	-0.14	-0.14	-0.15	-0.18	-0.19
T06	-0.50	-0.46	-0.46	-0.46	-0.46	-0.44	-0.41	-0.36	-0.33	-0.33	-0.41
T07	-0.22	-0.29	-0.27	-0.28	-0.31	-0.28	-0.28	-0.29	-0.29	-0.29	-0.27
T08	-0.03	-0.08	-0.10	-0.06	-0.11	-0.12	-0.14	-0.17	-0.25	-0.19	-0.12
T09	-0.55	-0.58	-0.58	-0.55	-0.58	-0.55	-0.59	-0.57	-0.52	-0.46	-0.47
T10	-0.15	-0.18	-0.23	-0.25	-0.27	-0.24	-0.24	-0.20	-0.20	-0.13	-0.19
T11	-0.73	-0.72	-0.73	-0.72	-0.66	-0.66	-0.62	-0.47	-0.51	-0.47	-0.58
T12	-0.25	-0.23	-0.24	-0.18	-0.21	-0.20	-0.22	-0.25	-0.23	-0.25	-0.20
T13	0.07	0.11	-0.10	-0.06	-0.16	-0.17	-0.15	-0.23	-0.05	-0.16	-0.08
T14	0.02	0.01	-0.01	0.03	-0.04	-0.04	-0.02	-0.01	0.01	-0.05	-0.01
T15	-0.47	-0.45	-0.42	-0.40	-0.41	-0.43	-0.45	-0.42	-0.42	-0.44	-0.38

续表

类别代码	2012 年	2013 年	2014 年	2015 年	2016 年	2017 年	2018 年	2019 年	2020 年	2021 年	平均值
T16	-0.75	-0.77	-0.84	-0.78	-0.84	-0.89	-0.83	-0.83	-0.74	-0.77	-0.73
T17	-0.57	-0.58	-0.56	-0.51	-0.53	-0.54	-0.52	-0.50	-0.49	-0.48	-0.47
T18	-0.01	0.35	0.15	0.12	-0.21	0.06	0.13	0.19	0.22	0.18	0.09
T19	-0.46	-0.48	-0.47	-0.44	-0.41	-0.37	-0.34	-0.34	-0.28	-0.33	-0.37
T20	-0.03	0.18	-0.06	-0.06	0.82	0.03	-0.10	0.41	-0.25	-0.02	0.08

在综合考虑了浙江省与希腊之间的贸易竞争力后，我们可以得出以下结论：浙江省在若干个产品类别中具有明显的竞争优势。尤其是在 T08（生皮、皮革、毛皮及其制品等）、T11（纺织原料及纺织制品）、T12（石料、石膏、水泥等）、T13（陶瓷产品；玻璃及其制品）、T16（机械器具、电气设备及其零件）、T17（车辆、航空器、船舶及有关运输设备）以及 T20（杂项制品）等类别中，浙江省显示出强大的国际竞争力，这些类别的 TC 指数普遍较高，意味着在国际市场上相对于同类产品具有明显的竞争优势。相较之下，希腊在 T01（活动物；动物产品）、T02（植物产品）、T03（动植物油脂及其分解产物；制备的食脂；动植物蜡）以及 T05（矿产品）等类别的产品中的竞争力表现相对更为突出。特别是在 T03 类别中，希腊在部分年份展现出了轻微的竞争优势。然而，希腊在大部分产品类别的 TC 指数仍然显示出竞争劣势。

通过比较浙江省和希腊的出口产品的贸易竞争力指数，可以明显看出浙江省在多个产品类别上的国际市场竞争力优于希腊。浙江省的产品在多个领域显示出较强的竞争优势，而希腊则在较少的领域中表现较佳。这种差异可能根源于两地在产业结构、技术水平以及市场定位等方面的差异。总体来说，尽管浙江省与希腊在他们各自的优势产品类别中能够形成一定程度的互补性，但双方产品之间的互补性并不广泛，这限制了双边贸易的潜在合作空间。为了深入理解浙江省与希腊之间在双边贸易中的优势互补情况，我们需要进一步分析更多维度的数据，如双方的贸易互补性指数、贸易结合度指数以及产业内贸易指数等。这些分析将在后续章节中进行详细探讨，以期为两地之间的贸易合作提供更深入的见解和建议。

三、小结

通过对比浙江省与希腊的贸易竞争性分析，我们可以发现两地之间的贸易竞争关系具有明显的特点：

（一）产品竞争优势差距较大

浙江省在出口产品的竞争优势上相较于希腊具有更明显的优势，同时浙江省的竞争劣势也比希腊更加突出。这表明浙江省在出口产品的优劣势方面存在更大的差距，展现出一种“两极分化”的趋势，而希腊的出口产品竞争力则呈现出相对平衡的状态。

（二）产品竞争优势体现的差异

浙江省的出口优势主要集中在劳动密集型产品上，这反映了其作为制造业大省的产业特点和优势。相对而言，希腊的出口优势则主要体现在其他类型的产品上，如特定的食品加工和饮料类产品。显示性比较优势指数的分析揭示，浙江省在某些领域具有较好出口优势的产品恰恰是希腊较为弱势的领域，反之亦然。这种差异在一定程度上体现了两地在出口产品结构上的互补性。

（三）浙江省具有较强的出口优势

综合 RCA 指数和 TC 指数来看，浙江省的出口竞争优势产品种类普遍多于希腊。相比之下，浙江省各类产品的出口竞争优势表现出较为稳定的趋势，而希腊的出口竞争优势则在某些年份显示出较大的波动性，尤其是在 2019—2020 年。

总体而言，浙江省与希腊在贸易竞争力方面的差异性和互补性凸显了两地之间在国际贸易合作上的潜在机会与挑战。浙江省在劳动密集型产品上具备较强的出口竞争力，而希腊则在其他特定产品领域拥有一定的优势。这种差异为两地之间的贸易合作提供了潜在的互补机会。然而，同时也需要关注到两地在不同产品领域的竞争关系，合理规划和优化双边贸易结构，以便最大限度地挖掘和利用这些互补优势，进而促进双方经济的共同发展和繁荣。

第二节 浙江省与希腊的贸易互补性

在推动浙江省与希腊之间产品的双边贸易以及进一步深化两地合作方面，贸易互补性在其中扮演着关键角色。贸易互补性分析的核心在于识别双方贸易合作中的潜在机会，以及探索新的市场扩张和经济增长点。这不仅有助于理解两地在贸易方面的相互依赖程度，还能揭示未被充分利用的贸易潜力和增长潜能。为了准确评估浙江省与希腊之间的贸易互补性，关键在于采用适当的量化方法和指标。本节研究选择了贸易互补性指数（C_{ij}^{k}）和贸易结合度指数（GL）这两个重要的度量工具。

一、贸易互补性指数分析

贸易互补性指数（C_{ij}^{k}）是一个关键指标，用来衡量两个国家或地区之间在进出口贸易方面的相互补充程度。这个指数的核心在于分析两国进出口产品的结构匹配程度，从而判断他们之间在贸易关系上的互补性。在全球化的经济环境中，即使两个国家在政治制度和经济制度上存在显著差异，他们仍可能在经济贸易上找到互补的点，通过贸易互补实现经济利益的最大化。高度的贸易互补性意味着两国在进出口产品上能够相互满足对方的需求，这通常导致更加紧密和高效的贸易关系。例如，如果一个国家主要出口机械设备，而另一个国家恰好需要这些设备来发展其制造业，那么这两个国家在贸易上就表现出高度的互补性。这种结构上的契合不仅有助于加强两国的贸易往来，还可以促进双方经济的相互依赖和整体增长。然而，如果两国在贸易上的互补性较低，即一国的主要出口产品并非另一国的主要进口需求，那么这样的贸易关系可能面临局限性。这种情况下，双方可能需要寻求更广泛的市场或者调整自身的出口策略，以便更好地适应国际市场的需求。在计算贸易互补性指数时，通常会考虑到两国在特定产品类别上的进出口数据，分析这些数据的结构相似度或契合度。具体的计算方法可能会涉及各种统计技巧和公式，以确保准确反映两国之间在贸易上的互补关系。这一指数不仅为政策制定者提供了重要的决策支持，也为企业在国际贸易中寻找合作伙伴和市场机会提供了有价值的信息。通过理解和利用贸易互补性，国家和企业可以更有效地参与全球贸易，实现经济利益的最大化。贸易互补性指数(C_{ij}^{k})的计算公式如下：

$$C_{ij}^{k} = RCA_{xi}^{k} \times RCA_{mj}^{k} \tag{4-3}$$

式中，RCA_{xi}^{k}表示 i 国 k 类产品在世界范围内的出口比较优势，$RCA_{xi}^{k} = (X_{ki}/X_{i}) / (X_{kw}/X_{w})$。$RCA_{mj}^{k}$表示 j 国 k 类商品在世界范围内的进口比较优势，$RCA_{mj}^{k} = (M_{kj}/M_{j}) / (M_{kw}/M_{w})$，$M_{kj}$表示 k 类产品在 j 国的进口总额，$M_{j}$表示 j 国所有产品的进口总额，$M_{kw}$表示 k 类产品世界的进口总额，$M_{w}$表示世界所有产品的进口总额。贸易互补性指数是两国的出口比较优势与进口比较优势之比，C_{ij}^{k}越大则意味着两国在 k 类产品上的互补性越强，通常以 1 为分界，即$C_{ij}^{k} > 1$ 时说明两国的互补性比其他市场的平均水平高，当$C_{ij}^{k} < 1$ 时，两国的贸易互补性较弱，贸易关系有待加强。

如果以浙江省为出口视角，由表 4-7 可以得知，2012—2021 年浙江省与希腊的双边贸易互补性指数大于 1 的有 T07、T08、T09、T11、T12、T13、T15、T16、T19、T20 类产品，其中 T11、T12、T19、T20 类产品的贸易互补性指数皆大于 4，即意味着以上几类产品浙江省与希腊具有极强的贸易互补性。对照前一章竞争性分析，以上几类产品中 T11（纺织原料及纺织制品）、T12（鞋、帽、伞、杖、鞭及其零件；已加工的羽毛及其制品；人造花；人发制品）、T20（杂项制品）是浙江省具有较强出口优势的产品，因此结合前一章的竞争性指数和本节贸易互补性指数，可以得出结论，以上浙江省与希腊之间具有贸易互补性的产品以劳动密集型产品和技术密集型产品为主，即浙江省与希腊之间关于以上几类产品的贸易联系较为密切。T01—T06、T14、T17、T18 类产品的贸易结合度指数较小，都小于 1，说明浙江省与希腊关于初级产品和资本密集型产品的互补性较弱，结合前文的贸易竞争性结果，浙江省在初级产品的出口方面不占优势，同样希腊也不具有优势，因此，两地关于初级产品的贸易互补性较弱，即贸易联系较为疏远。

表 4-7　　2012—2021 年浙江省与希腊双边贸易互补性指数

类别代码	2012 年	2013 年	2014 年	2015 年	2016 年	2017 年	2018 年	2019 年	2020 年	2021 年	平均值
T01	0.38	0.40	0.33	0.25	0.27	0.31	0.27	0.24	0.21	0.15	0.28
T02	0.12	0.10	0.09	0.08	0.08	0.08	0.09	0.09	0.10	0.08	0.09
T03	0.02	0.02	0.02	0.02	0.01	0.02	0.03	0.02	0.02	0.02	0.02
T04	0.27	0.27	0.25	0.22	0.22	0.22	0.23	0.22	0.26	0.20	0.24
T05	0.00	0.00	0.00	0.00	0.00	0.00	0.00	0.00	0.01	0.04	0.01
T06	0.42	0.38	0.40	0.34	0.37	0.43	0.66	0.63	0.55	0.55	0.47
T07	1.28	1.23	1.34	1.39	1.58	1.61	0.59	0.59	2.24	2.65	1.45
T08	2.52	3.07	2.03	1.78	2.20	1.92	4.68	4.66	1.46	1.31	2.56
T09	1.62	1.38	1.08	1.06	1.13	1.05	0.23	0.21	1.37	1.65	1.08
T10	0.57	0.63	0.77	0.77	0.87	0.73	0.63	0.72	1.11	1.05	0.79
T11	5.29	5.45	5.07	4.12	4.33	4.41	5.85	5.99	4.42	3.54	4.85
T12	9.21	9.52	9.27	7.80	7.21	6.15	1.68	1.43	3.60	2.89	5.87
T13	1.54	1.40	1.58	1.60	1.85	1.88	2.00	2.32	3.30	1.94	1.94
T14	0.01	0.01	0.01	0.01	0.01	0.01	0.04	0.03	0.00	0.00	0.01
T15	1.81	1.83	2.00	1.84	1.77	1.97	3.75	4.19	2.77	4.28	2.62
T16	1.12	1.22	1.13	1.04	1.16	1.35	0.92	0.93	1.13	1.12	1.11
T17	0.82	0.70	0.71	0.66	0.58	0.49	0.57	0.56	0.58	0.65	0.63
T18	0.73	0.65	0.59	0.58	0.50	0.35	0.02	0.02	0.26	0.21	0.39
T19	—	—	—	—	—	—	7.75	6.35	0.15	0.30	3.64
T20	5.63	5.49	5.88	6.04	7.75	7.91	2.31	2.58	11.07	9.67	6.43

注：本表以浙江省为出口视角。

如果以希腊为出口视角，我们由表 4-8 可以看，对于产品类别 T01 至 T06、T11 至 T14、T16 至 T20，浙江省与希腊双边贸易互补性指数普遍小于 1。这表明在初级产品方面，希腊与浙江省的贸易互补性较小。这一点与以浙江省为出口视角时的结论是一致的。另外，贸易互补性指数大于 1 的产品包括 T07、T08、T09、T10、T15，这些产品的贸易互补性较高，表明希腊与浙江省之间在劳动密集型产业方面的贸易具有较好的互补性。特别值得注意的是，某些产品类别如 T10（纸制品）和 T20（其他制品）在某些年份显示出非常高的贸易互补性指数。例如，T10 在 2012—2021 年的平均互补性指数为5.86，而T20的平均值为5.53，这些高指数表明在这些特定产品类别中，希腊与浙江省之间存在着显著的贸易互补性。

表4-8 2012—2021年浙江省与希腊双边贸易互补性指数

类别代码	2012年	2013年	2014年	2015年	2016年	2017年	2018年	2019年	2020年	2021年	平均值
T01	0.89	1.13	1.35	1.01	1.54	1.36	0.73	0.93	2.83	2.33	1.41
T02	1.15	1.23	1.49	1.30	1.39	1.42	1.19	1.42	1.88	1.86	1.43
T03	2.54	3.48	2.58	6.95	8.03	7.25	19.97	23.72	8.03	11.24	9.38
T04	0.35	0.33	0.27	1.17	1.59	1.73	1.89	2.11	3.31	2.21	1.50
T05	2.67	2.97	3.58	4.14	3.31	2.86	2.85	3.66	3.99	6.65	3.67
T06	1.71	1.68	1.67	1.64	1.58	1.74	5.76	5.91	2.25	1.71	2.56
T07	1.94	1.86	1.92	2.49	2.63	2.71	0.15	0.14	3.04	2.42	1.93
T08	3.03	4.14	2.93	2.91	2.43	2.45	4.86	6.09	0.69	0.91	3.05
T09	0.88	0.91	1.53	1.84	1.81	3.43	3.09	2.87	2.54	2.84	2.18
T10	7.35	5.79	5.12	6.83	8.46	7.45	0.95	0.93	8.14	7.58	5.86
T11	0.08	0.07	0.07	0.09	0.12	0.12	0.19	0.34	0.13	0.13	0.13
T12	0.04	0.06	0.06	0.09	0.16	0.15	0.04	0.04	0.08	0.06	0.08
T13	0.43	0.40	0.20	0.30	0.46	0.28	1.34	1.04	0.49	0.40	0.53
T14	0.01	0.01	0.01	0.01	0.00	0.00	0.27	0.14	0.00	0.01	0.05
T15	0.74	0.57	0.58	0.64	0.64	0.84	3.04	3.45	1.81	2.91	1.52
T16	0.03	0.03	0.02	0.03	0.04	0.03	0.02	0.02	0.01	0.01	0.02
T17	0.09	0.11	0.14	0.27	0.33	0.13	0.01	0.01	0.39	0.38	0.18
T18	0.32	0.35	0.11	0.08	0.05	0.05	0.06	0.07	0.04	0.02	0.12
T19	0.01	0.02	0.01	0.33	0.25	0.44	0.52	0.20	0.03	0.01	0.18
T20	2.99	6.88	4.37	1.29	27.39	4.98	0.86	1.06	3.41	2.12	5.53

注：本表以希腊为出口视角。

由以上分析可以看出，当以希腊作为出口方来测算贸易互补性时，希腊与浙江省在大多数产品类别上呈现出相对较弱的贸易互补性。通过对浙江省出口与希腊出口产品的贸易互补指数进行细致比较，我们可以发现明显的产业差异。无论是以浙江省为出口视角还是以希腊为出口视角，两地在T07（塑料及其制品；橡胶及其制品）、T08（生皮、皮革、毛皮及其制品等）、T09（木及木制品等）、T10（纸制品）、T15（贱金属及其制品）等几类产品的贸易互补性指数均大于1，这表明在塑料橡胶制品、皮革包具制品、木制品、纸制品和贱金属制品等方面，浙江省与希腊具有较强的贸易联系，显示出一定程度的贸易互补性。然而，对于T01至T06、T11至T14、T16至T20等其他类别的产品，贸易互补性指数普遍小于1，这表明在这些领域，浙江省与希腊之间的贸易互补性相对较弱。这一现象揭示了浙江省与希腊在贸易结构上的差异，尤其是在初级产品和资本密集型产品方面。具体而言，浙江省在这些产品类别上的出口结构与希腊的进口需求之间存在较大差异，导致这些领域的贸易发展潜力受到一定限制。

综上所述，尽管浙江省与希腊在某些劳动密集型和技术密集型产业领域表现出较强的贸易互补性，但在初级产品和资本密集型产品方面，两地贸易的互补性相对较弱。这一现状提示两地需要深入分析各自的出口结构和进口需求，探索优化贸易结构的途径，以便更好地挖掘和利用双方的贸易潜力。特别是在初级产品和资本密集型产品领域，浙江省与希腊需要通过更紧密的合作和协调，来弥补各自的短板，提升两地在这些领域的贸易互补性，从而为两地的贸易合作带来新的发展机遇。

二、产业内贸易指数分析

Béla Balassa 在对产业内贸易现象进行深入的统计研究之后，提出了一个重要的经济指标——产业内贸易指数。这个指数旨在测量特定产业内贸易的重要性和程度。产业内贸易指数的引入，为了解和分析同一产业内部商品的国际贸易流动提供了有效的工具。产业内贸易指数的核心在于衡量一个产业内部商品的出口和进口之间的相对比例，从而揭示这一产业在全球贸易中的参与程度和性质。1975 年，Herbert G. Grubel 和 Peter J. Lloyd 进一步丰富了这一概念，他们提出了 Grubel - Lloyd 指数，简称 GL 指数。这个指数专门用于分析和衡量不同产品在国际贸易中的产业内贸易情况。

在全球化经济的背景下，产业内贸易已成为世界贸易中的一个重要形式。产业内贸易指的是在相同或相关产业中进行的进出口贸易，它突破了传统的比较优势理论，反映了国家间在相似产品的交换。这种贸易形式的兴起与多种因素有关，包括国家规模、人均国民收入、经济一体化程度、产品差异、规模经济、国际直接投资及市场结构等。国家规模是一个重要因素。大型经济体由于市场广阔，能够支持更广泛的产品种类和服务，这促进了产业内贸易的发展。同样，人均国民收入的增加也会增强产业内贸易。收入水平的提高通常会导致消费者偏好的多样化，从而增加对各种产品和服务的需求，这些需求在国际贸易中得到体现。经济一体化程度也是一个关键因素。随着全球化的深入，国家间的经济联系日益紧密。区域贸易协定如欧盟、北美自由贸易协定等，通过降低成员国间的贸易壁垒，增加了成员国间的产业内贸易。产品差异化是产业内贸易发展的另一个驱动力。不同国家和地区生产的相似产品可能在设计、品质、品牌等方面存在差异，这种差异化满足了消费者对多样性的需求，推动了贸易的发展。两国或两地区经济发展水平和市场规模越接近，它们的资源禀赋、需求结构和规模经济效应就越明显。根据产业内贸易理论，两国人均收入水平差异越小、消费需求越相似，消费者对同类或同等质量产品的需求就越大，贸易密切程度越高，互补性也越强。这意味着在全球化的背景下，经济体之间的贸易关系不仅是基于传统的比较优势，而是基于互补性和共同利益，这为国际经济合作和发展提供了新的视角和机遇。

本书运用产业内贸易指数对浙江省与希腊所有贸易产品的产业内贸易水平进行检测，分析浙江省与希腊贸易的互补性情况。产业内贸易指数公式如下：

$$GL = 1 - \left(\frac{|X_i - M_i|}{X_i + M_i}\right) \tag{4-4}$$

式中，X_i表示某国 i 类产品的出口额，M_i表示某国 i 产品的进口额，本书中的X_i为浙江省向希腊出口 i 产品的贸易总额，M_i表示浙江省从希腊进口 i 产品的贸易总额。GL 的范围是［0，1］，越靠近 1 则表示浙江省与希腊 i 类产品的产业内贸易程度越高，即浙江省与希腊于 i 类产品的互补性越低；反之若是 GL 越接近 0，则表示浙江省与希腊之间关于 i 类产品的产业间贸易程度越低，浙江省与希腊 i 产品的互补性越高。GL 指数以 0.50 为界限，当 GL 指数为（0.50，1）时说明产业内贸易是占优势的；若是 GL 指数为（0，0.50）则说明产业内贸易不占优势。根据 GL 指数将产品进行分类，如表 4－9 所示。

表 4－9　　　　GL 指数产品分类表

产品类型	GL 指数范围
产业内贸易具有优势产品	(0.50，1]
产业内贸易具有劣势产品	[0，0.50]

由表4－10可知，在2012—2021年，浙江省与希腊在多种产品类别上的产业内贸易指数普遍低于1。这一结果表明，浙江省与希腊的贸易关系主要以产业间贸易为主，即在大多数情况下，相同类型的产品在一定时间内只存在出口或只存在进口，而非同时进行。这种单向的贸易流向暗示两地区在许多产品上缺乏互补性。详细分析表中数据，可以看到大部分商品类别的产业内贸易指数远低于0.50，这进一步凸显了浙江省与希腊之间在这些产品类别上的产业间贸易特征。例如，T01类别（活动、植物、食品等）的平均指数为0.00，T03类别（矿石、石膏、水泥及金属材料）的平均指数为0.1157，T05类别（矿物产品）的平均指数为0.08。这些较低的指数值表明，在这些类别上浙江省与希腊的贸易活动主要是单一方向的，而非双向互补的。然而，也有一些例外，如T02类别（木及木制品等）的平均指数为0.57，T04类别（纺织品及制品）的平均指数为0.52，表明在这些类别上，浙江省与希腊展现出了较高的产业内贸易特征，即这些产品类别上存在着较为平衡的进出口活动。这可能反映了两地区在这些特定产品上的资源禀赋或生产能力较为相似，从而促进了双向的贸易交换。总体来说，虽然在某些特定产品类别上浙江省与希腊的产业内贸易较为显著，但从整体上看，两地区的贸易关系仍以产业间贸易为主。这种情况可能源于两地在资源禀赋、生产能力和消费需求方面的差异，导致在大部分产品类别上不倾向于进行类似产品的交换。因此，未来增强浙江省与希腊之间的贸易互补性，可能需要在继续保持和加强产业间贸易的基础上，探索提升某些特定产品类别上的产业内贸易潜力。

表4－10　2012—2021年浙江省与希腊产业内贸易指数

类别代码	2012年	2013年	2014年	2015年	2016年	2017年	2018年	2019年	2020年	2021年	平均值
T01	0.00	0.00	0.00	0.00	0.00	0.00	0.00	0.00	0.00	0.00	0.00
T02	0.00	0.00	0.59	0.93	0.76	0.64	0.62	0.96	0.82	0.33	0.56
T03	0.00	0.01	0.05	0.35	0.58	0.11	0.06	0.00	0.00	0.00	0.12
T04	0.88	0.35	0.10	0.37	0.42	0.85	0.85	0.52	0.55	0.32	0.52
T05	0.03	0.36	0.00	0.00	0.00	0.01	0.00	0.07	0.28	0.03	0.08
T06	0.01	0.00	0.00	0.02	0.01	0.00	0.37	0.83	0.50	0.69	0.24
T07	0.06	0.01	0.00	0.01	0.00	0.00	0.01	0.02	0.00	0.01	0.01

续表

类别代码	2012年	2013年	2014年	2015年	2016年	2017年	2018年	2019年	2020年	2021年	平均值
T08	0.09	0.13	0.02	0.00	0.00	0.01	0.01	0.01	0.01	0.01	0.03
T09	0.01	0.07	0.00	0.00	0.00	0.01	0.00	0.00	0.00	0.00	0.01
T10	0.76	0.60	0.24	0.21	0.09	0.54	0.29	0.06	0.08	0.01	0.29
T11	0.04	0.02	0.02	0.00	0.00	0.00	0.00	0.01	0.00	0.00	0.01
T12	0.00	0.00	0.00	0.00	0.00	0.00	0.00	0.00	0.00	0.00	0.00
T13	0.00	0.00	0.00	0.00	0.00	0.01	0.00	0.00	0.00	0.00	0.00
T14	0.00	0.00	0.00	0.00	0.00	0.00	0.00	0.00	0.01	0.00	0.00
T15	0.50	0.39	0.28	0.31	0.18	0.30	0.27	0.04	0.06	0.20	0.25
T16	0.00	0.01	0.01	0.00	0.01	0.01	0.04	0.09	0.07	0.04	0.03
T17	0.00	0.00	0.00	0.00	0.00	0.00	0.04	0.09	0.07	0.04	0.02
T18	0.00	0.02	0.00	0.02	0.01	0.01	0.00	0.09	0.00	0.00	0.02
T19	0.00	0.00	0.00	0.00	0.00	0.00	0.01	0.09	0.01	0.01	0.01
T20	0.00	0.00	0.00	0.00	0.00	0.00	0.00	0.00	0.00	0.00	0.00

注：数值过小或者数值缺失的部分标为0.00，本表以浙江省为出口视角。

三、小结

通过对浙江省与希腊贸易产品的出口竞争优势和出口产品的显示性竞争优势的分析，本书得到了以下结论：

（一）贸易互补指数存在产业差异

浙江省与希腊在不同产业类别的贸易互补性表现出显著差异。例如，在T07（塑料及其制品；橡胶及其制品）和T08（生皮、皮革、毛皮及其制品等）类别中，贸易互补性较强，表明在这些领域双方可以展开更深入的贸易合作。相反，T05（矿产品）和T03（动、植物油、脂及其分解产品等）类别的贸易互补性较弱，这些领域的贸易发展潜力尚未被充分挖掘。

（二）产品双边贸易互补性弱

从贸易互补性指数来看，浙江省与希腊在多数产品类别上的互补性较弱，特别是在 T01（活动物；动物产品）和 T04（食品；饮料、酒及醋等）类，这暗示两地更适合发展产业间贸易。由于双方在多数产品类上的需求和供应差异，产业内贸易的潜力相对较低，这可能是因为两地的经济结构和发展水平存在差异。

（三）需求差异和产品结构影响互补性

消费需求和产品结构的差异在决定贸易互补性中起到了重要作用。例如，T02（植物产品）和 T11（纺织原料及纺织制品）类别的产业内贸易指数较低，反映出两地在这些领域的需求结构和产品偏好存在显著差异。浙江省与希腊在一些产业类别上，如 T06（化学工业及其相关工业的产品）和 T07（塑料及其制品；橡胶及其制品）类，表现出较强的贸易互补性，这可能是由于两地在这些产业的需求和供应方面的差异。

综合这些分析，可以看出浙江省与希腊在贸易关系中存在潜在的合作机会，尤其是在劳动密集型和技术密集型产业。在一些领域，如 T07 和 T08 类，两地具有较强的贸易互补性，这为深化贸易合作提供了基础。然而，在其他领域，如 T05 和 T03，两地的贸易潜力有待进一步开发。未来，为了促进双方的贸易关系，应重点关注强化那些具有高互补性指数的产业类别的合作，同时探索在需求和供应差异较大的产业中发展新的贸易机会。

第三节 浙江省与希腊的贸易潜力

贸易潜力是指一个国家或地区从存在贸易壁垒的市场向无贸易壁垒市场转移时可能获得的益处。这种潜力通常通过贸易规模、收入或贸易额来衡量。在前文对浙江省与希腊的贸易竞争性和互补性的分析中，我们发现两地在贸易产品种类上丰富多样，但在竞争性和互补性方面存在显著差异。这在一定程度上受到了两地制度政策的影响。因此，本节内容将通过构建一个扩展的引力模型来分析浙江省与希腊各类产品的贸易潜力，并在此基础上为两地的贸易方向提出政策建议。

一、贸易引力模型的构建

贸易引力模型（以下简称“引力模型”）在国际贸易中的应用始于20世纪60年代，当时荷兰学者丁伯根（Tinbergen，1962）和德国学者波伊赫能（Poyhonen，1963）将物理学中的引力概念引入经济学领域。这个模型借鉴了牛顿的万有引力理论，通过量化两个国家或地区间的贸易规模，为理解和预测国际贸易提供了一个新的视角。在最初的应用中，这个模型只是被看作是体现经济体规模、距离及其贸易关系的简单公式。随着时间的推移，引力模型得到了进一步的发展和完善。美国学者安德森（Anderson，1979）较早尝试对引力模型提供理论证据，他选择了一个特定的模型背景，认为货物根据原产国进行区分，消费者对不同产品具有不同偏好，即意味着无论什么价格一个国家都会从其他国家消费一定数量的任意产品，所有的货物都会进行贸易，并且所有的国家都会进行贸易，当处于均衡状态时，一国的国民收入就是国内外对该国生产特定产品的需求总和。也就是基于该原因，国家越大则进出口相对越多。两个国家间的地理距离越远则意味着贸易成本越高，两国之间的距离越远隐含的“冰山”成本越大，对于两国的贸易影响是负面的。贸易国的人口对两国的贸易起着不可忽略的作用，通常贸易国的人口越多对进出口贸易的作用越大。在今天的经济全球化背景下，引力模型为理解国际贸易动态、优化贸易政策提供了重要的理论支撑。

引力模型突出的稳定性及其对双边贸易流量的解释足以促使研究者们对其进行理论解释。

引力模型的表达式如下：

$$X_{ij} = \frac{AM_i N_j}{\theta_{ij}} \tag{4-5}$$

式中，X_{ij}表示 i 国对 j 国出口的价值总额，N_j表示进口国的相关要素，构成进口国的总需求，如进口国的 GDP 和人口等。M_i则是出口方的相关要素，如出口国的 GDP 和人口等。A 表示其他相关要素，如制度环境、收入分配、需求结构差异等。θ_{ij}表示出口国 i 进入进口国 j 的便利程度，也就是双边贸易成本，通常为距离，即包括了经济距离和地理距离等。

鉴于引力模型具有连乘性质，因此需要对引力模型（4-5）式中所有变量简单取对数，得到取对数后的线性估计方程，再通过普通最小二乘回归进行估计，从而得到方程：

$$\ln X_{ij} = \ln G + \ln S_i + \ln M_j + \ln\theta_{ij} + \varepsilon_{ij} \tag{4-6}$$

后来，随着引力模型在国际贸易中的引用越来越广泛，逐渐演化为如下所示：

$$\ln X_{ij} = \alpha_1 \ln Y_i + \alpha_2 \ln Y_j + \alpha_3 \ln POP_i + \alpha_4 \ln POP_j + \alpha_5 \ln DIS_{ij} + \ln\vartheta_{ij} + \varepsilon_{ij} \tag{4-7}$$

式中，X_{ij}表示两国间的贸易总额，Y_i和Y_j分别表示进出口两国的 GDP，POP_i和POP_j分别表示进出口两国的人口，dis_{ij}表示两国之间首都的直线距离，ϑ_{ij}表示影响两国贸易的其他因素，ε_{ij}表示独立同分布的随机扰动项，并且假设ε_{ij}既可以为正数也可以为负数，但期望为零。该方程的基本含义为：贸易国之间的双边贸易额与国内的经济总量为正相关关系，与国内的人口总量呈正相关关系，与国家或地区之间的贸易距离成反比，影响两国贸易的其他因素包括物流、汇率、政治制度、税率等。α 系数反映了贸易总额X_{ij}对 Y、POP、DIS 的弹性，当 i 国、j 国的国内生产总值 Y 每增加 1%，则双边贸易额增加α_1%或α_2%，当 i 国、j 国的人口每增加 1%，则双边贸易额增加α_3%或α_4%，当国家间当距离每年增加 1%，两国双边贸易额则减少α_5%，但通常而言两国或两地区的距离是固定的，不会随时间的变动而变动。国家间加入相同的贸易组织有利于促进国家间的贸易。

二、变量选取

为了增强研究结论的可靠性和准确性，本书将研究范围扩大为浙江省与中东欧国家的贸易。根据目前中国—中东欧国家合作框架的成员以及数据可得性，研究对象包括了阿尔巴尼亚、保加利亚、波黑、捷克、克罗地亚、希腊、匈牙利、北马其顿、波兰、罗马尼亚、斯洛伐克和斯洛文尼亚共 12 个样本国。对引力模型进行适当改变，可选择以下变量。

（一）贸易总额

公式中的LnX_{ij}、$LnEX_{ij}$、$LnIM_{ij}$分别表示浙江省与中东欧国家的双边贸易总额、浙江省对中东欧国家出口产品总额、浙江省从中东欧国家进口产品总额。

（二）人口总量

公式中$Lnpop_i$、$Lnpop_j$分别表示浙江省和中东欧国家的人口总量取对数。人口数量会影响本国与贸易国的进出口贸易，并且贸易流向不同导致影响不同。本国人口总量的增加会引起对产品需求量的增加，因此对外出口会减少，进口增加。人口变化对消费产生影响，从而影响双边贸易。

（三）人均 GDP 之差的绝对值

公式中$Lnabsgdp_{ij}$表示浙江省与中东欧国家的人均 GDP 之差的绝对值。衡量的是消费结构差异，当人均 GDP 之差的绝对值越小，说明浙江省与中东欧国家的消费结构差异越小，则两地的需求相似度越高，越有利于产品的贸易，对于双边贸易总额、进口总额和出口总额具有促进作用。因此人均 GDP 之差的绝对值与贸易具有逆线性关系。

（四）距离

公式中的$Lndis_{ij}$表示浙江省会城市与中东欧国家首都之间的直线距离。然而距离本身是一个固定变量，不会随着时间变化而变化，是一个非时序衡变量，为了避免共线性等问题，引入面板数据时将距离除以当年的国际原油价格指数（WTI 原油价格），从而能够将距离变成一个随着时间变动的时序变量。距离对于双边贸易的影响是负面的，距离越远越不利于两国的贸易。

（五）是否与中国一同加入 WTO

世贸组织的宗旨是大幅度和稳定地增加实际收入和有效需求，扩大货物和服务的生产与贸易，按照可持续发展的目的，最优地运用世界资源。世贸组织自成立以来解决成员之间的贸易争端，维持国际经贸秩序，若是中国与中东欧国家同为世贸组织成员，受到相同的规则约束，享受相同的政策福利，有利于双边的贸易。若中国与中东欧国家同为世贸组织成员则取 1，否则取 0。预期符合为正。

本书在对引力模型进行拓展，构建了扩展引力模型如下：

$$LnX_{ij} = \alpha_1 Lnpop_i + \alpha_2 Lnpop_j + \alpha_3 Lndis_{ij} + \alpha_4 Lnabsgdp_{ij} + \alpha_5 WTO_j + \varepsilon_1 \tag{4-8}$$

$$LnEX_{ij} = \beta_1 Lnpop_i + \beta_2 Lnpop_j + \beta_3 Lndis_{ij} + \beta_4 Lnabsgdp_{ij} + \beta_5 WTO_j + \varepsilon_2 \tag{4-9}$$

$$LnIM_{ij} = \partial_1 Lnpop_i + \partial_2 Lnpop_j + \partial_3 Lndis_{ij} + \partial_4 Lnabsgdp_{ij} + \partial_5 WTO_j + \varepsilon_3 \tag{4-10}$$

结合前面的分析，本节内容做出以下假设：贸易国的人口总量对贸易额产生正向影响。两国的经济距离、消费结构差异与贸易额成反比。中东欧国家加入世贸组织有利于双边贸易。

三、资料来源

为了增强研究结论的可靠性和准确性，本书将研究范围扩大为浙江省与中东欧国家的贸易，距离经过处理后变为一个随着时间变化的时序变量，国际原油价格指数（WTI 原油价格）是从美国能源信息署官网下载而得，其余数据来源如表 4－11 所示。

表 4－11　　模型变量的含义及资料来源说明

变量	变量含义	资料来源
$LnX_{ij}/LnEX_{ij}/LnIM_{ij}$	浙江省与中东欧国家产品进出口贸易总额、浙江省对中东欧国家产品出口总额/进口总额	EPS 数据库－中国商品贸易数据库、国研网数据库、联合国贸发数据库
$Lnpop_i$	浙江省人口总量	《浙江省统计年鉴》
$Lnpop_j$	中东欧国家人口总量	世界银行数据库
$Lndis_{ij}$	浙江省省会与中东欧国家首都的距离	http：//www. indo. com 中的距离计算器
$Lnabsgdp_{ij}$	浙江省与中东欧国家的 GDP 之差的绝对值，表示需求结构差异	世界银行数据库经整理而得
WTO_j	是否加入世贸组织	WTO 官网

四、模型回归及结果分析

本书的回归分为两步，首先基于传统的引力模型估计浙江省与中东欧国家贸易数据，其次加入经济因素和政策因素，加入人均 GDP 之差的绝对值和是否加入世贸组织变量，最后进行估计检验。对面板数据进行估计的方法通常有固定效应检验、随机效应检验和混合效应检验，根据检验结果是否符合预期以及 Hausman 检验来判断采用哪种模型。本书根据 Hausman 检验结果得到随机效应检验结果优于固定效应检验结果，因此本书采用随机效应检验。检验结果如表 4－12 所示。

表 4－12　　浙江省与中东欧国家引力模型回归检验结果

	LnX_{ij}		$LnEX_{ij}$		$LnIM_{ij}$	
	(1)	(2)	(3)	(4)	(5)	(6)
$Lnpop_i$	11.31*** (9.73)	12.86*** (10.21)	11.67*** (9.84)	13.23*** (3.96)	11.67*** (9.84)	11.57*** (3.96)
$Lnpop_j$	0.965** (3.20)	0.88*** (3.19)	1.02*** (3.17)	0.94*** (－3.15)	1.02*** (3.17)	0.91*** (－3.15)
$Lndis_{ij}$	－0.52** (－2.33)	－1.36*** (－2.96)	－0.40* (－1.72)	－1.22*** (－2.60)	－0.40* (－1.72)	－1.08** (－2.1)
$Lnabsgdp_{ij}$		－1.47** (－2.36)		－1.45** (－2.28)		－1.21* (－1.19)
WTO_j		1.74*** (2.66)		1.95*** (2.76)		0.34* (1.55)
Cons	－195.21*** (－8.71)	－208.34*** (－9.47)	－202.72*** (－8.81)	－216.48 (－9.58)	－202.72*** (－8.81)	－189.52*** (－3.72)
N	120	120	120	120	120	120
R－squared	0.70	0.69	0.65	0.66	0.76	0.75

注：在 Hausman 检验中，＊（）通常用于表示某种显著性水平，如果 Hausman 检验的结果中 P 值小于 0.05，则可以在结果旁边添加一个＊（），表示该差异是显著的。类似地，如果 P 值小于 0.01，则可以添加**（），表示差异非常显著。如果 P 值小于 0.001，则可能会添加***（），表示差异极为显著。

表中（1）（2）列为浙江省与中东欧国家双边贸易总额实证结果，（3）（4）列为浙江省对中东欧国家出口贸易模型实证结果，（5）（6）列为浙江省自中东欧国家进口贸易模型实证结果。

（一）双边贸易总额实证结果分析

从表中（1）和（2）列可以得知，浙江省的人口总量和中东欧国家的人口总量对于双边贸易的影响为正，即人口越多越能促进双边贸易的增加，有利于浙江省与中东欧国家的双边贸易，并且通过检验可以得到结论，浙江省人口对于双边贸易的影响要显著大于中东欧国家人口的影响。

距离对于双边贸易的影响为负，距离越远双边贸易中产生的显性成本和隐形成本越高，双边在贸易过程中的障碍越多，不利于贸易交流。（2）列在加入了人均 GDP 之差的绝对值之后各个系数的符号仍然与预期相符合，人口、距离和是否与中国同为世贸组织成员国都通过了 1% 的显著性，即具有较好的显著性。人均 GDP 之差的绝对值系数为负，意味着需求差异对双边贸易的影响为负，符合预期，同样也具有较好显著性，通过了 5% 的显著性检验，当需求差异每缩小 1% 时，浙江省与中东欧国家的双边贸易总额也会相应地增加 1.47%。

（二）出口贸易引力模型实证分析

从表中（3）和（4）列可以得知，浙江省人口和中东欧人口的系数为正，即意味着浙江省的人口增加于浙江省对中东欧的出口贸易总额的影响是正的，中东欧国家的人口于浙江省对中东欧出口贸易总额的影响也为正，这一点与预期相一致。当人口增加时，浙江省劳动力增加，使得产品产量增加，出口产品产量增加，而中东欧国家的人口增加，对产品的需求量也增加，因此浙江省对中东欧的出口增加。（4）列是加入了其他变量后的拓展引力模型回归结果，加入其他变量后各个变量的系数具有实际意义，且具有很好的显著性，即各个变量对出口额的影响通过了显著性检验。浙江省的人口每增加 1%，出口额减少 13.288%，中东欧国家人口每增加 1%，出口额增加 0.942%。经济距离每增加 1%，出口额减少 1.22%，需求差异增加 1%，出口额相应减少 1.45%。

（三）进口贸易引力模型实证分析

从表中（5）和（6）列可以得知，浙江省人口的系数为正，中东欧人口的系数也为正，即人口对浙江省从中东欧国家的进口影响为正。当浙江省人口增加时，对于产品的需求量增加，因此为了满足更多的需求会寻求国外产品，增加产品进口。中东欧国家作为出口国，由于本国人口增加，本国产量增加，可用于出口的产品数量和种类增加，从而浙江省对中东欧国家的进口增加。（6）列是拓展后的引力模型检验结果，人口的系数与之前保持一致，仍然具有现实意义，且都通过了 1% 的显著性检验。相比较于前面双边贸易模型和出口贸易模型的检验结果，进口贸易模型检验结果中需求差异和是否与中国同样加入 WTO 两个变量的系数检验显著性稍有下降，但仍通过了10%的显著性，说明需求差异和加入WTO对浙江省自中东欧国家进口贸易的影响得到了验证。

综合表4－13中（1）和（2）列、（3）和（4）列、（5）和（6）列可以得知，浙江省人口对于贸易的影响要明显大于中东欧国家人口对贸易的影响，这与浙江省近年来实施的与中东欧相关的贸易政策密切相关。自2012年中国—中东欧合作框架建立起，浙江省积极响应国家政策，在与中东欧国家合作方面进行多方面探索和努力，浙江省多次举办中国—中东欧高级别会议，涉及了经济贸易、文化产业、农业种植、海关质检等多个领域，浙江省作为共同富裕先行示范区充分发挥了龙头骨干企业示范效应与引领作用。加入世贸组织有利于参与国际经济合作与国际分工，也有利于扩大进出口和利用外资，成员国在平等条件下参与国际竞争。中国在2001年便加入了世贸组织，遵守世贸组织规则，积极与各国展开贸易合作，中东欧国家也积极加入世贸组织，世贸组织为中国各个省份与中东欧国家的贸易合作提供了健康良好的环境。经济距离是造成双方贸易的障碍，当经济距离越远，两国间的贸易成本上升，贸易成本包含了因远距离运输造成的货物磨损、交通运输成本、仓储成本、劳动力成本等。一个国家的需求结构由该国的人均GDP决定，当两个国家的人均GDP越接近，即相减的绝对值越小，意味着两个国家之间的需求结构差异越小，即越相似，从而对贸易国的商品需求会越大，反映为贸易的增加。

根据对三个公式的检验，得到了各个变量的系数，将系数代入公式（4－8）（4－9）（4－10）中得到了以下结果：

$$LnX_{ij} = 12.856\ Lnpop_i + 0.881\ Lnpop_j - 1.362\ Lndis_{ij} - 1.472\ Lnabsgdp_{ij} + 1.745\ WTO_j - 208.338 \quad (4-11)$$

$$LnEX_{ij} = 13.228\ Lnpop_i + 0.942\ Lnpop_j - 1.222\ Lndis_{ij} - 1.458\ Lnabsgdp_{ij} 1.953\ WTO_j - 216.482 \quad (4-12)$$

$$LnIM_{ij} = 11.570\ Lnpop_i + 0.912\ Lnpop_j - 1.806\ Lndis_{ij} - 1.212\ Lnabsgdp_{ij} + 0.347\ WTO_j - 189.522 \quad (4-13)$$

五、贸易潜力测算

贸易引力模型是用来测算贸易双方贸易潜力的重要工具，通过对模型的检验得到各个变量的系数，将数据代入后测得潜力值，可以为双方今后的贸易发展规划提供模型支撑。刘青峰和姜书竹（2002）提出了贸易潜力系数和潜力类型的三个标准是目前使用最为广泛的标准，将贸易潜力分为三类，通过使用实际贸易额与模型测算出的贸易估计量进行相除求得比值，根据比值大小将贸易潜力分为潜力巨大型、潜力开拓型和潜力在造型。贸易潜力值公式如下：

$$贸易潜力值 = \frac{实际贸易量}{引力模型估计的贸易量} \quad (4-14)$$

贸易潜力值分类如表 4－13 所示。

表 4－13　　贸易潜力指数分类

潜力分类	划分依据	贸易评估	内涵
潜力巨大型	P≤0.80	贸易联系不足	贸易双方的贸易联系不足，还有很大的发展空间，市场前景较为广阔
潜力开拓型	0.80＜P≤1.20	贸易联系稳定	贸易联系稳定贸易双方的贸易潜力尚未完全显现出来，仍有进一步发展的空间
潜力再造型	P＞1.20	贸易联系密切	贸易双方的市场趋于饱和状态，现有的贸易潜力已耗尽，需要开拓新的有利于贸易的因素

根据前面检验所得的公式（4－11）（4－12）（4－13），将浙江省与希腊相关贸易数据代入模型中，得到了浙江省与希腊的贸易潜力值。如表 4－14 所示。

表 4－14　　2012—2021 年浙江省与希腊贸易潜力测算结果

项目	2012 年	2013 年	2014 年	2015 年	2016 年	2017 年	2018 年	2019 年	2020 年	2021 年	均值
双边贸易潜力	0.85	0.88	0.83	0.85	0.85	0.90	0.92	0.93	0.93	0.94	0.90
出口贸易潜力	0.75	0.75	0.77	0.79	0.80	0.81	0.84	0.82	0.82	0.95	0.82
进口贸易潜力	1.01	1.03	1.05	1.06	1.06	1.06	1.09	1.12	1.11	1.16	1.08

表 4－14 中的数据显示，对浙江省与希腊在 2012—2021 年的贸易潜力进行详细分析可知，在这一期间，浙江省与希腊的双边贸易潜力、出口贸易潜力和进口贸易潜力均显示出稳定的增长趋势，且均值均呈现潜力开拓型的特征。这表明，尽管浙江省与希腊的贸易关系已经较为稳定，但两地在贸易领域仍然拥有更大的发展空间，尤其是在进口贸易方面。具体来看，浙江省对希腊的进口贸易潜力显著高于出口贸易潜力和双边贸易潜

力，接近 1.20 的数值说明浙江省对希腊的进口贸易相对更为密切。这一现象与中国政府推动与中东欧国家合作的相关政策紧密相关。自 2012 年以来，中国政府颁布了一系列旨在促进与中东欧国家，包括希腊的友好合作的举措。这些举措包括设立专项贷款、发起设立“中国—中东欧投资合作基金”、派出贸易投资促进团、建立经济技术园区、建立交通示范网络建设、举办文化节、设立教育基金、举办旅游产品推介会、支持学术交流以及举办政治论坛等。在这一系列政策的推动下，浙江省作为中国的重要经济省份，在中国与中东欧国家，特别是希腊的贸易合作中起到了先锋示范的作用。浙江省的企业和机构积极响应国家政策，与希腊开展了一系列的贸易和文化交流活动，从而促进了两地之间的经济和文化联系。

基于 2012—2021 年浙江省与中东欧 13 国的相关贸易数据，通过建立引力模型对影响浙江省与中东欧国家产品贸易的因素进行了实证检验，通过选取基础的引力模型变量——人口和距离进行实证检验，再加入经济变量和虚拟变量，从双边贸易额、出口贸易额和进口贸易额三个方面检验影响浙江省与中东欧国家贸易的因素。检验结果得到以下结论：

（一）贸易国的人口总量对贸易额产生正向影响

人口的增加对双边贸易额产生促进作用，首先出口国的人口增加使得本国的劳动力增加，产品生产增加，满足出口的产量也增加，其次进口国的人口增加本国的产品需求增加，使得对国外产品的进口需求增加。浙江省作为出口地或者进口地，其人口的增加使得进出口贸易增加。

（二）两国的经济距离、消费结构差异与贸易额成反比

经济距离是造成双方贸易的障碍，当经济距离越远，两国间的贸易成本上升，贸易成本包含了因远距离运输造成的货物磨损、交通运输成本、仓储成本、劳动力成本等。一个国家的需求结构由该国的人均 GDP 决定，当两个国家的人均 GDP 越接近，即相减的绝对值越小，意味着两个国家之间的需求结构差异越小，即越相似，从而对贸易国的商品需求会越大，反映为贸易的增加。

（三）中东欧国家加入世贸组织有利于双边贸易

加入世贸组织有利于参与国际经济合作与国际分工，也有利于扩大进

出口和利用外资，成员国在平等条件下参与国际竞争。中国在 2001 年便加入了世贸组织，遵守世贸组织规则，积极与各国展开贸易合作，中东欧国家也积极加入世贸组织，世贸组织为中国各个省份与中东欧国家的贸易合作提供了健康良好的环境。

根据实证检验结果，将希腊与浙江省的相关数据代入模型后求得浙江省与希腊的贸易潜力，可以得出结论：（1）浙江省与希腊之间的双边贸易、出口贸易和进口贸易均被归类为潜力开拓型。这意味着尽管两地已经建立了相对稳定的贸易联系，但其贸易潜力远未被完全挖掘。这表明两地在贸易合作上还有较大的提升空间，尤其是在一些未充分开发的产业领域。为了进一步开拓这一潜力，浙江省和希腊可以探索更多的合作机会，如引入新的贸易项目，拓展现有贸易渠道，或增加投资力度以促进双边贸易的增长。（2）浙江省对希腊的进口贸易潜力大于希腊对浙江省的贸易潜力。近年来，浙江省与中东欧国家的贸易往来处于不断升温的阶段，截至 2021 年浙江省对中东欧国家有实际进出口的企业由十年前的 15993 家增加至 2020 年的 27455 家。

第四节
提升浙江省与希腊贸易潜力的对策建议

一、结论

本章对浙江省与希腊的贸易竞争性、互补性和贸易潜力进行分析。通过使用显示性比较优势指数和贸易竞争力指数分析贸易竞争性，使用贸易互补性指数和产业内贸易指数分析互补性，通过构建引力模型分析影响浙江省与希腊贸易的因素，测算浙江省与希腊的贸易潜力。根据以上分析得到结论。

（一）浙江省的出口竞争优势大于希腊

浙江省的出口优势较体现在劳动密集型产品，相比之下，希腊的贸易优势主要集中在服务业，特别是旅游业和航运业，以及农产品、食品加工和某些特定工业品（如化学品）上。这种差异反映了两地在出口结构和产业优势上的不同。浙江省相较于希腊而言，各类产品在国际市场上相对于同类产品更具有竞争优势，并且从竞争性角度来看，浙江省与希腊各类产品之间的双边贸易可以实现不同产品的优势互补。

（二）浙江省与希腊产品的互补性较弱

尽管浙江省在某些产品类别上与希腊展现出互补性，但整体上两地之间的产品互补性仍有较大的提升空间。浙江省在劳动密集型产品上的出口优势可以与希腊的服务业和特定工业产品相互补充，但在初级产品和资本密集型产业方面，双方的贸易互补性较弱，这可能是由于两地在这些领域的产业发展水平和市场需求存在较大差异。

（三）浙江省与希腊贸易潜力有待挖掘

浙江省与希腊的贸易潜力属于潜力开拓型，意味着双方在贸易合作方面还有较大的发展空间。特别是在浙江省的进口方面，加大对希腊特定产品的进口可以促进两地贸易的平衡发展。同时，浙江省也需加强对希腊市场的出口努力，尤其是在轻工业产品方面，以充分发挥其出口优势。

（四）多数产品进出口及双边贸易潜力过剩

除资源密集型产品与低技能和技术密集型产品的出口贸易潜力与双边贸易潜力都属于潜力开拓型以外，低技能和技术密集型产品的进口贸易潜力也属于开拓型潜力，其余类型产品的贸易潜力皆过剩，需要重新调整贸易结构。考虑到当前的贸易结构和潜力分析结果，浙江省与希腊需要重点关注和调整贸易结构，以更好地实现互补合作和贸易平衡。这包括加强轻工业产品的出口、拓展服务业和特定工业品的进口，以及优化贸易组合以提高双方的经济效益。

二、对策建议

（一）提升浙江省与希腊的贸易便利化水平

根据引力模型结论可知，距离是影响浙江省与希腊贸易的一个重要因素，距离包含了经济距离和地理距离，经济距离是由地理距离与人均 GDP 或国际燃油价格相除而得的，地理距离是浙江省省会城市与希腊首都的直线距离。地理距离无法缩小，然而可以通过基础设施的完善尽量缩小由于距离带来的成本。首先，要促进浙江省与希腊的跨境物流多元化联系。浙江省作为沿海省份，拥有中国对外开放一类口岸舟山港，利用好港口优势进行货物运输出入，发挥东部沿海省份的出口先发优势，积极对接“一带一路”建设目标。其次，近年来，随着中欧班列开通，浙江省运输至中东欧国家的货物有了较为便利的通道，利用好中欧班列，减小因距离带来的成本和障碍。浙江省与希腊的双边贸易还有很大的拓展空间，希腊的基建设施较为薄弱，因此借助中欧班列，加强陆地交通物流建设，对于浙江省扩大与希腊的进出口贸易以及提升贸易潜力具有十分重要的意义。最后，鼓励浙江省企业对希腊进行基建投资，积极参与重要商港和铁路建设，提供技术和劳动力援助，为浙江省出口企业营造便利的贸易环境，调动出口企业的积极性。

（二）借助产业优势调整市场结构

以浙江省与希腊贸易互补性和竞争性为依据，针对浙江省具有出口优势与劣势产品进行进出口调整，利用希腊的产业优势培育本省产业。浙江省在轻工业领域，尤其是服装纺织制造和义乌小商品制造方面，展现出显著的出口优势。浙江省的这些产业不仅在国内市场上有着良好的口碑，也在国际市场上享有盛誉。为了继续巩固和提升这些产业的国际竞争力，浙江省应进一步强化品牌建设，提高产品质量和创新能力，同时积极拓展国际市场，特别是向希腊等潜在市场加大出口力度。希腊的贸易优势主要体现在服务业特别是旅游业和航运业，以及在农产品、食品加工和某些特定工业品（如化学品）上的竞争力。因此，浙江省可以通过加强与希腊在这些领域的合作，促进双方的贸易发展。浙江省可以通过其发达的旅游业、文化交流平台和先进的制造业基地，加强与希腊的经贸联系。

（三）加快浙江省与希腊经贸合作平台建设

浙江省把产业国际合作作为重中之重，而产业合作要更多地需要产业合作平台，浙江省可以通过“走出去”策略，建设境外经贸合作区，同时通过“引进来”策略，建设国际产业合作园区。这些平台能够促进浙江省与希腊在农产品、食品加工和化学品等领域的贸易互补性，加速双方产业链的融合和互补。浙江省还可以利用宁波舟山港、中国（浙江省）自由贸易试验区、义乌国际小商品市场等平台，通过传统国际贸易和跨境电商方式，拓展与希腊的外贸发展空间。此外，通过增加人文交流活动，如教育、学生交换、智库合作和旅游合作，有利于加深浙江省与希腊人民间的理解和认识，促进双方的贸易合作。最后，浙江省可以积极探索结合“海上丝绸之路经济带”倡议的经济发展模式，加强临港优势建设，利用“一带一路”平台政策，促进与希腊以及更广泛的欧洲地区的经济合作和互联互通。通过这些措施，浙江省与希腊可以在旅游业、航运业、农产品、食品加工和化学品等领域建立更为紧密和互补的贸易关系，促进双方的经济发展和繁荣。

第五章

浙江省与希腊贸易合作案例

在“双循环”新发展格局下，浙江省各级人民政府深入贯彻习近平主席在中国—中东欧国家领导人峰会上的重要讲话，紧密跟随国家发展步伐，充分发挥中国—中东欧国家经贸合作示范区和中国（浙江省）自由贸易试验区两大国家战略的政策叠加效应。希腊作为中国在中东欧地区主要贸易伙伴之一，受到中国—中东欧国家经贸合作示范区、“一带一路”倡议和中欧班列开通的推动，中希两国经贸合作正处于蓬勃发展的阶段，合作成果不断显现。浙江省企业积极响应国家战略，持续拓展与希腊的经贸合作领域，深入推进双方的深度交流。通过中国—中东欧国家经贸合作示范区和自由贸易试验区，浙江省企业与希腊建立起更为紧密的合作纽带，共同致力于促进贸易规模的扩大，积极构建中希贸易的桥梁，为浙江省与希腊经贸合作注入新的活力。这一系列努力旨在不断丰富中希合作层次，推动双方在多领域的合作中实现共赢，为进一步拓宽浙江省与希腊合作面开辟了更为广阔的前景。

本章将深入研究三家浙江省企业，包括宁波帝加唯达商贸有限公司、浙江省瑞曼克斯门窗配件有限公司和宁波中东欧采购联盟，以全面了解它们与希腊之间的贸易合作状况。通过分析这些企业在贸易合作中的具体做法，揭示存在的问题，并提出相应的政策建议，旨在为更多参加国际贸易的企业提供有益的参考和借鉴。

第一节
宁波帝加唯达商贸有限公司与希腊的贸易合作

一、公司简介

宁波帝加唯达商贸有限公司于 2013 年在宁波保税区注册成立并入驻宁波进口商品中心，是帝加国际贸易（香港）有限公司在内地区域运营的主要机构。主营西班牙、波兰、罗马尼亚、希腊等国家的酒类、食品、日用品及美妆，致力于为客户提供多样化、高品质的进口商品。公司具备完整的商品进口销售流通体系。在拥有良好国际供货渠道资源基础上，面向内地区域进行进口商品批发与连锁实体店的加盟工作。为更好地提升商品竞争力，公司除依托香港母公司所处的国际贸易港外，还本着政策、地理原则，先后在上海、厦门成立了进口贸易公司，帝加公司通过网点的合理布局，直接进口清关，直接发货，严格管控进口商品的品质与物流成本，提供给各位合作商家以最大限度的支持与发展。公司目前经营的欧美、韩国、东南亚及中国等地区生产的食品、日用品约有千余种。

二、贸易合作现状

随着中国—中东欧国家合作机制和“一带一路”倡议的深入推进，希腊国家小而资源相对短缺，其经济对国外市场有着较大的依存度。海外贸易在希腊国民经济中占据着重要位置，成为经济发展的重要支柱之一。在这一大背景下，2021 年，宁波与希腊实现了进出口贸易总额 46.20 亿元，使希腊成为宁波在中东欧国家的第三大贸易伙伴，呈现出迅猛的发展态势，特别是在新能源、食品产业等领域取得了显著的进口业绩。

在这一充满机遇的市场背景下，宁波帝加唯达商贸有限公司作为宁波市贸易业的杰出代表，积极响应国家“走出去”战略，全力开拓多元化市场，着眼于希腊市场的潜力。公司在酒类、食品、日用品及美妆领域拥有多年的经验和深厚的积累，通过参与中东欧博览会等国际项目，成功与希腊等国外客户建立了长期合作伙伴关系，为公司新项目的开发和产品品质的提升提供了有力支持。宁波帝加唯达商贸有限公司的积极参与，不仅推动了中希两国在贸易领域的紧密合作，也为宁波在中东欧国家的贸易往来发挥了显著作用。公司将继续发挥其优势，深化与希腊市场的合作，不断推动双方贸易关系的深入发展，为中希两国的经济交流搭建更多的桥梁，为宁波贸易业的繁荣和壮大作出更为积极的贡献。

三、具体做法

浙江省在贸易方面采用了多元化的方法，通过积极响应国家的“走出去”战略，特别关注中国—中东欧国家合作机制和“一带一路”倡议的落实。在此背景下，宁波市着力拓展国际市场，以“一带一路”为引领，深入推进与中东欧国家的经济合作。为了提高与希腊等国的贸易合作水平，浙江省在中东欧博览会等国际项目上积极参与，通过这些平台成功与外国客户建立了长期稳定的合作伙伴关系。在新能源、食品产业等领域，浙江省通过巩固已有的贸易伙伴关系和拓展新的贸易渠道，不断推动进出口贸易的增长，实现了与希腊等国家之间的经贸合作互利共赢。

2014 年，宁波承办“中国—中东欧国家经贸促进部长级会议”和“中东欧国家特色商品展”，宁波帝加唯达商贸有限公司总经理陈薏以采购商的身份参与其中，展会上各色的中东欧展品让她兴奋不已。“我当时发现中东欧国家拥有很优质的农副产品资源。”于是，从 2015 年 11 月起，宁波帝加唯达商贸有限公司逐渐与中东欧各国建立贸易合作关系。2023 年，陈薏参与了中国国际进口博览会、青田侨博会、义乌进口博览会、深圳全球高端食品及优质农产品博览会等多个国际展会，奔波于不同国家和地区。她在深耕中东欧市场的同时，计划与希腊的老朋友共同在宁波打造集文旅与生产一体的工厂，将优质橄榄油的生产线引入国内。中东欧博览会一直以来能够为浙江省贸易商带来国外的优质产品，也能在展会上寻找更多的海外潜在经销商。作为国内采购商，陈薏每年都能通过展会开拓 1 到 2 个采购品类。作为参展商代表，她对未来充满更大期望。

除此之外，宁波进口中心还与宁波保税区进口商品市场联手，携手 20 家中东欧国家进口贸易商组成“宁波采购团”，前往希腊参加国际食品展。在展览现场，4 家宁波企业成功达成合作意向，签署了总额 1. 51 亿美元的进口订单。这一举措旨在进一步促进宁波与中东欧国家之间的贸易合作，同时鼓励希腊等中东欧国家的食品饮料企业积极参与即将在宁波举办的中国—中东欧国家博览会，以推广他们的产品。这次合作体现了宁波在加强与中东欧地区的贸易关系方面的积极态度。通过组织采购团参与国际食品展，宁波在世界舞台上展示了对中东欧国家优质产品的强烈兴趣。签署的大额进口订单不仅为中东欧国家的企业提供了广阔的市场，也为宁波本地企业拓展了多元化的进口商品来源。此外，鼓励中东欧国家的食品饮料企业参与中国—中东欧国家博览会，将为他们提供一个展示产品、拓展业务的平台。这种跨国合作不仅有助于促进贸易往来，还有助于文化交流和产业合作的深度发展。这一系列积极举措将进一步巩固宁波在中东欧国家贸易合作中的领先地位，推动双方在多个领域的互利共赢。

四、存在的问题

（一）市场风险

在大量进口中东欧国家商品的过程中，浙江省企业需要警惕市场需求的不确定性。未来市场的变化可能导致商品需求波动，若市场评估不准确，可能面临库存积压的风险。为降低这一风险，浙江省企业可通过加强市场研究、灵活调整采购计划等方式，以更好地适应市场需求的不断变化。通过及时获取市场信息，宁波企业能够更准确地预判市场趋势，有助于制定灵活的经营策略，确保库存与市场需求保持平衡，从而提高企业的市场竞争力和抗风险能力。公司未来能否继续当前的成功主要取决于能否持续优化已有服务，况且贸易行业对人才的专业性要求较高，将对人才储备提出较大的挑战，如果由于法律、资金或其他方面原因不能适应市场条件或客户需求的变化，公司产品将面临被市场淘汰的风险。

（二）质量控制风险

质量控制风险是浙江省企业在远距离采购过程中面临的一项挑战。特别是对于食品等安全性要求高的商品，质量的稳定性和符合标准成为至关重要的问题。远距离采购导致监控产品质量变得更加困难，因为企业可能无法直接观察和检查生产环境。这使得浙江省企业需要采取一系列措施来应对这一挑战。首先，需要建立完善的供应商评估流程。通过对供应商的背景、生产能力、质量管理体系等方面进行全面评估，可以降低潜在的质量风险。浙江省企业可以与供应商建立长期稳定的合作关系，通过双向沟通和信息共享，共同确保产品的质量。其次，建立严格的质量控制流程，包括在生产过程中的多个环节进行检测，确保产品符合标准。浙江省企业可以与供应商协商并制定详细的质量标准和检测方法，以便及时发现和解决潜在问题。为了进一步降低质量控制风险，浙江省企业还可以采用现代技术手段，如物联网技术、大数据分析等。通过实时监控进口产品性能，企业可以更加精准地掌握产品质量情况，及时做出调整和改进。总体而言，浙江省企业在面对质量控制风险时，需要综合运用供应商评估、定期检测和现代技术等多种手段，以确保进口商品的质量稳定可靠。通过这些措施，浙江省企业可以更加安全地进行远距离采购，为消费者提供高品质的产品。

（三）汇率波动风险

汇率作为两个国家的货币之间的比价，其变动会引起两个国家间货币价值的变动。汇率不仅受到国际货币市场波动的影响，还与本国的经济地位、市场水平等因素息息相关。由于交易涉及美元，汇率的波动可能影响进口成本和利润。随着人民币汇率市场化进程的持续推进，人民币汇率双向波动也愈发频繁和明显，汇率的变动将直接改变我国商品在国际市场上的相对价格，对出口贸易产生一定程度上的影响。宁波帝加唯达商贸有限公司拥有自营进出口权，对希腊的出口业务主要以欧元或美元进行结算，且海外业务处于持续增长中，当人民币与美元、欧元的汇率发生波动时，可能影响跨境贸易客户的购买力以及公司存在汇率兑换损失的风险。

五、政策需求

（一）实行贸易便利化政策

贸易便利化政策是促进希腊与浙江省贸易合作的关键一环。为增强希腊产品在浙江省市场的竞争力，政府可以通过逐步减少关税水平来提高其在浙江省市场的吸引力。这一措施将使进口希腊商品更具价格优势，有助于提高其市场份额。同时，简化贸易手续和加快通关流程也是贸易便利化的关键方面。政府可通过优化相关程序、缩短处理时间等方式，降低贸易成本，使希腊商品更便于进入浙江省市场，进一步刺激双边贸易的发展。另外，为了更深层次地促进贸易合作，政府可以积极推动双方签署自由贸易协定或双边投资协定。通过双边谈判，明确双方在贸易、投资等领域的合作框架，政府可确保各项贸易优惠政策的具体实施。这一步骤将为希腊产品提供更多的贸易优惠，包括进一步的关税减免、市场准入便利化等，为双方企业提供更有利的贸易环境。建立联络机制，加强信息共享和沟通，政府还可及时解决双方贸易中可能出现的问题，提升贸易合作的稳定性和可持续性。通过上述贸易便利化政策，政府将为浙江省与希腊之间的贸易合作提供有力支持，推动双方经济交流迈上新的台阶，实现互利共赢。这一系列措施有望促进两地贸易合作的深入发展，为希腊产品在浙江省取得更大的市场份额提供坚实保障。

（二）加大政策支持与保障

贸易产业的高质量发展离不开政府政策的积极支持和保障。作为国民经济的重要部门之一，海外贸易在整体国民经济发展中扮演着至关重要的战略角色。在政府的不懈推动下，我国的外贸出口额持续增长，企业自主品牌也纷纷发力。为了更好地支持外贸行业，政府的扶持政策需要具备灵活性、合理性和实际可行性等特点。为实现这一目标，政府应当持续完善相关产业政策，制定激励和支持外贸行业的全面政策体系。为创造更为优越的营商环境，政府还可以采取更加积极的手段，如降低贸易手续的烦琐程度、提高办理效率等，以进一步推动和促进贸易的合作与发展。政府在政策制定和实施中应考虑企业的实际需求，灵活应对市场变化，确保政策的可行性，最大限度地激发外贸企业的创新潜力和市场竞争力。

（三）强化要素资源供给

在积极推动要素资源整合的努力下，宁波市政府逐步深化对银行与企业的支持，着眼于优化现代金融服务，特别在互联网金融和供应链融资方面加大力度。为实现这一目标，市政府计划建设更加完善的校企合作交流平台，鼓励高校与企业展开更深层次的合作，推动技术改革创新活动，并利用丰富的师资资源和学科优势进行更有针对性的项目培训，以助推外贸企业提升供应链管理水平。为提供更全面的服务，市政府制定了一系列便民举措，致力于推动外贸基础设施一站式服务平台的建设与完善。此外，市政府以交通优势和地理位置为基础，加强了物流网络体系和外贸产业园区基础设施的完善工作，积极发展专业物流和配送中心，旨在提供更高效的配送服务、提高配送时效并降低企业运输成本。同时，市政府在战略支持方面制定了引导和推动行业大数据平台的计划，强化了产业链供应链的动态监测。通过实现相关部门数据的共享共用，市政府努力夯实行业管理的数据基础，旨在实现要素资源的高效供给。

第二节 浙江省瑞曼克斯门窗配件有限公司与希腊的贸易合作

一、公司简介

浙江省瑞曼克斯门窗配件有限公司创立于 2012 年，是一家专业致力于各类卷帘门窗、布帘、遮阳棚等配件的研发与生产的企业。为适应不断发展的需求，目前公司已建立了塑胶模具生产线、铝压铸生产线、精密五金冲压生产线、镀锌八角管生产线等多条生产线，为企业的稳步发展提供了坚实而有力的基础。公司的产品主要出口到欧洲、中东、澳洲、南北美洲以及非洲市场，覆盖了全球各个地区。公司一直秉持“质量第一、服务第一、持续改进、创新满足客户”的管理原则，将“零缺陷、零投诉”作为质量目标，不断努力提高产品的质量水平。通过不断创新和追求卓越，浙江省瑞曼克斯门窗配件有限公司已经建立了完善的生产体系，并致力于为客户提供高品质、可靠的产品。公司的产品在国际市场上取得了良好的声誉，成为同行业的佼佼者。未来，公司将继续秉承质量至上的理念，不断提升技术水平，以更专业、更创新的态度满足客户需求，为行业的可持续发展贡献更多力量。

二、贸易合作现状

宁波瑞曼克斯门窗配件有限公司本着不断追求卓越的理念，在产品研发、市场营销、合规经营、供应链交付以及服务网络等方面持续进行优化与完善，以满足客户不断变化的需求，构建起坚实的产品核心竞争力，巩固了在行业中的优势地位。公司凭借强大的研发水平和技术实力，积极布局国际市场，通过构建一体化的国际分销网络，将国内城市和企业的业务应用模式成功复制并推广至海外市场。同时，针对海外客户差异化的需求进行优化调整，致力于为海外中、高端客户提供解决方案与产品服务，逐步提升公司在海外市场的收入占比。希腊地理位置优越，吸引了众多国际知名企业在该地投资兴业。公司积极把握机遇，致力于拓展希腊市场，加强与希腊的贸易联系。针对希腊市场的需求，公司积极扩展产品线的深度和广度，注重产品的优化与升级。值得一提的是，受到海外疫情相对平稳的影响，公司的海外业务逐步正常化。宁波瑞曼克斯门窗配件有限公司此前在希腊建立的营销网络和生态基础将持续发挥效用，未来在希腊市场的业务有望拥有更大的发展空间。公司总经理丁言东在2023年多次访问希腊，与当地商户展开贸易讨论。此外，公司多次积极对接希腊经贸代表团的来访，通过向代表团展示公司的智慧安防产品及解决方案，加深与希腊客户的交流合作，为今后取得更多丰硕成果而夯实基础。

三、具体做法

（一）不断提升技术创新能力

浙江省瑞曼克斯门窗配件有限公司一直以来高度重视创新业务的培育和发展，坚持以技术创新为驱动。依托公司在门窗配件领域的技术积累，该公司专注于核心能力建设，夯实产品研发基础。通过完善的供应链整合能力和强大的市场拓展能力，积极探索，不断拓展新的高速成长领域。在面对希腊市场需求的不断变化时，快速反应，不断突破。公司充分利用自身在产品技术水平、解决方案设计、运营参与和服务支持等多方面的优势，进行全方位、多领域的渗透。公司持续加强技术创新力量的培育，以提升企业在市场的竞争力和在希腊市场的占有率。在创新的道路上，浙江省瑞曼克斯门窗配件有限公司致力于为客户提供更先进、更智能的门窗配件产品，推动整个行业的不断发展。

（二）始终坚持以客户为中心

随着时间不断推移和科技的不断进步，客户的需求也在不断演变，产品必须进行持续更新和迭代，以适应市场发展的潮流。在这一变革的背景下，浙江省瑞曼克斯门窗配件有限公司一直秉持着“以客户为中心”的核心价值观。将客户需求视为关键的驱动因素，公司依托丰富的技术积累、经验沉淀和广泛的用户基础，深入洞察、分析和布局市场数据和客户需求的变化。公司致力于精准获取客户需求、快速反应和灵活操作，通过深入了解客户需求并从解决客户问题的角度出发，实现了从研发设计、生产制造到产品和服务的一体化供给。公司专注于解决客户的痛点，真正做到为客户创造价值。为此，公司积极升级业务模式，广泛吸纳当地优秀人才，以强大的技术创新能力和领先的技术实力为支撑，组建了国际化研发团队，为海内外客户提供端对端快速、优质的服务，坚持扎根希腊市场，为希腊客户更好地创造价值。

四、存在的问题

（一）行业竞争激烈

制造业涵盖多个行业，其产品种类繁多。随着新技术和新应用的不断涌现，技术更新的速度相对较快。在门禁系统领域的应用场景中，产品要求不断提高，市场竞争愈发激烈。当前，希腊的门窗市场具有巨大的增长潜力，未来的发展空间也十分广阔。瑞曼克斯作为该行业的领军企业，面临着产品更新换代速度快的压力。企业需要紧跟技术发展趋势和行业客户需求的变化，提高产品研发的灵活性，及时调整和更新产品，以提升产品的竞争力。如果企业不能跟上技术的发展趋势和客户多样化的个性需求，不注重后续研发投入，就可能面临市场竞争力下降的风险，甚至有可能被市场淘汰。随着云计算、网络通信等技术的不断升级和发展，推动了物联网时代商业模式的兴起，进一步冲击了传统行业，加强了市场竞争。如果企业不能及时洞悉行业发展趋势，把握发展机遇，原有的市场规模和格局都有可能会被打破。因此，企业需要密切关注技术趋势和市场变化，不断创新和调整战略，以保持在竞争激烈的市场中的竞争力。

（二）语言文化障碍

语言作为沟通的基础，在国际贸易中显得尤为关键。由于客户来自不同的文化背景，其价值观、行为准则和风俗习惯的差异可能导致沟通障碍。因此，掌握一门共同语言成为确保相互交流顺畅的现实需求。在希腊，人们日常交流主要使用希腊语、法语和英语这三种语言。希腊是一个以山地为主的国家，人口分布相对分散，导致方言的复杂性。这种方言在音韵和词汇上存在差异，虽然相似但有时不易理解，可能引发误会。在面对交流困难的情况下，人们通常会借助翻译软件或者运用肢体语言来解决。若不能有效解决语言障碍和文化差异问题，将增加国际贸易合作的难度，甚至可能影响公司实现目标的进程。因此，应当认识到语言多样性和文化差异的存在，采取相应的策略和工具，以确保国际贸易合作中的顺畅沟通和有效交流。

五、政策需求

（一）加大外贸信贷投放力度

中国政府在推动与希腊及其他中东欧国家合作的企业金融服务方面，应主动引导相关金融机构依据风险管理要求及外贸企业实际经营情况，积极提供相应金融支持。为应对进出口企业的实际资金需求，政府可推动金融机构加大信贷投放力度，扩大对进出口企业的支持覆盖范围，特别是优化贸易全流程的融资服务，以解决“融资难、融资贵”的问题，满足进出口企业多元化的融资需求。鼓励金融机构设立专项转贷款资金，重点关注进出口企业的信贷融资需求，并可在授信规模等方面给予差异化处理或政策支持。为满足企业合理资金需求，建议金融机构扩大对中小微企业在价格、保单、运费等出口信用方面的保险覆盖面，以降低其回款等风险。通过化解潜在风险，有助于维护进出口企业的经营秩序。此外，政府还可以督促金融机构关注重点客群的信贷融资需求，为其提供差异化的政策支持，以促进金融服务更好地满足企业的实际需求。通过这些政策措施，有望进一步优化与希腊的营商环境，推动企业更加顺利地参与国际贸易合作。

（二）市场推广支持

中国政府可以通过在国际推介活动、专业贸易平台以及展览等多种方式积极支持企业在希腊市场的推广。这包括定期组织企业参与国际性贸易展览，提供展示和推介的机会，加强与希腊当地商会和行业组织的联系，促进企业间的交流与合作。通过建立专业贸易平台，政府可以为企业提供更多展示产品、服务以及品牌形象的机会，助力企业在希腊市场树立良好的品牌知名度。政府还可以通过举办与希腊相关的专业展览，向希腊市场推介企业的核心竞争力和创新成果，加深希腊客户对企业产品和服务的了解。此外，通过支持企业参与国际性的推介活动，提升企业在希腊市场的知名度，帮助企业更好地进入和适应目标市场，推动企业在国际贸易中取得更好的业绩。

第三节
宁波中东欧采购联盟与希腊的贸易合作

一、公司简介

成立于2021年6月8日的宁波中东欧采购联盟是由宁波外贸领军企业——中宁化集团牵头组建的，该联盟旨在整合中东欧国家的优质特色商品等，搭建物流、金融、贸易等上下游产业的通道。截至目前，联盟已聚集了120多家成员单位。其主要任务是与中国和中东欧国家的使领馆、商协会对接，整合高质量的特色商品、人文文化、旅游等领域，以促进物流、金融、贸易等供应链上下游产业的无缝对接。宁波中东欧采购联盟致力于搭建中东欧国家的企业之间的商贸合作平台，为企业提供一站式服务，包括综合咨询、进口代理、贸易融资、渠道销售以及仓储物流等。在中东欧商贸领域，联盟积极开展供应链服务、供应链商品、品牌孵化、文化交流等多方面工作，实现政、商、学、研、用的深度合作与交流。该联盟致力于推动中国与中东欧国家之间的贸易往来和经济发展，始终秉承"诚信、创新、凝聚、融合、奉献、卓越"的企业理念，积极进取，开拓创新，为客户创造价值。

二、贸易合作现状

随着"一带一路"建设不断加快和中东欧国家经贸合作示范区的深入推进，宁波与希腊经贸合作持续加强。2021年2月9日，中国—中东欧国家领导人峰会提出，"中方计划今后5年从中东欧国家进口累计价值1700亿美元以上的商品"。这既是面向中东欧国家的诚挚邀约，也是积极扩大中东欧商品进口的嘹亮号角。近年来，宁波不断加强与中东欧国家经贸合作，特别是进口贸易合作。数据显示，2021年宁波进口中东欧商品82.13亿元，同比增长220.82%。"此次成立的中东欧商品采购联盟，通过头部企业中宁化集团的集聚优势和规模效应，实现供采两端的降本增效，促进越来越多的中东欧商品开拓中国市场。"中东欧商品采购联盟组委会负责人、中宁化集团总裁陈友相告诉记者，联盟将持续做大中东欧国家的进口体量，把宁波打造成中东欧国家商品进入中国市场的首选之地。该联盟的成立为宁波与希腊之间的贸易合作提供了新的契机。通过整合中东欧国家的优质商品、文化资源和旅游业等行业，联盟为企业提供了全方位的支持与服务。在推动中东欧企业之间的商贸合作方面，该联盟发挥着桥梁和纽带的作用。不仅提供了一站式服务，包括综合咨询、进口代理、贸易融资、渠道销售及仓储物流等，还着力推动供应链服务、供应链商品、品牌孵化、文化交流等多领域的深度合作。这一合作的背后是“一带一路”倡议的推动，使得中东欧国家在中国市场上有了更为便捷的合作通道。而宁波中东欧采购联盟的积极推动和服务，进一步加速了这一合作的步伐。在未来，随着“一带一路”建设的不断推进和宁波中东欧采购联盟的深入拓展，可以预见宁波与希腊之间的贸易合作将继续取得新的突破。这种合作形式不仅有助于中东欧国家优质商品进入中国市场，也为宁波企业提供了更多的机会走向国际，实现互利共赢的局面。

三、具体做法

采购联盟的功能不仅局限于组织相关人员集体前往中东欧国家进行采购，而是以对接中国和中东欧国家使领馆、商协会为基础，通过整合优质特色商品、人文文化、旅游等多个行业，全面打通物流、金融、贸易等供应链上下游产业。该联盟致力于提供综合咨询、进口代理、贸易融资、渠道销售以及仓储物流等一站式服务。据中东欧商品采购联盟总裁陈友相介绍，中东欧商品采购联盟的核心目标是在中国市场打造中东欧商品进口的龙头地位。通过整合供应链产品和服务、统一销售渠道、优化产品选品、实施集中采购等策略，该联盟的使命在于为消费者提供更为便捷、经济实惠的中东欧特色商品。

陈友相强调，采购联盟所倡导的“集买集卖”模式有助于企业获取更多优质商品，并通过规模效应实现采购成本的降低，从而为消费者提供更高性价比的购物体验。采购联盟还将专注于汽配、酒水、乳制品、粮油等特色品类，致力于将更多中东欧国家优质资源引入中国市场，以拓宽市民的选择范围。这一联盟的战略聚焦和特色品类选择将为中国市场带来更多中东欧商品，同时为中东欧国家企业提供进入中国市场的便利通道。通过提升采购规模和优化供应链，采购联盟旨在推动中东欧国家商品在中国市场取得更大的成功。

2023 年 3 月 16—20 日，宁波市商务局组织代表团前往希腊进行一场密集的经贸交流访问。此次代表团的主要任务包括宣传推介即将举行的中国—中东欧国家博览会，并积极推动相关的招商和招展工作。除此之外，代表团还组织企业参加希腊国际食品展，旨在通过与希腊企业的深入交流，洽谈采购业务，拓展合作领域。为了更好地促进中希两国企业的交流与合作，代表团还精心安排并成功举办了专场对接会。在这场对接会上，备受关注的是中东欧商品采购联盟与希腊出口商签署的一系列重要合作协议。这些合作协议的总价值高达 5000 万美元，充分彰显了中东欧商品采购联盟在推动国际贸易合作方面的巨大潜力。这也是双方深化合作、拓展贸易渠道的重要里程碑，对于进一步促进中希两国之间的经济往来具有积极的意义。此次经贸交流访问不仅为宁波市商务局搭建了与希腊开展更加紧密合作的平台，同时也为中国—中东欧国家博览会的成功举办提供了有力支持。这一系列的交流活动将进一步促进双方在贸易、投资等多个领域的合作，推动中希两国经济关系走向新的高峰。

四、存在的问题

（一）贸易人才短缺

人才一直被视为推动产业发展的不可或缺的要素，贸易行业也不例外。在宁波现代航运服务业的发展过程中，人才短缺问题愈发凸显，成为该行业面临的核心难题之一。随着与各国的贸易量不断攀升和全球海运业的迅猛发展，对贸易从业者的要求日益提高，不仅需要精通相关技术，还需要掌握多种复合性专业知识、熟知各类国际规则。尽管浙江省地区有一些专业的贸易类高校设立了相关专业，但从人才培养的角度来看，培养层次和数量并不能满足现代贸易服务业未来发展对人才的迫切需求。近年来，随着中国人口红利逐渐消失、高级从业人员培育体系规划的不完善，以及年轻从业者由于行业压力陡增导致从业意愿降低等多方面因素，贸易行业人才的供给明显不足，导致了贸易行业出现人才紧缺、供不应求的局面。随着公司经营规模的扩大、国际贸易业务结构的优化以及贸易形式的不断更新，对于贸易管理、高级从业人员等贸易人才的需求也在急剧增加。面对贸易行业高端专业人才的不足，这将不可避免地影响公司的运营业绩和核心竞争力，对公司未来的可持续发展产生不利影响。因此，加强贸易类高端专业人才的培养和引进显得尤为迫切，以满足行业不断升级和发展的需求。

（二）物流运输成本增加

随着商品贸易量的不断增长，全球海运市场迅速崛起，然而，这一繁荣的背后伴随着海运承载能力的亟待提升和运输成本的不断攀升。近年来，一系列因素如全球疫情、局部热战以及美国和欧洲国家对俄罗斯的制裁加剧等，共同对全球供应链造成影响，导致国际油价持续高位运行。由于国际物流对燃油需求量大，这进一步推动了船运费用的上涨，也使得运输成本不断攀升，给公司的运营成本带来了进一步的压力。这一现象表明贸易量的增长带来了双重压力，既提升了运输需求，也导致了运输成本的不断攀升。因此，公司在经营中需要谨慎应对这一挑战，采取有效的战略来平衡运输成本的增加。这可能需要考虑优化物流方案、寻找更经济高效的运输方式以及灵活调整供应链策略，以降低整体运营成本，确保公司在竞争激烈的贸易市场中依然具有竞争力。

五、政策需求

（一）加强贸易人才培养

贸易行业人才的培养管理部门应当加强统筹协调力度，实时掌握贸易人才市场供需状况和国内外贸易人才专业变化。针对贸易市场中的紧缺人才岗位，及时调整和制定相关人才培养规划和激励政策，推动贸易人才职业规划与支持体系的完善。同时，加大对贸易人才及相关培养院校的扶持力度，强化与企业合作，以确保相关专业设置与贸易市场需求的有效对接。

政府相关部门应实时维护和更新贸易人才信息网络平台和服务平台的数据，定期发布贸易人才需求指数、企业招聘岗位、薪酬参考指数等市场信息。建立贸易人才培训、就业与再就业公共服务平台，加强对贸易人才市场的监督和管理，使贸易人才队伍的管理更具信息化和精准化。为推动高端贸易人才的合理流动和科学发展，政府应制定政策措施，提供更多培训和发展机会。此外，政府还可通过鼓励企业参与贸易人才的培养计划、设立奖励机制等方式，促进高端贸易人才的培养和引进。政府在贸易人才培养方面的全面支持和引导，将为贸易行业人才的科学发展提供坚实基础和重要保障。

（二）优化港口软实力

港口是基础性、枢纽性设施，是海运业发展的重要支撑。宁波市的港口条件优越、产业实力雄厚、运输市场成熟，多个国家级开放平台的集聚叠加优势，也为宁波开拓“一带一路”沿线、中东欧国家等新兴市场提供了强大助力。宁波想要发挥港口硬核力量，打造世界一流强港，需要在软实力方面进一步优化，如强化港口服务的专业性和高效性，通过提供更为便捷、安全、快速的货物装卸、仓储、运输等服务，吸引更多国际贸易合作伙伴选择宁波港口。引入先进的物联网、大数据、人工智能等科技手段，提高港口操作的智能化水平，提升货物运输的准确性和效率。这不仅可以降低运营成本，还能增强港口的竞争力。强化与陆路、铁路、空运等多种运输方式的衔接，打造更加便捷高效的多式联运体系。这有助于提高港口的综合物流能力，吸引更多货物选择宁波港口作为交通枢纽。通过这些措施，宁波港口将能够更好地发挥其在国际贸易中的作用，进一步巩固其地区和全球港口的竞争地位，实现港口软实力的全面提升。

第四节 浙江省与希腊贸易合作的对策建议

在中国—中东欧国家合作机制和“一带一路”倡议的引领下，我国与希腊之间的贸易联系持续深化，贸易领域不断拓展。浙江省，作为中国沿海地区对外开放的战略要地，长期以来一直在积极探索与希腊的深度贸易合作。浙江省的企业积极承担起“重要窗口”建设的责任，纷纷开拓新市场，与希腊的贸易规模持续攀升，取得了引人瞩目的卓越成绩，同时积累了丰富的经验，成为中国与希腊贸易合作的佼佼者。鉴于浙江省同希腊之间优势互补的巨大潜力以及各领域合作不断拓展，这种紧密的合作直接推动了贸易往来的全面升级。贸易合作的提升空间巨大，为了充分释放这一潜能，未来浙江省与希腊之间的贸易联系有必要进一步加强和完善。具体而言，我们可以从以下几个方面展开深入研究与探讨。

一、加快构建政策支持体系

为深化与希腊的贸易合作，浙江省应进一步巩固政策基础，构建全面的政策支持体系和协调机制。为实现商品、资金、人才、信息的畅通流动，浙江省需积极实施融资、外汇、通关、用地等方面的全面支持政策，以确保贸易合作的有序推进。在外贸政策方面，应不断优化，特别是在融资、外汇、通关、用地等领域，制定更为精细化的政策，以保障希腊商品在浙江省市场的无缝贸易进出。同时，鼓励并支持贸促会和行业组织在希腊建立贸易促进机构和商会联系机制，通过设立分支或办事机构提供全方位服务，助力浙江省企业更便捷地进行跨国战略布局。针对中东欧国家的贸易潜力，加大对希腊经贸合作的政策宣传和对希腊商品的宣传力度，通过推介会、展览等活动营造有利于双方贸易合作的氛围，确保信息畅通。

在内外贸政策环境上，浙江省应不断优化相关政策，为资金支持希腊商品营销企业完善内贸分销体系创造更优越的条件。通过细化贸易政策，鼓励企业加大对希腊商品的推广和市场开发，确保贸易合作的顺利进行。同时，加大对企业的信贷支持力度，鼓励金融机构提供更多金融、保险等服务，助力企业更好地“走出去”。浙江省应制定相关金融政策，为贸易合作提供充足的资金支持，降低企业经营的融资成本。为方便希腊商品通关，浙江省将创新货物通关通检政策，建立绿色通道，为希腊商品提供更便捷的口岸通道。简化通关手续，提高通关效率，确保商品能够及时进入浙江省市场。同时，应建立健全的人才培养机制，通过政府主导、院校支持和企业共建的运作机制，培养更多适应经贸合作需求的综合性人才。推动高校与企业深度合作，开展人才培训项目，确保企业能够拥有更多具备国际化背景和专业素养的人才。这一系列的政策和机制的建立将有助于进一步提升浙江省与希腊之间的贸易合作水平，促使双方在经济合作中取得更为可喜的成果。

二、积极搭建贸易合作平台

为促进浙江省与希腊之间经贸合作的深入发展，必须强化支持体系，通过平台优化资源配置、提升各方效率。深化互联互通平台，充分发挥中国—中东欧国家博览会、希腊—宁波经贸合作洽谈会等平台作用，实现双方技术、资金和市场资源的有机互补，扩大经贸合作的渠道和领域，构筑希腊与中小企业对接合作的桥梁。全面推进中国—中东欧国家经贸合作示范区建设，使中东欧工业园、中东欧贸易物流园、中东欧青年创业创新中心等平台充分发挥作用，重视宁波舟山港、中国（浙江省）自由贸易试验区、义乌“国际小商品之都”、阿里巴巴等平台的建设。深入挖掘与希腊的贸易合作潜力，实现传统国际贸易和跨境电商贸易的快速发展，强化与希腊贸易合作的广度和深度。积极打造希腊商品常年馆等专业贸易平台，推动建设希腊特色产品品类，促使希腊企业以更为便捷、高效的方式实现对华出口。同时，完善贸易合作机制，定期或不定期地在双方国家举办特色商品的展示、推介活动，为双方企业的贸易合作牵线搭桥，实现经贸上的互利共赢。通过这些措施，将有助于不断深化浙江省与希腊之间的经贸合作，促进双方经济的共同繁荣。

三、助力企业提升出口竞争力

中希两国之间存在一定的经济总体发展水平差距，然而，它们的产业结构却呈现较为明显的互补性。在浙江省与希腊贸易合作逐步深化的过程中，企业应当积极把握发展机遇，主动拓展在希腊市场的业务。在这一过程中，企业应以希腊市场的实际需求为导向，深入进行市场分析和预测，并根据市场调研结果精心制定相应的生产和营销策略，以确保能够为客户提供更高质量的产品和全方位的服务，从而不断拓宽和巩固市场份额。随着市场竞争的不断升级，企业在贸易合作中必须持续掌握核心技术，以保持竞争优势。为此，企业需要强化创新要素，提升产品附加值，促进创新要素的流动，增强技术创新能力，加大研发投入，激发创新活力。这一系列努力旨在推动高技术、高质量、高附加值产品的出口，不断更新企业的核心竞争力，提高在市场中的竞争力。同时，企业还应积极推动数字化的生产经营模式，以提高整个产业链的效率，降低生产成本。

在与希腊的经贸合作中，企业对外贸人才和综合性人才的需求日益增加。为此，企业应与政府、高校等多方合作，共同构建人才培养体系，深化产业与教育的融合，推动人才与企业、项目、资本的有机对接。通过加强企业内部人才培养和引进工作，将高技能人才的培养纳入企业发展规划，并进一步加大对高技能人才的激励力度，从而推动人才队伍建设向更高水平发展。在新的经济形势下，浙江省与希腊贸易合作的初衷是合作共赢、共同发展，这是符合双方长远利益的必然选择。随着浙江省与希腊贸易合作需求和共同利益的不断扩大，贸易合作的潜力将持续激发。深入推进浙江省与希腊的贸易合作将会发挥乘法效应，为浙江省外贸发展提供更加广泛的市场。

展望未来，浙江省与希腊贸易合作将更为稳健、实质、深远。

第三篇

浙江省与希腊的投资合作

第六章

浙江省与希腊投资现状

浙江省经数十年不断努力，成为了中国的经济大省乃至经济强省。这一成就，很大程度上归功于浙江省长期以来对投资的重视以及对重大项目建设的持续推进。在浙江省的发展历程中，投资一直是推动经济增长、促进产业升级和区域发展的关键因素。与此同时，希腊，作为一个对外开放程度较高的国家，其经济发展在很大程度上依赖于对外贸易、对外投资以及引进外资。希腊的战略地理位置、丰富的自然资源和开放的经济体制，使其成为国际投资者，特别是中国投资者的理想目的地。本章将从浙江省与希腊的双向投资规模、双向投资领域、双向投资动机三个维度来探讨浙江省与希腊的双向投资。

第一节
浙江省与希腊双向投资规模

一、浙江省与希腊双向投资总规模

（一）浙江省外商直接投资

浙江省作为我国东部沿海地区的经济大省，产业实力雄厚，人才供应充足，经济发展动力强劲，经济总量常年位居全国前列。自党的十八大以来，浙江省响应国家政策，积极适应国际和国内形势的变化，按照省委和省政府的工作要求，全力打造高质量的外资吸引区域。在这一过程中，省政府坚定地贯彻了“引进来”和“走出去”并重的发展战略，积极优化外贸结构，并不断创新吸引外资的方式。同时，外资管理水平也得到了显著提高，外资投入的质量和效益逐步提升。

同时，浙江省正在积极推动外资在省内的产业结构优化。这一举措鼓励外资更多地投资于先进制造业和战略性新兴产业，同时促进服务业的进一步开放。浙江省依托数字经济和生物医药等领域的发展优势，特别支持外资企业在省内设立地区总部和功能性机构。浙江省还加强了对外资企业的技术创新支持，鼓励他们申请高新技术企业认定，并提供更大力度的吸引外资研发中心。此外，外资研发中心可以享受进口税收政策，进一步提高了浙江省对外资的吸引力。

浙江省也在不断优化外商投资的环境。近年来，浙江省加大了对外资企业的法律保护力度，维护外商投资的合法权益。浙江省全面加强了知识产权的保护，建立了外资企业投诉工作机制，依法受理外资企业的投诉事项，并落实了外资企业国民待遇。这一系列措施旨在维护公平竞争秩序，确保外资企业能够同等享受助企纾困相关政策。外商投资服务保障体系也在不断完善，外资企业平等享受助企纾困扶持政策。例如，提供减免外商企业税收和补贴等优惠政策，这些政策吸引了大量外资流入浙江省。外商直接投资对浙江省经济的重要性不言而喻，因此本节选取了2012—2022

年浙江省外商直接投资的数据进行分析。

如表 6－1 所示，2012 年浙江省外商直接投资为 13070 百万美元，之后一路稳定上升，从 2013 年的 14160 百万美元上升至 2018 年的 18640 百万美元。但受 2019 年的疫情影响，2019 年浙江省外商直接投资出现了大幅度的下降，下降至 13560 百万美元，比 2018 年的 18640 百万美元下降了 5080 百万美元。虽然全球受新冠疫情的影响较为严重，但疫情对中国经济的影响短期来看总体是可控的。浙江省作为东部沿海的发达地区，疫情防控也是取得了很好的成效。2020 年浙江省的外商直接投资不但没有继续下降，反而一路上升达到 15780 百万美元。2021 年浙江省外商直接投资规模再创新高，达到 18340 百万美元。从 2012 年的 13070 百万美元升至 2021 年的 18340 百万美元，10 年间增加了 5270 百万美元，表明了浙江省作为中国东部沿海高水平经济发展地区，其优越的投资环境在吸引外资方面取得显著成就。

表 6－1　　2012—2021 年浙江省外商直接投资额　　单位：百万美元

年份	外商直接投资额
2012	13070
2013	14160
2014	15800
2015	16960
2016	17580
2017	17900
2018	18640
2019	13560
2020	15780
2021	18340

资料来源：国家统计局。

总结而言，外资在浙江省已经成为有效投资的重要组成部分，广泛涉足浙江省各个经济领域。它提高了全球资源配置的能力，涵盖了资本、创新、信息等要素，成为浙江省技术进步和产业升级的主要推动力量。此外，外资还在稳定产业链、供应链、外贸和就业方面发挥着重要作用。2021 年，浙江省有出口和进口业绩的外资企业数量占全部进出口企业的

7.31%，贡献了16%的进出口额，外资企业在浙江省提供了超过145万个就业机会。

此外，在吸引外资方面，浙江省的高质量外资项目不断汇聚，自贸试验区、开发区等开放平台的引资功能不断强化。开发区（园区）持续发挥利用外资的主要阵地作用，自2012年以来，省级以上开发区实际吸引外资的比重一直稳定在55%左右。近年来，开发区充分发挥了全国首创的产业链“链长制”优势，积极推动整合升级，着力打造国际产业合作园，取得了在吸引高质量外资方面的显著成果。外资保障体系也在不断完善，这一切进一步证明了浙江省在外商投资方面取得了卓越的成绩，成效明显。

目前，浙江省外商直接投资有以下特点：

第一，浙江省吸引外商直接投资的来源相对集中，以来自美国的投资为主要来源，其次是中国香港和台湾地区，同时还包括来自亚洲国家如日本和韩国等国的投资。这种集中的投资来源表明浙江省在吸引外资方面在一定程度上依赖于特定国家和地区的资本。

第二，浙江省的外商投资方式逐渐呈现出以独资为主的趋势，这对于优化企业管理形式和引入创新的企业管理理念都发挥了重要作用。独资投资模式使外资企业更加自主地决策和运营，有利于提高企业的竞争力和创新能力。

第三，外商投资在浙江省的投资方向逐渐向第三产业倾斜，反映了浙江省在适应我国新时期经济发展模式方面取得的进展。这表明浙江省在吸引外资方面更加注重发展现代服务业、科技创新和高端制造业等领域，以推动经济的结构升级和可持续发展。

（二）中东欧国家外商直接投资

本章分析了中东欧国家的外商直接投资情况。作者选取了2012—2021年中东欧国家外商直接投资的数据，资料来源于联合国贸易和发展会议（UNCTAD）。其中包括希腊、波兰、捷克、匈牙利、斯洛伐克、罗马尼亚、保加利亚、北马其顿、斯洛文尼亚、克罗地亚、塞尔维亚、波黑、阿尔巴尼亚、黑山14个国家的数据。分析可得，中东欧国家外商直接投资总额呈现波动式上升的状态。2012年，中东欧国家外商直接投资总额达到4989百万美元，之后一直处于下降趋势，2013年下降至2402百万美元，随后在2014年上升至4216百万美元，在2015年下降至近10年最低点，2015年中东欧国家外商直接投资总额仅1533百万美元，这表明在该段时间里中东欧国家外商直接投资额较低，吸引外资的能力较弱。从2016年起，中东欧国家外商直接投资有回升的趋势，2016年中东欧国家外商直接投资总额达到3584百万美元。虽然在2020年受全球新冠疫情的影响，外商直接投资额有略微的下降，但从总体情况来看，中东欧国家的外商直接投资在近几年有着逐步上升的趋势。中东欧国家的外商直接投资从2017年的4395百万美元升至2018年的5656百万美元，但随后又出现下滑，2019年下降至5201百万美元，2020年更是受疫情影响下滑至4465百万美元，后来由于经济从新冠疫情的影响中逐渐恢复，2021年中东欧国家外商直接投资又呈现大幅度的上升，2021年上升至6215百万美元。

综合以上数据分析可以看出，中东欧国家的外商直接投资呈现一系列显著的趋势和特点。首先，随着中东欧国家不断调整外资政策，特别是积极响应中国“一带一路”倡议，以及采取一系列适应市场经济的改革举措，这些国家逐渐为吸引外国直接投资创造了有利条件。这一政策环境的变化引发了外商投资的明显增长，为中东欧国家经济的发展注入了新动力。中东欧国家全面改善了经商和投资环境，使其在国际竞争中更具吸引力。这些国家采取了一系列措施，包括简化行政程序、提高法律法规透明度、加强知识产权保护等，为外国投资者提供了更为稳定和友好的经济和法律环境。这些改善措施吸引了大量外国投资者前来中东欧国家投资，进一步促进了外商直接投资的增长，并保持了相对稳定的增长趋势。这一趋势为中东欧国家带来了更多的投资和合作机会，推动了其经济的发展和现代化建设。在全球经济一体化的大背景下，中东欧国家将继续在吸引外商直接投资方面发挥积极作用，为本地区和国际市场的合作提供更多可能性。

通过表6-2、图6-1和图6-2的数据整理可以发现，希腊的外商直接投资总额相对于中东欧国家的外商直接投资总额较小。在2012年，希腊的外商直接投资总额占中东欧国家外商直接投资总额的比例为3.49%。然而，随后的几年，这一比例逐渐上升，显示出一定的吸引力。在2013年，希腊的外商直接投资占比上升到11.73%，但之后再次下降至2014年的6.37%和2015年的8.27%。2016—2018年，希腊的外商直接投资占比分别为7.71%、7.93%和7.02%。然而，在2019年，希腊的外商直接投资占比再次上升至9.65%，随后在2020年下降至7.20%，最终在2021年占比达到10.18%。

表6-2　2012—2021年中东欧国家外商直接投资总额及希腊占比

年份	中东欧国家外商直接投资总额（百万美元）	希腊占比（%）
2012	4988.84	3.49
2013	2402.14	11.73
2014	4216.13	6.37
2015	1532.63	8.27
2016	3584.35	7.71
2017	4395.22	7.93
2018	5656.24	7.02
2019	5200.91	9.65
2020	4464.78	7.20
2021	6214.63	10.18

资料来源：联合国贸易和发展会议（UNCTAD）。

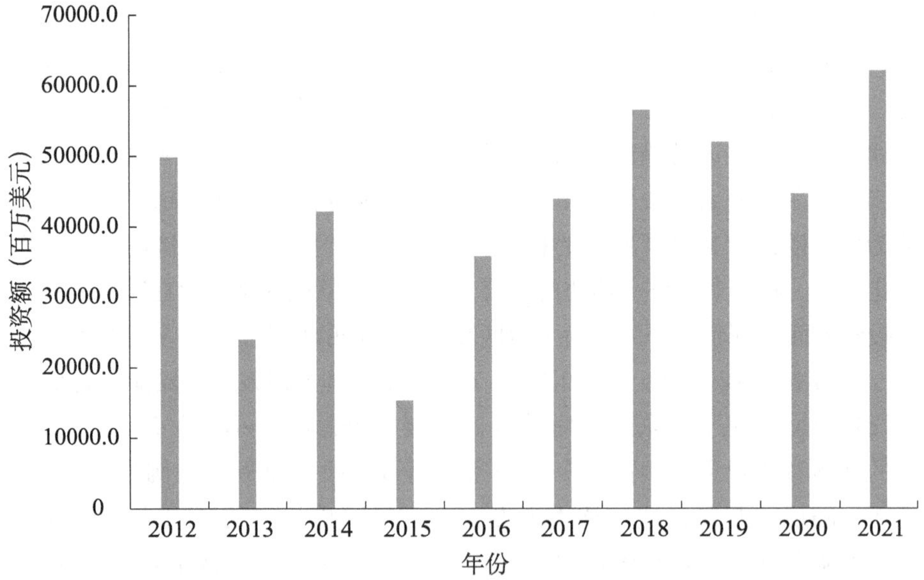

图6-1　2012—2021年中东欧国家外商直接投资总额（百万美元）

资料来源：联合国贸易和发展会议（UNCTAD）。

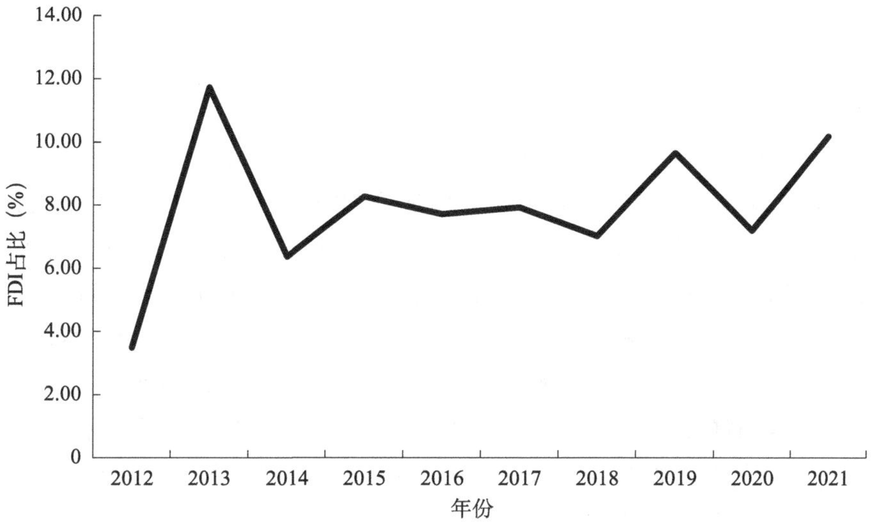

图 6-2　2012—2021 年希腊 FDI 在中东欧国家 FDI 中占比

资料来源：联合国贸易和发展会议（UNCTAD）。

通过以上数据分析，可以明显观察到希腊在中东欧国家的外商直接投资占比相对较小，且呈现出一定的年度波动。尽管在某些年份，希腊的外商直接投资占比有所上升，但总体来看，相对波动较为明显。这反映出希腊在吸引外国直接投资方面还存在一些潜在挑战和机遇。

希腊政府可以积极采取措施，进一步提高国家的外资吸引力。这包括改善投资环境，简化投资程序，降低投资障碍，以及提供更多激励政策，如减税措施或优惠条件，以吸引更多外国投资者。希腊政府还可以与国际机构和投资者建立更紧密的合作关系，共同推动希腊成为一个具有潜力和机会的投资目的地。希腊政府可以进一步推动与中东欧国家的经济合作和贸易，以增强该地区的经济联系。这可能包括参与“一带一路”倡议，通过基础设施建设和贸易合作吸引更多外国投资。希腊政府可以加强与周边国家的经济和政治合作，以提高整个地区的稳定性和吸引力。尽管希腊在吸引外商直接投资方面面临一些挑战，但政府采取积极的措施和战略，可以进一步提高其外资吸引力，推动外商直接投资的增长，从而促进国家经济的发展和繁荣。

（三）浙江省对外投资

本节提供了2012—2021年浙江省对外投资数据（境外企业中方投资额），资料来源为浙江省商务厅（详见表6－3和图6－3）。

2012年，浙江省的对外投资额仅为3892.35百万美元，随后逐年增长，从2013年的5516.48百万美元增加到2016年的16893.63百万美元，涨幅约11377百万美元。然而，在2017年出现了不稳定的情况，对外投资额急剧下降，降至9942.07百万美元，表明2017年浙江省对外投资相对较弱，投资额有所减少。然而，2018年，浙江省的对外投资大幅增长，达到18380.90百万美元，较2017年增加了约8739百万美元，这显示出2018年浙江省的经济状况良好，积极推动了对外投资。然而，自2019年开始，浙江省对外投资逐步减少，从2019年的11908.53百万美元下降至2021年的8990.89百万美元。

总的来看，浙江省的对外投资经历了一个不稳定的时期，但整体趋势呈波动上升。在投资方向上，浙江省特别关注"一带一路"共建国家，对RCEP区域和欧洲市场也表现出日益热衷，而北美市场则相对降温。在投资领域上，制造业吸引了超过七成的投资，而新能源产业也迅速崭露头角。在项目规模上，汽车和医药制造领域的并购表现出色，为浙江省的对外投资带来了显著成果。通过并购方式进行制造业对外投资，有助于引进国际先进技术，扩大市场份额，提高企业的国际竞争力，以及稳定我国产业链的发展。此外，投资主体主要是民营企业，特别是一些在"一带一路"倡议下崭露头角的民营企业，它们的国际竞争力逐渐增强，为浙江省的对外投资注入了新的活力。

表6－3　　2012—2021年浙江省对外投资总额　　单位：百万美元

年份	对外投资
2012	3892.35
2013	5516.48
2014	5814.88
2015	13988.27
2016	16893.63
2017	9642.07

续表

年份	对外投资
2018	18380. 91
2019	11908. 53
2020	11029. 77
2021	8990. 89

资料来源：浙江省商务厅。

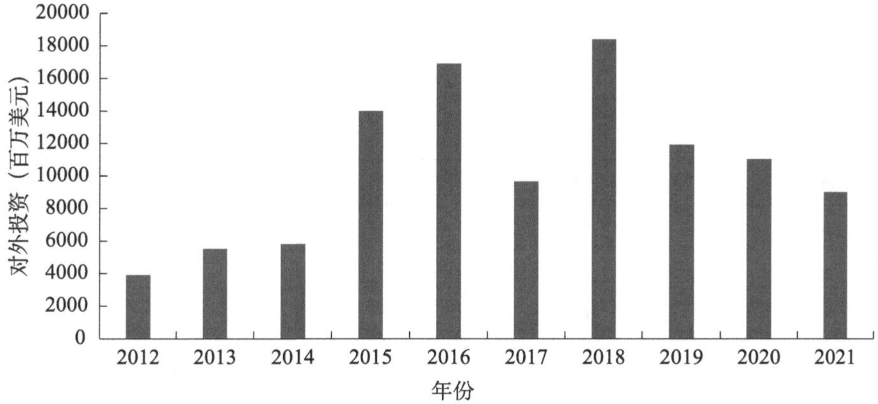

图 6－3 2012—2021 年浙江省对外投资总额

资料来源：浙江省商务厅。

（四）中东欧国家对外投资

我们选取了 2012—2021 年中东欧国家对外投资的数据进行分析（见表 6－4 和图 6－4），资料来源于联合国贸易和发展会议（UNCTAD）。其中包括希腊、波兰、捷克、匈牙利、斯洛伐克、罗马尼亚、保加利亚、北马其顿、斯洛文尼亚、克罗地亚、塞尔维亚、波黑、阿尔巴尼亚、黑山 14 个国家的数据。分析可得，中东欧国家对外投资总额呈现非常不稳定的状态，起伏较大，特别是在 2012—2015 年波动明显。2012 年，中东欧国家对外投资总额达到 17501. 87 百万美元，2013 年大幅度下降至 4526. 43 百万美元，下降了约 12975 百万美元。2014 年又发生大幅度的上升，上升至 14066. 41 百万美元，2015 年却又下滑，甚至下降至－5689. 24 百万美元。由此可见，在 2012—2015 年，中东欧国家对外投资情况是极具不稳定性。自 2016 年起，中东欧国家对外投资总额逐年上升，虽在个别年份有略微的下降，但总体上情况稳定。2016 年，中东欧国家对外投资 2938.29 百万美元，2017 年上升至 12604.59 百万美元，之后 2018 年上升至 15448.12 百万美元，但之后的 2019—2021 年略有下降，2021 年下降至 11715.36 百万美元。

表 6-4　2012—2021 年中东欧国家对外投资总额及希腊占比

年份	中东欧国家对外投资总额（百万美元）	希腊对外投资总额占比（%）
2012	17501.87	3.87
2013	4526.43	-17.36
2014	14066.41	21.46
2015	-5689.24	-27.74
2016	2938.29	-56.73
2017	12604.59	1.33
2018	15448.12	3.09
2019	11825.63	5.43
2020	10501.02	5.23
2021	11715.36	9.47

资料来源：联合国贸易和发展会议（UNCTAD）。

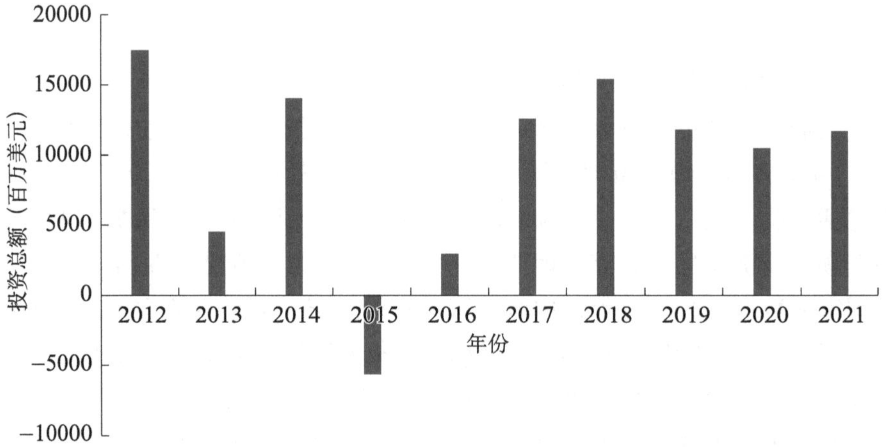

图 6-4　2012—2021 年中东欧国家对外投资总额

资料来源：联合国贸易和发展会议（UNCTAD）。

同时数据显示，希腊的对外投资总额在中东欧国家对外投资总额中的占比相对较小。如表 6-4 和图 6-5 所示。

在 2012 年，希腊对外投资总额占中东欧国家对外投资总额的比例仅为 3.87%，但之后，希腊的对外投资占比出现了较大波动。2013 年希腊的对外投资占比下降至 -17.36%，2014 年略有回升，上升至 21.46%，然后在 2015 年又下降至 -27.74%。2016 年占比更是下降到 -56.73%，之后几年一直处于缓慢上升的阶段，2017 年上升至 1.33%，2018 年的占比为 3.09%，2019 年占比上升至 5.43%，2020 年占比为 5.23%，2021 年占比最终上升至 9.47%。总的来说，受国内外部环境和经济状况的影响，希腊的对外投资占比在过去 10 年内经历了明显的波动。希腊政府可以进一步改善投资环境，提供更多吸引外资的政策支持，以继续推动希腊对外投资的增长，促进国内经济的发展。

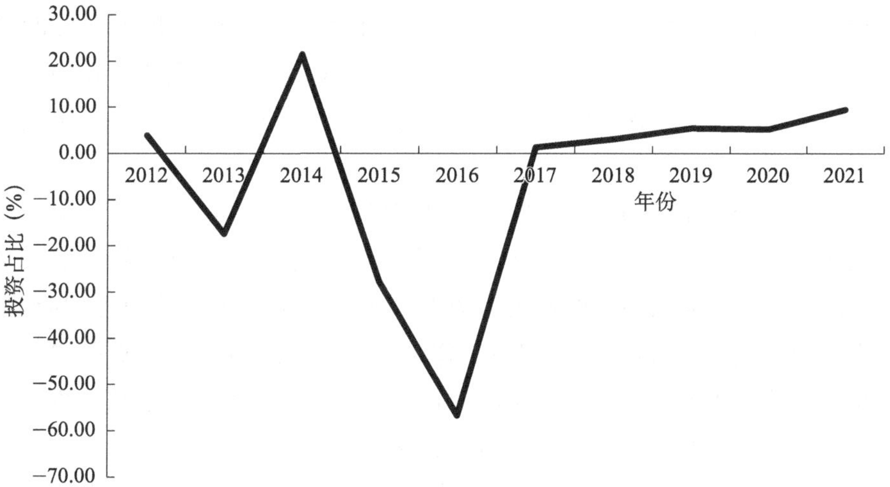

图 6-5　2012—2021 年希腊对外投资总额在中东欧国家对外投资总额中的占比

资料来源：联合国贸易和发展会议（UNCTAD）。

二、浙江省与希腊投资合作现状

（一）浙江省对希腊投资

希腊一直是与中国保持着紧密外交关系的欧洲国家之一，事实上，它被认为是欧洲地区与中国关系最好的国家之一。然而，回顾到 2012 年之前，中国在希腊的投资几乎可以忽略不计。但随着 2012 年中国—中东欧国家合作机制的启动，中国投资者对希腊的投资兴趣开始迅速增加。

2013 年，中国提出“一带一路”倡议，进一步密切了中希两国之间的贸易关系。希腊的地理位置非常独特，它位于连接着欧亚国家的重要枢纽和通道上，成为了“一带一路”在欧洲的重要节点。希腊迅速响应了中国“一带一路”倡议，并在欧洲地区率先实施了“一带一路”中欧布点战略。该战略主要针对那些有意向开拓欧洲市场的中小企业家，通过为他们提供更多机遇，促进了中国企业在希腊的发展合作，最终实现了“互补双赢”的局面。在双边协议方面，中国与希腊两国签署了一系列有利于经贸合作的协定和条约，这些协议包括部门间合作协定、经济合作协定、避免双重征税协定以及投资促进协定等。此外，双边经贸联委会的成功举行、两国商协会之间合作协议的签署，以及企业家理事会的成立等活动都对两国的经贸关系发展起到了积极作用。这一系列举措激发了企业家合作投资的热情，中希两国相互投资规模虽然不大，但出现了积极向好的势头。这不仅创造了数以千计的就业岗位，还有效地带动了企业所在地社会经济的发展。这一强劲的经济合作势头为中希两国之间的友好关系奠定了坚实的基础。

自 2013 年中国国家主席习近平提出共建“丝绸之路经济带”和“21 世纪海上丝绸之路”倡议以来，近 10 年的时间中，“一带一路”倡议在世界范围结出累累硕果。而作为沿海开放大省的浙江省，从理念到蓝图、从方案到实践，“一带一路”建设工作也不断迈向新台阶。希腊是“一带一路”战略的重要站点，作为希腊的合作伙伴，浙江省与希腊双向投资密切、经贸往来密切，希腊是浙商淘金的热土。

在 2019 年的中国—中东欧国家博览会上，希腊驻华大使埃夫耶尼奥斯·卡尔佩里表示，希腊代表团旨在通过希腊作为主宾国的机会，大力推动与中国生产商和各专业人士在中国建立起更广泛的联系，并进一步加强人与人之间的交流。近年来，在“一带一路”建设和中国—中东欧国家合作机制的有力推动下，中国与包括希腊在内的中东欧国家的合作内容越来越丰富，合作的关系也越来越紧密。浙江省的开放程度高，投资环境好，经济活力强，在参与“一带一路”建设方面走在全国前列，与希腊的友好合作基础十分扎实。

浙江省作为中国对外开放的领头羊，正积极投身于构建“一带一路”的重要枢纽。浙江省与中东欧地区的经贸合作蓬勃发展，取得了显著的产业合作成果。尤其值得注意的是，尽管全球疫情带来了不小的冲击，但中国与中东欧国家的经贸合作却逆势增长，这为浙江省创造了重要机遇。浙江省正在积极打造中国—中东欧国家合作的中心枢纽，力争高质量建设经贸合作示范区，旨在成为中东欧国家进入中国市场的重要桥头堡。浙江省贸促会以及省国际商会坚守着促进国际贸易与投资双向流动的使命，持续组织双方的合作活动。他们不仅开展国际商事法律与国际经贸信息服务，还积极应对贸易摩擦，协助企业开拓国际市场，为浙江省外向型经济的发展发挥着积极作用。中东欧国家，包括希腊在内，也积极愿意与浙江省分享机遇，展开开放合作，追求互利共赢。双方加强了在先进制造业、港口物流、商贸旅游、科技创新、绿色低碳等多个领域的合作，为推动中国—中东欧国家的经贸交流迈上了新的台阶。这一积极的合作势头将有助于深化双方关系，促进地区和全球的繁荣。

随着中国“一带一路”倡议的深入实施，浙江省与希腊的经贸合作关系不断迈向新的高度。浙江省政府和企业积极携手，共同打造了浙江省企业在海外的业务投资平台，为浙江省企业在希腊的投资提供了坚实的支持。特别值得一提的是，在 2018 年 6 月举办的第四届中国—中东欧国家投资合作洽谈会上，共推出了 177 个投资合作项目，累计投资意向金额超过 100 亿欧元，涵盖制造业、能源、农业、旅游、房地产、交通运输等多个领域。浙江省全省签约的重大内外资项目达到了 232 个，总投资额高达 3675 亿元人民币。在 2021 年举办的中国（浙江省）—中东欧贸易投资交流会上，浙江省企业与中东欧国家进一步加深了对彼此的了解，共同探讨了金融、智慧物联、新能源等领域的合作机遇，推动了浙江省与中东欧地区更加深入的经贸交流与合作。令人振奋的是，2020 年，浙江省与中东欧国家的贸易额首次突破千亿元人民币大关，占全国比重高达 14.12%。截至 2020 年底，浙江省与中东欧国家的双向投资取得了重大进展，“走出去”和“引进来”两个方向的投资分别占全国的 30.61% 和 26.22%。这些积极的合作成果不仅加强了浙江省与希腊之间的经贸纽带，也为地区和全球的繁荣发展贡献了积极力量。双方的密切合作将继续推动经济交流合作迈向更加深入的阶段。

希腊作为中东欧的框架下重要成员国，与浙江省的投资合作发展前景光明，大有可为，未来将实现量质齐升，推动浙江省与希腊务实合作不断迈上新台阶。

（二）浙江省各市对希腊投资

1. 杭州

2019 年 1 月 31 日，中国能建葛洲坝国际公司与中控太阳能公司组成的联合体与 Nur－MOH Heliothermal S. A. 公司就希腊 Minos 50MW 光热发电项目签订 EPC 框架合同。

浙江省可胜技术股份有限公司（原浙江省中控太阳能技术有限公司）成立于 2010 年，是全球领先的熔盐储能光热发电解决方案提供商，专注于塔式光热发电与熔盐储能的技术研究、装备研制与工程化应用，深度聚焦光热发电及多能互补发电业务，并积极布局以熔盐储能为核心的综合能源应用领域，致力于通过先进、高效的可再生能源利用技术，为人类社会提供高品质、低成本的绿色清洁能源。

希腊 Minos 50MW 光热发电项目位于希腊最大的岛屿——克里特岛的东南部，当地光照资源充沛。项目将采用中控太阳能公司自主研发的塔式熔盐储能光热发电技术，将当地丰富的太阳能转化为连续、稳定、可调度的高品质清洁电力，在降低当地对柴油发电依赖的同时，保护生态环境与旅游资源。

该项目是中国光热发电产业以完整的“技术＋设备＋工程”模式走出国门。其成功签约与建设，将为中国太阳能热发电走向更广阔的国际市场打下重要基础，也是希腊首个光热发电项目，对大幅提高当地清洁能源比例、保护岛内生态环境与旅游资源具有重要意义。

2. 温州

温州市积极推动国际贸易合作，特别是在建设商品集散中心方面取得了显著的成就。该市核心区全球商品贸易港的营业面积达到了惊人的 6.61 万平方米，吸引了来自 67 家品牌进口商的入驻，同时还建成了七个特色商品馆，其中包括了希腊等国家的商品馆。温州市的商品集散中心为国内外企业提供了理想的贸易平台，促进了各类商品的进出口。浙江省（温州）进口消费品博览会也获得了省级重点进口平台的批准。在 2020 年，温州成功举办了第三届浙江省（温州）进口消费品博览会，这一盛会吸引了来自 20 多个国家的 50 多位驻华使节的光临，来自 46 个国家（地区）的 302 家企业产品参展。博览会共计达成的意向成交额约为 3.65 亿元，同比增长14.06%。这一数字反映了温州市在国际贸易中的积极作用，以及其作为一个国际贸易中心的地位。

此外，温州市也积极参与中国国际进口博览会，组织了500多家企业，共计近1143名采购商参与了第三届中国国际进口博览会。在这一盛会上，温州市的企业达成的意向成交额为178百万美元，同比增长1.15%。这一成就显示了温州市在国际进口贸易方面的强大潜力和竞争力。温州市在国际贸易合作中表现出色，其商品集散中心和进口博览会等平台为促进国内外贸易、推动经济发展发挥了重要作用。

3. 宁波

自2015年起，每年都在中国浙江省宁波市举办“中国—中东欧国家投资贸易博览会”。这个博览会的主题围绕投资贸易展开，通过举办一系列的活动，包括投资洽谈、贸易展览、会议论坛以及人文交流等，旨在成为中国与中东欧国家全面合作和“一带一路”建设的重要平台。2021年1月至8月，宁波与中东欧国家进出口总额达247.41亿元，同比增长40.61%。2021年6月8日，第二届中国—中东欧国家博览会在宁波成功举办，为引领中国与中东欧国家合作交流、促进工商界互利共赢、推进“一带一路”倡议建设注入了新动能。宁波市商务局中东欧处处长余海东表示，宁波与中东欧合作走过了7年的旅程，中国—中东欧国家经贸合作示范区建设在经贸合作、平台建设、互联互通、科技合作、人文交流等方面取得了积极成效。希腊于2019年4月第八次中国—中东欧国家领导人会晤期间加入中国—中东欧国家合作机制。希腊的加入，使得中东欧地区真正成为了亚欧大陆桥从最北面的芬兰湾到最南面的地中海全线贯通。

从2014年开始，每两年一次，宁波市也会举办“中国—中东欧国家经贸促进部长级会议”。这个会议吸引了中国和中东欧16个国家的经贸部长或代表率团参加，他们就一系列议题进行深入交流，包括扩大贸易规模、促进贸易平衡发展、增加相互投资、拓宽融资渠道以及加强基础设施建设等，最终达成广泛共识。同时，中国（宁波）—希腊经贸对接会也作为第三届进口博览会的一部分举办。这个对接会是落实《中国—中东欧国家合作杜布罗夫尼克纲要》的一项重要举措，旨在增进双方的了解，加深中希友谊，并为深化中希经贸合作注入新动力。

2023年6月2日上午，宁波驻希腊雅典联络处揭牌仪式在中国—希腊投资者联合会举行。宁波市人民政府副市长李关定、宁波海曙区人民政府区长叶枝利、宁波市口岸办公室主任顾立群、宁波市商务局副局长陈利珍、宁波市外事办公室副主任焦双林、宁波经济技术开发区管委会副主任叶万档，以及希腊阿提卡省政府、雅典市政府、雅典工商会等部门代表50余人出席了当天的活动。中国—希腊投资者联合会会长夏长伟表示，今后将继续加深中希贸易文化等方面交流，协助推动宁波市与中东欧国家合作，以及中东欧博览会在希腊的推广工作。同时致力于为广大侨胞在中希贸易交流、创新创业、施展才华等方面搭建沟通交流的桥梁。

宁波正积极努力，力图成为中国与中东欧国家双向投资合作的首选地，中东欧商品进入中国市场的首选地，以及中国与中东欧国家人文交流的首选地。这一系列举措将有助于进一步促进中国与中东欧国家之间的合作与交流。宁波市人民政府也同样高度重视与希腊的交流合作，特别是在政府交流、经贸、教育、文化、旅游等领域的合作不断深化，成果日益丰硕。当前，宁波正全力推进中国—中东欧国家经贸合作示范区建设，中东欧工业园、中东欧贸易物流园、中东欧青年创业创新中心等平台建成投用，这些都将为希腊企业在宁波投资兴业以及商品扩大对华出口提供支持和服务，推进宁波与希腊的交流合作迈上新的台阶。

（三）希腊对浙江省投资

2018 年 6 月，中国—中东欧国家经贸合作示范区在宁波正式启动建设，标志着浙江省积极参与“一带一路”建设的新篇章，并成为扩大对外开放的重要平台，为浙江省经济的国际化合作提供了崭新的名片。在这一示范区的建设中，举办了中东欧国家特色商品展，召开了一系列国家级机制性会议，同时，中东欧商品贸易物流园和中东欧国际产业合作园也相继落成。此外，宁波舟山港与中东欧国家之间的“五海六港”合作机制也初步建立，为这一经济热土注入了强大的潜力。这一系列举措不仅加强了浙江省与中东欧国家之间的经贸合作，还为中国在“一带一路”倡议下的全球合作提供了重要支持。这一示范区的建设在增强地区合作、深化经济交流以及促进共同发展方面发挥着关键作用。

2021 年标志着宁波中国—中东欧国家经贸合作示范区建设启动的第四个年头。在这一时刻，宁波与中东欧国家之间的经贸关系和人文交流持续深化，展现出强大的活力和韧性，尤其是在新冠疫情影响下，合作依然保持着强劲的势头。2021 年，宁波市政府明确提出了中东欧商品进口额增长25%的工作目标，这一举措进一步巩固了宁波作为中东欧商品进入中国市场、中东欧国家与中国双向投资合作、以及中东欧国家与中国的人文交流的首选之地的地位。

希腊作为中东欧国家的重要成员，一直是宁波市的长期合作伙伴。希腊定期参加宁波市组织的各种活动，特别是中国—中东欧国家博览会暨国际消费品博览会，更是在2019年被任命为主宾国，凸显了中希双方紧密的合作关系。中东欧国家在投资、贸易、旅游等领域的需求巨大，而浙江省企业在中东欧地区的基础设施建设、装备制造等领域具备广阔的合作空间。鼓励并推动中东欧国家与中国的贸易合作，不仅满足了国际市场需求，也代表了国际贸易发展的新趋势。浙江省企业在民营经济方面实力强大，与中东欧国家具有较强的经济互补性，因此吸引了包括希腊在内的众多中东欧国家加大对浙江省的投资力度。

第二节
浙江省与希腊双向投资领域

一、浙江省与希腊双向投资领域概况

与中东欧其他国家相比，希腊对中国的投资较少。无论是中国对希腊的投资占希腊吸引外国直接投资总额的比重，还是希腊对中国的投资占希腊对外投资总额的比重都相对较小。然而，近年来，中希之间的相互投资快速增长，呈现出“规模扩大，领域多样”的特点，中国对希腊的投资领域不断扩大。在海运、旅游等诸多领域的合作取得积极进展。希腊经济稳定，在过去10年里是欧盟28个成员国中经济增长最快的国家之一，在2020年190个经济体中经商便利度排名第79位，同时三大支柱产业优势凸显，吸引了大批中国企业进驻希腊。据中国商务部统计，截至2020年末，中国对希腊累计各类投资500亿美元。

浙江省作为中国东部沿海经济大省和外贸大省，是全国乃至全球轻工业、日用消费品生产和流通的重要中心。该省拥有卓越的生产能力，具有高度的对外贸易导向，民间资本充沛，跨境电商兴盛，拥有众多有经验的

浙江省商人等诸多优势资源。浙江省经济以传统制造业和出口型企业为主，对海外市场的依赖程度很高。浙江省商人具备丰富的民间资本，灵活的投资机制，以及国际化的经营理念。

二、浙江省与希腊双向投资具体领域

浙江省是中国东部沿海的经济大省，目前与世界上 200 多个国家和地区建立了经贸关系，包括与中东欧 16 国的 40 多个城市建立了友好关系。虽然中希两国相互投资规模都不大，但出现积极向好的势头，创造了数以千计的就业岗位，且有效带动了企业所在地社会经济发展。中国—中东欧双方合作机制日趋成熟，经贸往来也不断加强。中东欧单个国家的体量不大，但加起来就是一个不可忽视的力量，产业优势互补性强，市场潜力大。目前，虽然双边贸易和投资额在浙江省开放型经济中所占比重并不大，但是与中东欧国家的务实合作仍有广阔天地，尤其是在 2021 年初中国—中东欧国家领导人峰会为如何深化与中东欧国家地方务实合作指明了方向，后续增长空间可期。浙江省与中东欧国家经济结构和产业互补性强，合作空间巨大，发展前景广阔。同时希腊与浙江省的经贸往来密切，目前，希腊具有竞争力的产业包括海运、旅游、新能源等，因此浙江省与希腊双向投资领域主要集中在这三个产业。

（一）海运业

作为巴尔干半岛的门户，希腊位于欧、亚、非三大洲的交汇之地，紧依地中海东部海域和东南欧的沿海地区，拥有地理位置的独特优势。这一特殊地理位置使希腊的港口在国际海运业中占据着重要地位。作为世界海运大国，希腊不仅拥有众多船只，还拥有庞大的运输规模，居世界领先之列。希腊的海运业在国家经济中扮演着关键角色，也是该国经济的骄傲之一。希腊拥有中东欧十六国的便利连接，位于亚欧航线上，这使其成为世界上最繁忙的海运路线之一。近年来，希腊已经成功克服了债务危机，城市发展水平大幅提升。随着比雷埃夫斯港口和巴尔干半岛匈塞铁路等基础设施建设的不断完善，希腊在海运领域的竞争力逐渐凸显。

（二）旅游产业

希腊的旅游业一直是该国经济的重要支柱，旅游业为希腊带来外汇，有助于维持国际收支平衡。自上世纪60年代以来，希腊的旅游业经历了迅猛的发展，入境游客数量持续增长。近年来，希腊政府逐渐将旅游业的重点从增加游客数量上转向提升游客的消费水平，这一举措取得了显著的经济和社会效益。希腊拥有丰富的文化遗产，作为欧洲文明的发源地，具有强大的文化吸引力。同时，希腊是地中海的明珠，风景宜人，拥有世界著名的古代历史遗迹、绚丽的自然景观、美味的地中海美食、壮丽的海滩和美不胜收的岛屿。在这里，游客可以沉浸在古老文明和现代生活的融合中，体验文化之旅和海滩度假，畅享美丽的风光和独特的文化体验。希腊的旅游资源丰富多样，每年吸引着数百万游客前来探索这个令人陶醉的国家。对于作为发达省份的浙江省而言，其居民选择前往希腊旅行相较于欧洲其他国际目的地，可以有效节省旅行预算。希腊作为欧盟国家中性价比极高的旅游目的地，满足了那些寻求有目的、有针对性旅游体验的游客的需求。这为浙江省与希腊在旅游业领域展开合作提供了坚实的基础。

（三）新能源产业

希腊位于地中海地区，享有充足的太阳能资源和出色的风能潜力。这使得希腊成为新能源项目的理想场所。同时希腊政府通过一系列政策和法规鼓励可再生能源项目的发展，包括提供财政激励、税收减免和许可简化等。希腊在太阳能发电方面取得了显著进展，特别是在分布式太阳能发电和大规模太阳能电站建设方面。这有助于减少温室气体排放，提供清洁能源。2019年1月31日，中国能建葛洲坝国际公司与中控太阳能公司组成的联合体与 Nur – MOH Heliothermal S. A. 公司就希腊 Minos 50MW 光热发电项目签订 EPC 框架合同。因为高温和干燥的气候条件，希腊极其适合光热发电。这些可再生能源技术有助于减少对传统能源的依赖，改善能源安全性，降低碳排放，为希腊的可持续发展发挥了重要作用。

同时，浙江省对于新能源产业也极其看重。《浙江省推动新能源制造业高质量发展实施意见（2020—2025年）》（以下简称《实施意见》）提出，到2025年，形成年产150GW光伏电池及组件、5GW风电整机及零部件、100GWh储能电池、5000套以上氢燃料电池装备的生产制造能力，全省规模以上新能源制造业产值达到8000亿元。《实施意见》明确，2020—2025年，浙江省新能源制造业的发展方向主要为光伏、风电、储能、氢能、核电关联以及其他新能源，恰好能与希腊丰富的光热风力资源展开进一步合作。

第三节 浙江省与希腊双向投资动机

中东欧国家地理位置特殊，是连接欧亚两大市场的桥梁和纽带，拥有较好的地区、产业、人力等投资基础，且目前正处于从新兴经济体过渡到发达经济体的阶段，有较大的发展空间。中东欧作为一个独立的区域，其中的大部分国家与中国建立了良好的合作伙伴关系，社会环境与经济发展总体上比较稳定，有着良好的经贸合作与产业对接的可能性和现实基础。而希腊在新能源产业、海运业和旅游业等领域有一定的基础和优势，同时在电气机械制造业、纺织服装业和家具制造业等领域有较大的需求，而浙江省的全球布局需求、庞大市场潜力正是可以成为吸引希腊合作的重要因素。鉴于中东欧国家企业众多、行业影响面广，这些都将成为未来拓展对中东欧地方合作，夯实经贸合作和产业对接的有利因素。

一、浙江省对希腊投资动机

随着国内经济增长速度的逐渐放缓，企业们正面临着国内市场盈利空间不断减少的挑战。在这个背景下，许多企业正在积极实施国际化战略，开展跨国经营已成为势在必行的选择。同时，中国政府深入推进“一带一路”倡议，为中国企业的“走出去”提供了历史性的机遇和有利条件。浙江省作为一个重要的经济大省，对国际化和跨国经营的趋势有着敏锐的洞察力。实施“走出去”战略对于浙江省企业来说，不仅是发展的必然选择，还有助于获取全球市场的资源和机会。特别是在与希腊这一重要国际伙伴的合作中，浙江省能够受益于希腊在新能源产业、海运业、旅游等行业的丰富资源。

希腊在吸引外资方面采取了相对宽松的政策。希腊对外国公司和个人进行当地企业并购的限制相对较少，这意味着外国企业可以更容易地在希腊境内新设公司，也可以通过收购现有企业的股权或资产来进行投资。这使得希腊在国际投资领域具有极大的吸引力，尤其是对于来自浙江省的企业而言。从分析的角度看，浙江省对希腊进行投资有着多重动机。首先，希腊作为欧洲和地中海地区的重要门户国家，为浙江省企业提供了便捷的贸易通道和市场机会。其次，希腊丰富的自然资源和旅游业发展潜力，为浙江省企业带来了丰富的投资机会。最重要的是，希腊政府的投资政策和法规环境相对开放，为中国企业提供了有力的支持和便利条件，使浙江省企业更加有信心和动力开展跨国经营和投资。

（一）效率寻求动机

效率寻求型动机的目标是利用不同国家之间的资源和成本差异，以提高企业的生产效率和降低成本。这种类型的投资在解释当前全球价值链中跨国公司的国际分工格局时起到了关键作用。通常，资本密集型和技术密集型产业更容易在发达国家找到，因为这些领域具有更高的回报率和创新性。与此相反，低报酬率、低进入门槛和劳动密集型产业更多地分布在发展中国家。这通常发生在以下两种情况下：一是企业发现在国内生产产品并将其出口至国外时，生产成本较高。为了降低这些成本，它们可以选择在国外设厂生产，从而实现成本和运输成本的降低，提高生产效率。二是企业可能会受到国内市场容量的限制，难以实现规模经济效益。在这种情况下，企业可以通过对外直接投资，将未被充分利用的生产能力转移到国外，以提高生产效率并实现规模经济效益。这种效率驱动的投资动机有助于企业在全球范围内更有效地运营和发展。

浙江省对希腊的投资，可以享受希腊作为东道国的各种优惠政策，包括土地使用、税收和投资方面的政策。这些政策为投资者提供了有利的条件，促进了跨国合作，同时也能结合当地的土地、资源和市场优势。希腊政府积极鼓励和支持研发部门的迁入，以实现规模经济效益。这种合作有助于提高生产效率和工业化水平，进而提升全球产业链的效率。浙江省到希腊进行投资不仅符合中国企业拓展海外市场和优化外部需求结构的现实需求，还有助于希腊充分利用当地资源，促进产业升级。通过在希腊投资，浙江省可以推动本地优势企业在希腊建立境外生产制造基地，按照欧盟标准进行生产，从而规避贸易壁垒。此外，鼓励机械制造业等领域的龙头企业通过投资并购、控股入股等方式获取希腊的品牌、技术、管理经验、优秀人才、研发机构、知识产权和营销网络等资源。为了实现更高水平的互利共赢，浙江省可以借助中东欧博览会、中东欧产业园、中东欧

（宁波）贸易物流园等经贸合作平台，与希腊建立常态化的沟通联系机制，了解希腊产业合作意向和需求信息，并组织各种形式的经贸交流活动。这有助于建立更紧密的合作关系，促进经济互惠互利。

（二）市场寻求动机

中国的跨国公司为追求更高的产品回报和规模效应将海外市场作为首要目标。有研究表明，中国企业的对外直接投资通常呈现市场寻求的特点，而私营企业更倾向于被市场需求推动。这些企业正在国际市场中积极寻找机遇，一方面寻求更广阔的市场，但另一方面也受到国内市场需求不足的限制。

希腊作为潜在的投资目的地具有较大的吸引力，希腊的经济增长相对稳定，多年来一直是欧盟成员国中增长最稳定的国家之一。截至 2020 年，希腊的 GDP 总量在全球排名第 47 位，人均 GDP 排名第 42 位。希腊市场潜力巨大，全民生活水平持续提高，贫富差距较小，全民收入分布相对均衡，物价稳定，环境保护得到了充分的重视，并且取得了显著改善，促进了旅游业的发展。根据国际货币基金组织的数据，希腊的消费需求正逐渐向金融服务、电子机械制造业、纺织服装业等领域转移，吸引了包括中国在内的各国进行直接投资。因此，浙江省通过在希腊投资，能够更加顺利地拓展新市场。通过对外直接投资，企业可以在东道国获得一定份额的市场，同时也有利于保护和扩大现有市场。企业在拓展出口市场一定阶段后，通过对外直接投资在当地生产和销售将更具竞争力。最重要的是，这有助于克服贸易限制和障碍。企业可以通过对进口国或第三国进行直接投资，在进口国当地生产或在第三国生产再出口到进口国，从而避免进口国的贸易限制和其他进口障碍。这将为浙江省的企业提供更多机会，拓展市场，提高生产效率，促进国际合作。

二、希腊对浙江省投资动机

据统计，截至 2021 年 3 月底，中东欧国家共在浙江省投资设立 514 家企业，合同外资 11 亿美元，实际外资 4. 51 亿美元。中东欧国家在汽车制造、造船、航空等方面有着全球领先的生产能力，与正在进行产业升级的浙江省十分契合。通过引进中东欧在服装制造业、皮革制造业、汽车零部件与配件制造业、纺织品等行业的资源，浙江省的一众产业也将乘风而起，形成在制度创新、主体培育、模式再造方面的“浙江省经验”。并且希腊在航运领域的发达程度，与浙江省偏好海上贸易的商业模式不谋而合。

（一）市场寻求动机

市场规模对于外商直接投资具有显著吸引力。研究表明，随着东道国市场规模的扩大，吸引外国直接投资的机会也会相应增加。因此，国家或地区通常会选择前往市场规模较大或潜力较高的国家，以拓展他们的国际市场。在希腊的情况下，该国主要出口矿产品至欧洲和中国等地。特别是在2019年上半年，希腊对中国出口额达4.23亿美元，占其对中国总出口额的77.81%。这表明浙江市场在希腊出口中的重要性，中国巨大的消费市场成为外国企业进行投资的重要动机。

此外，中国持续推进对外开放，不断改善市场化、法治化和国际化的营商环境。《外商投资法》及其实施条例的正式生效为外国投资者在中国提供了更强有力的法律保障。减少了外商投资准入负面清单，加强了知识产权保护，推进自贸试验区和自贸港建设等举措，为外商提供更加开放和公平的投资环境，因此吸引了希腊等国家前来投资。浙江省政府也根据国家政策和浙江省实际情况采取积极措施，加大投资促进工作力度，优化外商投资的营商环境，进一步完善知识产权纠纷解决机制，依法平等保护中外企业的知识产权，致力于打造一个高质量的外资吸引地。

（二）成本寻求动机

中国作为国际投资的目的地具有较大的吸引力，部分原因在于其基础设施的完善、资源的可用性、生产力和劳动力技能的不断发展，以及商业价值链的日益完善。这些因素的成熟度使中国相对于印度等其他发展中国家对于投资资本更加有吸引力，因为它提供了更为完备的投资环境。另外，希腊拥有出色的劳动力资源，劳动生产率高，且具备高素质的劳动力。事实上，希腊的劳动力生产率和劳动力成本在中东欧国家中居领先地位。此外，该国拥有大量受过中高等教育的人才，其比例在整个欧洲范围内也名列前茅。然而，正是由于这一点，相对于中国，希腊的劳动力成本较高。因此，希腊通过在中国进行投资，可以充分利用中国低廉的劳动力成本，获得价格上的竞争优势，提升产品的市场竞争力，并实现资源的优化配置。

第七章

希腊的投资环境评价

第一节
希腊投资的硬环境

一、基础设施

（一）铁路

希腊在营运的铁路总长约 2552 千米。其中，最重要的铁路贯穿了希腊南北，将帕特雷、雅典和萨洛尼卡相连。但希腊铁路的运行速度较差，其中 19% 的铁路线运行速度在 79 千米/小时以下，39% 的铁路线运行速度在 80—119 千米/小时，23% 的铁路线运行速度在 120—159 千米/小时，19% 的铁路线运行速度在 160 千米/小时以上。近年来，希腊政府在欧盟资金支持下正着手对铁路基础设施进行电气化等升级改造。2017 年，希腊私有化基金完成了国家铁路运营公司私有化，意大利国家铁路公司收购该公司 100% 股权。2018 年 2 月，比埃雷夫斯港至雅典国际机场铁路正式开通，比埃雷夫斯至雅典机场通勤时间大幅缩短至 1 小时。2019 年 1 月，雅典到萨洛尼卡的铁路电气化改造项目完工，设计时速 200 千米，大幅提升该干线通行能力和效率。

希腊铁路网络主要通过南北干线接入欧洲铁路主体网络，与欧洲国家实现铁路互联互通。中资企业依托比雷埃夫斯港，充分发掘希腊铁路系统优势，采取海铁联运的方式，将来自亚洲和其他地区的货物通过比雷埃夫斯港，连接至希腊铁路网络，运输至中欧和东欧国家，缩短了运输时间，取得了良好效益。

（二）公路

希腊拥有各类型公路约12万千米，其中高速公路约2500千米，为东南欧高速公路网络最发达的国家。2022年希腊乘用汽车保有量约541万辆。

横贯希腊北部并连接伊古迈尼察—萨洛尼卡—亚历山德鲁波利斯的艾格纳提亚高速公路（Egnatia Highway）、纵贯希腊大陆并连接帕特雷—雅典—萨洛尼卡三大城市的帕雅萨高速公路（PATHE Highway）、纵贯希腊大陆西部并连接帕特雷—伊古迈尼察的爱奥尼亚高速公路（Ionian Highway）、环绕首都雅典所在阿提卡大区的环阿提卡高速公路（Attica Highway Ring Road）等为希腊的主要高速公路干线。

希腊公路网络与周边国家的公路网络实现了互联互通，主要是向西北进入阿尔巴尼亚，向北通过北马其顿、塞尔维亚进入中欧，向东或东北进入土耳其、保加利亚及罗马尼亚。

（三）空运

爱琴航空（Aegean Airlines）是希腊最大的航空公司，成立于1987年，提供定期及包机服务，由雅典和萨洛尼卡前往其他主要的希腊城市和一些欧洲主要城市。全国有40个机场。主要机场有雅典维尼泽洛斯国际机场及萨洛尼卡、克里特和罗德岛机场等。

（四）水运

希腊主要客运港口有150余个、货运港口40余个。希腊是全球拥有千吨以上的各类船队数量最多的国家，2021年达4705艘，同比增长2.11%，在全球千吨以上船队中数量占比8.72%。从船队运力角度来看，希腊也是全球船队运力排名第一的国家，2021年达3.73亿载重吨，在全球船队运力中占比 17.63%。

希腊是一个拥有大片海岸线和许多岛屿的国家，因此拥有一系列重要的港口，这些港口在国内和国际贸易中发挥着关键作用。以下是一些希腊的主要港口以及相关的运输能力信息：

1. 比雷埃夫斯港（Piraeus）

该港位于雅典附近，是希腊最大的港口和地中海地区最繁忙的港口之一。作为国际贸易的主要枢纽，比雷埃夫斯港处理着大量的货物和容器，连接着希腊与欧洲、亚洲和非洲各地。

2. 塞萨洛尼基港（Thessaloniki）

该港位于希腊北部，是该地区的主要港口之一。塞萨洛尼基港在连接巴尔干半岛和中东地区的贸易中发挥着关键作用。

3. 亚历山大港（Alexandroupoli）

该港位于希腊东北部，是距离土耳其边界最近的港口之一。亚历山大港在地中海东部地区的运输中起到了重要作用。

4. 希俄斯港（Chios）

该港位于爱琴海的希俄斯岛上，是地中海东部的重要港口之一。希俄斯港在爱琴海岛屿之间的运输和贸易中起到了关键作用。

5. 克里特岛港口

克里特岛上有多个港口，其中赫拉克利翁港（Heraklion）和兰卡达港（Chania）是最重要的两个。克里特岛的港口在连接希腊本土和地中海其他地区的航运中发挥着重要作用。

6. 岛屿港口

希腊拥有许多岛屿，因此岛屿上的港口也是关键的运输节点。例如，桑托里尼、米克诺斯和罗得等岛上的港口是国际旅游业和货物运输的重要枢纽。

希腊的运输系统也包括陆路和空运网络，但由于其地理特点，海运在希腊的贸易和运输中仍然占据主导地位。这些港口的发展对于希腊的经济和国际贸易至关重要。

（五）电力

2020 年希腊共上网发电 46.3 太瓦时，其中天然气发电占比最大，为 39%，褐煤发电占比近 13%，近年份额持续下降（2015 年褐煤发电占比近43%)。2020年，希腊全国共消费电力51.5太瓦时。

(六) 信息

希腊电信市场自由化发展程度较高，市场整体呈现竞争激烈和服务水平高等特点。近年来，希腊对电信市场的开放促进了电信服务商快速发展。希腊是全球信息通信技术跨国企业的重要投资目的地之一，如诺基亚、西门子、甲骨文、三星、华为、中兴、SAP、Unisoft等。

希腊是欧盟手机普及率最高的国家之一，手机持有量约97%。自2007年以来，希腊在数字技术应用方面取得良好进展，并正推动建立一个全国性的光纤网络。根据世界经济合作与发展组织（OECD）的相关数据，2018年上半年希腊居民的宽带普及率达到36.36%。

二、区域优势

(一) 地理优越

希腊位于巴尔干半岛的最南端，北与北马其顿、保加利亚、阿尔巴尼亚相邻，东北与土耳其接壤，西南邻爱奥尼亚海、东邻爱琴海，南与非洲、阿拉伯半岛隔地中海相望。作为巴尔干半岛的门户，希腊控制着地中海东部海域和东南欧的海岸线，处于欧、亚、非的交汇之地。

希腊特殊的地理位置也形成了希腊港口在国际海运业中的特殊区位优势。港口区位优势可以分成陆上区位优势和海上区位优势两类。陆上区位优势包括港口及港口腹地交通网络密集度、城市发达程度等。海上区位优势包括海运战略枢纽影响度和海运战略通道影响度。希腊在海上区位优势方面无法与新加坡、苏伊士等海运关键要道相比，但是与全球其他港口比起来，优势非常明显。希腊背靠中东欧十六国，处于最繁忙的亚欧航线上。希腊是欧盟成员国。近年来逐渐走出债务危机影响，城市发展水平高。随着比雷埃夫斯港口和巴尔干半岛匈塞铁路等基础设施建设的日渐完善，希腊在陆上区位优势日渐突出。在海上区位优势方面，希腊靠近苏伊士运河和黑海海峡这两条战略要道，是地中海的海运枢纽。因此，希腊海港的港口区位优势虽然不如东南亚战略通道国，但是也处于区位优势第二梯队上游国家。

希腊是陆上丝绸之路与海上丝绸之路的交汇点。比雷埃夫斯港（以下简称比港）地处巴尔干半岛南端、希腊东南部，连接欧亚非三地，被视为欧洲“南大门”，是“21 世纪海上丝绸之路”的重要节点。比港占地面积 272. 51 万平方米，海岸线总长约 24 千米，是希腊最大的港口。2008 年 6 月 12 日，中远集团在希腊比雷埃夫斯港集装箱码头私有化招标中成功中标，获得了该码头 35 年特许经营权。中远集团管理着该港口的两个货柜码头。2008 年 10 月 30 日，中远集团宣布：旗下控股公司——中远太平洋在希腊港口集装箱码头国际公开投标中胜出，获比雷埃夫斯港 2 号、3 号码头 35 年特许经营权。2014 年 11 月 20 日，中远集团宣布再投入 4 亿欧元（约 30. 71 亿元），将该港口打造成地中海最大、增长最快的港口之一。在总体规划框架下，中远集团将把比港进一步打造成为欧洲一流的“千万标准箱级”集装箱中转港、海陆联运“桥头堡”、国际物流分拨中心、地中海乃至欧洲的修船中心和地中海最大的汽车中转码头等。

从地缘战略看，希腊也是巴尔干国家中唯一有多条海岸线通往地中海的国家，因而成为东西两个欧洲世界的连接点。在地理上希腊与布鲁塞尔和莫斯科等距离，在文化上因拜占庭留下的东正教传统与俄罗斯和欧洲一样亲近。在政治与宗教文化上与两者都有千丝万缕的联系。希腊占据着东地中海的海上十字路口，是欧洲与亚洲商业和文明交流最古老的桥梁。此外，希腊还是中东北非石油天然气输往欧洲的关键过境国，对欧洲能源供应安全起着不可或缺的作用。特殊的地理位置，使希腊拥有很高的地缘战略重要性。

（二）海运业发达

希腊是世界海运业大国，无论是船只数量还是运输规模上都位居世界前列。虽然自债务危机以来，希腊船东面临严峻挑战，但是依然保持着全球最大船东国的地位。截至 2018 年 6 月，希腊船队的规模达到了 218 亿总吨，占到世界 17% 的份额，排名紧随其后的是日本（12%）、中国（10%）和德国（6%）。同时，自希腊债务危机爆发以来，希腊船东的船队规模并未受到影响，扩张势头非常强劲，现有的船队规模相较于 2008 年的 11 亿总吨几乎翻倍。这也使得希腊船队占世界市场中的规模从 13% 上涨到 17%。希腊的船队扩张速度无疑领先全球，哪怕和中国相比，也毫不逊色。目前，中国的海运贸易量已经占到全球海运贸易量的 24%，高于希腊的 4%。但是，从 2008 年至今，中国船队的规模从 8% 上升至 12%，扩张速度依然远不及希腊。

海运业是希腊国家经济的重要支柱产业。海运业为约 20 万人提供了就业机会，除 6 万多名在海轮上工作的希腊籍船员外，海运业带动的金融、保险、咨询服务业、船用设备、维修等相关产业吸纳了 13 万劳动力，仅在比雷埃夫斯港就有 1000 多家企业开展与海运业相关的经营活动。希腊有各类港口 150 个，主要有比雷埃夫斯、萨洛尼卡、沃洛斯、佩特雷、伊拉克里翁。截至 2021 年，希腊共拥有百吨级以上船只 1831 艘，总载重量 3933 万吨，同比下降 2.72%。2022 年，希腊船东控制全球运力的 21% 和欧盟船舶吨位的 59%，商船共计 5514 艘；希腊海运业对经济总贡献超 110 亿欧元，占 GDP 的 7%，对就业率贡献超 3%。

（三）旅游业优势

旅游业是希腊获得外汇来源和维持国际收支平衡的重要经济部门。自 20 世纪 60 年代以来旅游业发展迅速，入境游客人数连年增长。近年来，希腊政府将旅游业发展重心从增加游客数量转向提高游客消费水平，取得较好经济和社会效益。主要旅游景点有：雅典卫城、德尔斐太阳神庙、奥林匹亚古运动场遗址、克里特岛迷宫、埃皮达夫罗斯露天剧场、维尔吉纳马其顿王墓、圣山、罗得岛、科孚岛等。2004 年雅典奥运会为希腊旅游业打下了良好的基础，特别是基础设施得到明显改善。2022 年希腊旅游业强劲复苏，接待游客 2780 万次，同比增长 89.33%，旅游业总收入达 176 亿欧元，同比增长 67.91%。

三、自然资源

希腊的主要矿产有褐煤（储藏量 58 亿吨）、铝矾土（储藏量约 10 亿吨）、镍、铬、镁、石棉、铜、铀、金、石油、大理石等。森林覆盖率为 17%。

（一）褐煤

褐煤主要产自西马其顿 Ptolemais - Amynteo 和伯罗奔尼撒 Megalopolis 的七个煤矿，其中西马其顿矿区产量占 75%，希腊褐煤产量居欧盟第一位，世界第六位。由于褐煤发电效率较低且对环境污染较大，希腊政府从 2020 年起逐步淘汰褐煤电站，至 2028 年彻底摆脱煤炭发电。

（二）铝土矿

希腊铝土矿储量较大，但属于中低品位的水软铝石和水硬铝石。

（三）原油

希腊国产原油主要来自北爱琴海萨索斯岛的普利诺斯（Prinos）油田，该油田于1981年开始投产，最初估测的2P储量（证实储量与可能储量之和）为6000万桶，但至2020年已累计实际生产逾1.2亿桶，2021年总产量约50万桶。总部位于英国的Energean油气公司是目前唯一一家在希腊生产石油的公司。希腊还有两处开发油田，其中位于伯罗奔尼撒半岛西北海域的卡塔科隆（Katakolo）油田2P储量约1000万桶，位于普利诺斯油田西北的艾普西隆（Epsilon）油田2P+2C储量约5300万桶。此外，目前希腊还有13处石油勘探区块，其中9处为海上区块，主要位于爱奥尼亚海和西克里特海域。

（四）风能和太阳能

希腊风能和太阳能资源丰富，每年平均日照时间超过3000小时，新能源发展潜力巨大。风能自20世纪90年代末以来发展迅速，2017年希腊风力发电首次超过水力发电量，2019年风力发电量为6.6太瓦时，风力电站装机容量为3283兆瓦，占可再生能源总装机容量的52.51%。希腊太阳能产业自2006年有明确法律框架鼓励太阳能发电后开始较快发展，但受欧盟电价补贴大幅降低和希腊债务危机影响，希腊太阳能发展在2014—2018年经历了一段降温期。2019年希腊太阳能装机容量2288兆瓦（不包括屋顶分布式光伏），占可再生能源总装机容量的36.62%。2021年上半年希腊政府批准4个新的可再生能源项目，价值超过20亿欧元，新增风能和太阳能发电容量总计2.83吉瓦。希腊政府计划在2030年前将可再生能源占最终能源消耗的份额提升至35%。

四、希腊投资硬环境评价

（一）评价指标体系

本文将硬环境指标评价体系划分为三大类，即基础设施、资源禀赋和宏观经济，并在此基础上划分为11个小类，希腊的相关数据已在上文列出，具体分类如表 7－1 所示。

表 7－1　　投资硬环境评价体系

一级分类	二级分类	指标
基础设施	交通运输状况	公路里程
		铁路里程
		航空运输货运量
		货柜码头吞吐量
	信息技术水平	百人宽带数
		百人移动电话数
	金融基础设施	商业银行分支机构数目
资源禀赋	能源资源	能源净进口
	电力资源	发电量
	淡水资源	人均可再生内陆淡水资源
	土地资源	土地面积
宏观经济	市场规模	人均 GDP
	经济稳定性	通货膨胀率
	工业发展水平	工业增加值
	开放程度	外国直接投资净流入占 GDP 的比重

（二）投资硬环境得分

本书选择因子分析法作为对希腊投资环境评价的方法，使用 SPSS26.0 软件进行因子分析，代入欧洲国家相关数据，采用均值化后的协方差矩阵作为因子分析的输入，并经过 KMO 和 Bartlett 检验，结果见表 7－2。

表 7－2　　欧洲国家投资硬环境评价综合得分及排名

国家	得分	排名	国家	得分	排名
俄罗斯	2.63	1	匈牙利	0.31	6
卢森堡	0.98	2	波兰	0.29	7
圣马力诺	0.47	3	德国	0.22	8
冰岛	0.4	4	挪威	0.2	9
法国	0.38	5	白俄罗斯	0.18	10

续表

国家	得分	排名	国家	得分	排名
瑞典	0.14	11	直布罗陀	-0.16	29
爱沙尼亚	0.12	12	奥地利	-0.18	30
捷克共和国	0.04	13	塞尔维亚	-0.18	31
列支敦士登	0.04	14	斯洛文尼亚	-0.23	32
保加利亚	0.02	15	安道尔	-0.23	33
摩尔多瓦	-0.01	16	北马其顿	-0.25	34
西班牙	-0.01	17	荷兰	-0.25	35
斯洛伐克	-0.02	18	黑山	-0.29	36
摩纳哥	-0.03	19	瑞士	-0.31	37
爱尔兰	-0.04	20	克罗地亚	-0.31	38
英国	-0.06	21	丹麦	-0.33	39
意大利	-0.06	22	葡萄牙	-0.35	40
波黑	-0.08	23	法罗群岛	-0.4	41
芬兰	-0.10	24	拉脱维亚	-0.41	42
罗马尼亚	-0.10	25	比利时	-0.46	43
乌克兰	-0.11	26	希腊	-0.52	44
立陶宛	-0.14	27	阿尔巴尼亚	-0.67	45
马耳他	-0.14	28			

由表 7-2 可以看出，在欧洲国家中，俄罗斯投资硬环境的得分最高，远高于第 2 名的卢森堡。投资硬环境得分最低的是阿尔巴尼亚，仅为 -0.67 分。

希腊在所有欧洲 45 个国家中排第 44 位，总体排名靠后，在投资硬环境方面存在一系列问题，包括基础设施较为落后、法规不明确、政治风险高等，未来仍然具有进一步提升的空间。

五、小结

本节从希腊的基础设施、区域优势、自然资源、宏观环境等方面详细介绍了希腊的投资硬环境。整体来看，希腊具有优越的区位优势，是陆上丝绸之路与海上丝绸之路的交汇点，与阿尔巴尼亚、保加利亚等国接壤，极大地提升了贸易与人员交流的便利性，具备支持外商直接投资的相关要素。在自然资源方面，希腊储量丰富，包括肥沃的农田、丰富的矿产资源（如铁矿石、铅、锌等）、水力资源、风能和太阳能等可再生能源。地中海沿岸地理使其具备丰富的渔业资源，而多岛国家的独特地理位置也为旅游业提供了丰富的发展潜力。

然而，希腊的综合投资硬环境排名较为靠后，在欧洲各国中的优势并不显著。主要原因可能如下：第一，希腊的融资环境在过去几年中经历了一些挑战，主要受到金融危机、债务问题以及经济不稳定等因素的影响，这可能对投资者信心产生影响，使其对市场的前景持谨慎态度；第二，基础设施水平有待提升，在一些地区和领域，如偏远地区和能源领域，仍然存在改进的空间；第三，政府债务和财政压力较大，长期面临债务问题，这可能导致财政紧张和一些宏观经济不确定性，对投资环境构成挑战；第四，税收制度。希腊税收政策的变动和税收制度的不确定性可能对投资者造成困扰。

第二节
希腊投资的软环境

一、政治环境

希腊是西方文明的发祥地。公元前 3000 年至前 1100 年克里特岛曾出现米诺斯文明，公元前 1600 年至前 1050 年伯罗奔尼撒半岛出现迈锡尼文明。公元前 800 年形成奴隶制城邦国家，公元前 5 世纪为鼎盛时期。公元前 146 年并入罗马帝国。15 世纪中期被奥斯曼帝国统治。1821 年，独立战争爆发。1832 年成立王国。1974 年通过全民公投改为共和制。此后由新民主党和泛希腊社会主义运动（简称泛希社运）轮流执政。希腊的议会为一院制。议会的主要职能是立法和监督政府工作。议会由全国 56 个选区普选产生，共有 300 名议员。本届议会于 2023 年 6 月选举产生，任期 4 年。现议会议席分配如下：新民主党 158 席，左联党 47 席，泛希社运—变革运动党 32 席，希腊共产党 20 席，斯巴达人党 13 席，希腊解决方案党 12 席，希腊胜利党 10 席，自由航线党 8 个。康斯坦丁诺斯・塔苏拉斯（Constantine An. Tassoulas）连任议长。

二、金融市场

希腊金融市场由银行、证券交易所、保险公司构成。希腊有各类银行机构 58 家。希腊有雅典证券交易所，还有 31 家保险公司。

（一）银行体系

希腊的银行体系分为中央银行、商业银行和外资银行。

希腊的中央银行为希腊银行（Bank of Greece），对希腊的信贷机构行使监管职能。希腊的中央银行总部位于雅典市。希腊银行始于 1927 年，1928 年正式运作。希腊银行为欧洲中央银行体系的成员。现任行长普罗沃普罗斯。

关于希腊的商业银行，截至 2021 年底，希腊共有 36 家，其中 15 家总部位于希腊，19 家为欧盟境内银行在希腊设立的分支机构，2 家为欧盟外银行在希腊设立的分支机构。其中，比雷埃夫斯银行（Piraeus Bank）、希腊国民银行（National Bank of Greece）、阿尔法银行（Alpha Bank）和欧元银行（Eurobank Ergasias）是希腊四大系统性商业银行，受欧洲中央银行直接监管，2021 年总资产分别为 796 亿欧元、785 亿欧元、674 亿欧元和 616 亿欧元，四大行占据希腊 90% 以上的存贷款市场份额。另有非系统性全国商业银行阿提卡银行（Attica Bank），2021 年总资产为 37 亿欧元。

希腊还拥有多家外资银行，包括苏格兰皇家银行、巴克莱银行、Natwest 银行、汇丰银行和花旗银行。中国银行（卢森堡）有限公司雅典分行于 2019 年 11 月注册成立，是希腊第一家正式获准营业的中资金融机构，中国工商银行（欧洲）有限公司希腊代表处亦于 2019 年 11 月获准设立。此外，国家开发银行在雅典设立了工作组。

（二）证券市场

雅典证券交易所（ATHEX）是希腊有组织的股票和衍生产品交易市场，最初成立于 1876 年，目前的管理机构成立于 1995 年。截至 2022 年 6 月底，共有 155 只股票在雅典证券交易所证券市场上市交易，总市值约 597 亿欧元。

雅典证券交易所是希腊证券交易集团（HELEX）的全资子公司。作为母公司，希腊证券交易集团为客户提供交易、清算、结算、登记和自动更新数据服务。2000 年 8 月，希腊证券交易集团在雅典交易所上市，于 2003 年 9 月全面私有化。2007 年 7 月，雅典证券交易所经希腊议会批准进入欧盟证券市场。2008 年 4 月，雅典证券交易所与德国、西班牙、奥地利、瑞士、丹麦、挪威等国签署协定，建立关联市场。2021 年 8 月，雅典证券交易所宣布将收购贝尔格莱德证券交易所 10.24% 股权，携手提升两者在东南欧的影响力。

（三）保险市场

经希腊银行批准注册的当地保险公司现有 31 家，其中希腊 Ethniki 公司是当地最大的保险公司，主要营业范围是财产保险等，是希腊国民银行集团下属的保险公司。

三、法律法规

（一）投资法规

希腊主管国内投资和外国投资的政府部门是发展和投资部及外交部下属的希腊企业局（Enterprise Greece）。发展和投资部主要负责制定投资宏观政策，希腊企业局负责提供咨询、信息以及投资指导等具体事项。

2019 年，希腊议会通过《投资希腊法》（第 4635/2019 号）。2022 年 2 月，希腊颁布实施《发展法—希腊强劲发展》（第 4887/2022 号），作为 2016 年旧《发展法》（第 4399/2016 号）的更新和补充，新《发展法》旨在通过对特定活动和领域提供激励以促进金融发展，进而实现“绿色转型”、数字和科技变革等目的。此外，希腊政府还出台了鼓励重大投资的《战略发展法》，鼓励战略投资，设立快速通道，简化审批程序，吸引大项目落地，希腊企业局由希腊外交部管理，负责投资事宜。

根据希腊企业局的信息，希腊政府鼓励外商投资的领域主要包括：①新能源，如风能等绿色能源；②新技术，如通信、网络、软件开发等；③旅游产业，如酒店业、旅游配套设施等；④农副产品加工和食品等；⑤节能、环保项目；⑥物流业，包括道路、交通、停车场等物流基础设施；⑦生命科学和制药业；⑧房地产业；⑨对落后地区的投资。

禁止外国人投资的行业、地区：①非欧盟公民不得拥有边境地区的房地产；②不能持有那些在边境地区投资房地产的公司股份；③不能持有私人电台、电视台公司的股份；④希腊还限制非欧盟公民在航空、航运以及采矿业领域的投资，但近年来在推进私有化过程中有所松动。

特定行业股权限制：希腊政府通过持有多数股权的方式对特定行业，特别是原国有垄断企业进行一定控制，包括：邮政、铁路组织、广播公司、公共电力公司（电网）、电信组织等。上述有关行业或企业的私人或外国投资者通常只能持有少数股权。

农业投资合作的规定：希腊允许外资获得农业耕地所有权和承包经营权，但是如需获得边境地区的耕地所有权和承包经营权，则需希腊政府审批。希腊土地所有权没有时间限制。

林业投资合作的规定：希腊大部分林地为国有，只有少部分林地属于私人所有。获得私人的林地不需经过审批，可以直接购买或承包。希腊林地所有权没有时间限制。

金融业投资准入的规定：根据希腊关于银行业法律的规定，2014 年 11 月 4 日开始，欧洲的银行监管体系进入“单一监管机制”（Single Supervisory Mechanism，SSM），重要银行（significant banks）的监管权直接归欧洲中央银行所有。已经在欧盟地区设有分行的中国银行可在希腊设立分行或办事处，受希腊中央银行监管；没有在欧盟地区开设分行的金融机构需向希腊中央银行提出申请，并附带中国银监会的相关审批文件及希腊银行要求的其他文件，交由欧洲中央银行审批。

文化领域投资的规定：根据希腊《宪法》第 2 章第 15 条规定，广播和电视受希腊政府直接控制，主要方式为发放牌照，以确保质量。宪法设立了独立机构广播和电视国家理事会（NCRTV）。从 20 世纪 80 年代后期到今天，已经生效了许多法律法规来规范私人电视和广播。希腊实施现金返还制度，吸引电影、电视、纪录片、动画制作人和数字游戏开发公司投资希腊文创产业。

（二）贸易法规

希腊政府中主管贸易的部门有两个：一是发展和投资部，另一个是外交部。前者负责国家战略规划和工业，并依据欧盟法律法规对外贸进行宏观管理。外交部负责对外经济合作，其中 B5 司负责对华经贸合作，B8 司负责经济发展事务。外交部下设希腊企业局（Enterprise Greece）负责向外推介希腊，吸引外资并促进出口。

希腊是欧盟成员国，对外贸易政策由欧盟统一制定，成员国只能执行欧盟对外贸易政策或经欧盟授权实施的贸易措施。希腊与欧盟其他成员国之间的货物服务自由流动，与欧盟外国家的贸易适用欧盟统一的贸易政策。具体有《共同关税税则》《欧洲共同体综合税则》。除了欧盟相关法规之外，欧盟给予发展中国家单边税收减免——普惠制（Generalized System of Preferences，GSP），并与部分国家签署了双边自由贸易协定（Free Trade Agreements，FTAs）。欧盟与上述协议所涉国家开展贸易依据协定条款执行。

希腊海关管理制度与欧盟保持统一，执行欧盟《关于建立欧盟海关法典的第（EU）952/2013 号规则》。该法典阐明了欧盟国家与非欧盟国家之间贸易的规则和程序，规定了相关各方的权利与义务，囊括了进出口的基本问题，如关税、海关估价、商品分类、原产地规则、仓储、过境、加工等。

（三）劳动法规

解聘：希腊雇主可在事先通知和给予补偿的情况下解雇员工。如没有事先通知，则被解雇员工可获得双倍补偿。工作年限满 1 年以上 10 年以内的被解雇员工可获得 1—5 个月工资补偿，工作年限满 10 年的可获得 6 个月工资补偿，超过 10 年的，每增加 1 年可多获得 1 个月工资补偿。希腊被解雇员工可获得最高补偿金为其 24 个月工资。20—150 名员工的公司每月解雇人数最多为 6 人；150 名以上员工的公司每月可解雇员工 5%，但不能超过 30 人。

工作时间：希腊《劳动法》规定一周工作不超过 40 小时，如工作时长超出 40 小时，员工可根据法律规定依法获得相应补偿。

休假：每周工作 5 天的员工连续工作 10 个月以上就可享有 20 个工作日的休假，以后每两年休假天数可增加 1 天直至 22 天；如为一个雇主工作满 10 年或是总工作年数超过 12 年，则其年休假天数可达 25 天（以工作日计）。雇员工作满 25 年，则其年休假天数可达 26 天。每周工作 6 天的员工第一年的休假期是 24 个工作日，以后每两年其休假天数可增加 1 天直至 26 天；如为一个雇主工作满 10 年或是总工作年数超过 12 年，则其年休假天数可达 30 天（以工作日计）。同时雇主在复活节和夏季假期时要给员工发放相当于半个月工资的奖金，在圣诞节时要给员工多发一个月薪水。

职工社会保险：希腊雇主与员工共同承担员工的社会保险费用。希腊的社会保险主要包括养老保险和医疗保险，其中养老保险为工资总额的20%，雇主和员工分别负担13.33%和6.67%；医疗保险为工资总额的7.10%，雇主和员工分别负担4.55%和2.55%。

（四）土地法规

希腊没有专门的《土地法》，根据购买土地的不同性质，需要向不同的部门提交申请。希腊土地为私有，外资企业可以在希腊获得土地，享有对土地的所有权。但是希腊对边境地区土地购买有严格的规定，因手续烦琐，非欧盟公民很难购置到边境地区土地。希腊政府正在筹备一个“数字地图”平台，将实时更新和记录每一块希腊土地的情况，包括土地使用许可证情况，该地块上建筑物资料，以及该地块是否适用自然保护区、森林、海岸线、考古遗址等规划限制规定。

希腊大部分林地为国有，只有少部分林地属于私人。获得私人的林地不需经过审批，可以直接购买或承包。希腊林地所有权没有时间限制。

（五）环境法规

能源和气候应对：希腊执行欧盟关于降低能耗和应对气候变化方面的指令和要求，制定了《2050年长期战略计划》。该计划作为希腊政府在能源和气候领域的施政路线图，并通过国内立法进行保障。

2022年5月，希腊通过首部气候法案《国家气候法》（第4936/2022号），为应对气候变化制定了具体目标：到2030年将温室气体排放量降低至少55%，到2040年减少80%，在2050年实现零净排放。法案还要求减少对化石燃料的依赖，包括从2028年开始在电力生产中淘汰褐煤，这一目标可能还会提前到2025年。

可再生能源投资支持政策：希腊积极发展可再生能源，自20世纪90年代起就出台相关支持政策，促进可再生能源领域的投资，该领域也是希腊吸引外资的重点之一。据希腊企业局网站介绍，主要投资机会包括：国有资产的私有化、天然气输送基础设施建设、可再生能源（风能、太阳能、生物能等）项目、电网升级等。希腊环境和能源部、发展和投资部对相关投资予以支持，一些项目还可以获得政策性补贴及税收优惠。

四、投资成本

（一）要素成本

1. 水价

希腊水费实行超额累进计费方式，生活用和工业用水采用不同的收费标准。根据雅典自来水供应及污水处理公司最近公布数据，生活用水价格为：5 立方米以下，价格为 0. 35 欧元/立方米；5—20 立方米部分，价格为 0. 64 欧元/立方米；20—27 立方米部分，价格为 1. 83 欧元/立方米；27—35 立方米部分，价格为 2. 56 欧元/立方米；35 立方米以上部分，价格为 3. 2 欧元/立方米。

工业用水价格为：每月低于 1000 立方米部分的价格为 0. 83 欧元/立方米，超过 1000 立方米部分的价格为 0. 98 欧元/立方米。水费价格外还有 13% 的增值税。

2. 电价

欧盟统计局数据显示，2021 年下半年，希腊生活用电税后平均价格为 0. 1974 欧元/千瓦时，低于欧盟 0. 24 欧元/千瓦时的平均价格；非生活用电税后平均价格为 0. 2238 欧元/千瓦时，高于欧盟 0. 14 欧元/千瓦时的平均价格，希腊非生活用电平均价格在欧盟成员国中为最高。

3. 气价

欧盟统计局数据显示，2021 年下半年，希腊生活用天然气税后平均价格为 0. 10 欧元/立方米，高于欧盟 0. 08 欧元/立方米的平均价格；非生活用天然气税后平均价格为 0. 05 欧元/立方米，亦高于欧盟 0. 05 欧元/立方米的平均价格。

4. 油价

2022 年 6 月，希腊汽油平均零售价格约为 2. 41 欧元/升，柴油约为 2. 12 欧元/升。

（二）税收成本

在希腊进行商业活动，必须进行税务登记获得税号。根据公司种类划分，股份有限公司、有限责任公司和外国公司在希腊分支机构须于财务年度结束后6个月内递交纳税申报单；普通合伙企业和有限合伙企业须于每年4月1日前递交纳税申报单，如果采用复式记账则于财务年度结束后的3个半月内递交纳税申报单。除缴纳公司所得税外，企业还须按当年税收额的一定比例预缴下一年税款。其中，股份有限公司、有限责任公司和外国公司在希腊分支机构预缴比例为100%，普通合伙企业和有限合伙企业预缴比例为100%。受新冠疫情影响，预缴比例将大幅下降。

希腊实行的是属地税制，中央和地方两级课税制度，税收立法权和征收权集中在中央。主要税种有三类：（1）收入所得税，主要为公司所得税和个人所得税；（2）房产/资产税，包括遗产税、房地产持有税等；（3）流转或消费税，包括增值税、房地产交易税、奢侈品消费税、烟酒特别税、印花税等。

1. 企业所得税

2019年5月，希腊政府推出一揽子降税措施，截至2021年，除信贷机构外其他法人实体所得税已降至22%。

2. 个人所得税

个人所得税实行累进税率。外国居民的征税基础为来自希腊的收入。从2020年1月1日起，希腊开始执行新的税务改革政策，年收入1万欧元以下的纳税人个人所得税税率从22%下调至9%。此外，所有税级的收入所得税率全部降低1个百分点。此外，对年收入超过1.2万欧元的个人额外征收团结税（Solidarity Contribution），同样实施累进税率，最低档为2.21%，最高档为10%。

3. 增值税

增值税由商品和服务的最终消费者承担。自2010年7月1日起，希腊增值税的基本税率为23%，但部分生活必需品如食品、交通、电力、天然气、房屋维修等的增值税税率为13%；报纸、期刊、书籍、演出门票、药品和宾馆住宿的增值税税率为6.51%。自2015年7月22日开始，大部分食品（除面包、牛奶等基本食物）的增值税率已经由13%提高到23%。对于多德卡内斯群岛及爱琴海诸岛居民，无论是其提供还是享受相关商品与服务，其增值税减少30%。自2015年10月1日起，取消包括罗得岛、圣托里尼、米克诺斯、纳克索斯岛在内的6个爱琴海岛屿的30%增值税优惠。2016年，根据希腊政府与国际债权人达成的协议，希腊将最高档增值税率由23%提高到24%。希腊2019年5月推出的一揽子降税措施中，食品、餐饮业增值税税率由24%降至13%；电力、天然气增值税税率由13%降至6%；降低偏远岛屿的“单一物业税”。自2020年1月起，婴儿基本用品的增值税税率从24%降至13%；汽车儿童座椅和摩托车头盔的增值税税率从24%降至13%；政府将暂停对新房产转让征收24%的增值税3年，该项减税政策适用于在2022年底前颁发许可证的建筑物。

4. 印花税

希腊印花税现仅适用于少数交易场合，并以具体交易金额为基准缴纳。主要包括：不动产租赁税率为3.61%；商业借贷税率为2.41%；私人借贷税率为2.42%—3.60%。

5. 消费税

希腊对一些从其他欧盟国家进口及自产的产品征收消费税，包括酒类烟草、燃油等产品，并对皮草、珠宝、私人用飞机、贵金属等特定物品征收奢侈品税。从2019年起，对拥有4个子女的家庭的私有车免征奢侈品税。

6. 不动产交易税

希腊不动产交易税是在转让不动产时征收，以最高合同额或是不动产价值作为征税基础。对于2006年1月1日之前拿到建筑许可的新房交易，按3.09%征收不动产交易税；此日期后征收24%交易税，但免征至2022年底。

7. 不动产税

希腊不动产税是以不动产总价值为基础，按年缴纳单一房产税和特殊房产税。税收额度根据房产价值、面积、用途等确定，对于有停车位、泳池等设施的房屋也有特别税项，对单人所有且价值超3万欧元的房产征收补充税。国有、公共机构、教堂、修道院、运动场等公共场所的不动产不征收不动产税。工业、采矿、采石、商业、农业、畜牧业和酒店等用于生产和经营的建筑物可免交不动产税。

8. 数字税和碳排放税

公开资料显示，希腊尚未征收数字税和碳排放税。随着希腊退出救助计划及应对疫情需要，希腊税收政策仍会不断进行调整，建议投资者密切关注。

（三）融资成本

受多年的债务危机影响，希腊银行流动性产生不足，不良贷款率高企，企业融资较为困难。在欧盟和希腊法律框架内，外国企业可与普通希腊企业一样，在希腊当地银行进行融资，对外国企业的融资并无特殊要求。希腊实行利率市场化制度，银行可根据贷款项目风险评估自行确定贷款利率。

关于当地银行为外国企业开具保函或转开保函的要求，根据希腊银行业联合会的规定，希腊当地银行遵守国际商会（International Chamber of Commerce）有关银行保函的国际指导方针。

五、社会文化

（一）民族

希腊人口98%以上为希腊族人，其余2%为其他少数民族人口。

从20世纪90年代末开始，越来越多的中国新移民到希腊谋发展。据不完全统计，迄今为止在雅典和萨洛尼卡的华人批发行约有400家，分散在希腊各城镇、岛屿和乡村的零售店约2000家，华人约2万人。

（二）语言

希腊官方语言为希腊语，英语也被广泛使用。

（三）宗教

古希腊人信奉的宗教为多神教，源于公元前8世纪荷马史诗之前，至公元5—6世纪消失。现代希腊的国教是东正教，是与天主教、新教并立的基督教三大派别之一。希腊人的生老病死、婚丧嫁娶及日常生活都与东正教有着密切联系。与天主教一样，东正教有七大圣礼：受洗、涂圣油、受圣职、告解、婚配、终傅、圣体血，在东正教中占重要的位置。东正教教堂或者修道院要求游客穿戴得体，不得裸露肩膀或膝盖，女性不可站在圣坛后。

（四）习俗

希腊人属于典型的南欧人，大多数人性格开朗、热情、豪放、好客、健谈、易激动。希腊人在社交场合与客人见面时，常以握手为礼，较为熟悉的朋友、亲人间行贴面礼。对上了年纪的人用尊称并优先招待。

希腊人注意着装整洁，在正式社交场合，男子通常穿深色西装，打领带或系领结。普遍喜欢黄、绿、蓝、白色，认为这些都是积极向上的颜色。传统上忌讳黑色，但现在这种观念已有所改变，穿黑色衣服的人也非常多。

希腊实行5天工作制，通常上班时间从上午8时至下午3时，然后用午餐。晚饭为正餐，一般在9点左右。希腊人十分注重休闲放松时间，周日及节假日商店关门。夏季天气炎热，7月底至9月初很多人选择外出度假。

（五）教育

希腊实行9年制义务教育，公立中小学免费，大学实行奖学金制。全国共有21所大学，著名大学有雅典大学、萨洛尼卡大学、克里特大学、佩特雷大学、雅典工学院等。希腊的高等教育水平总体比西欧国家低，许多学生选择到西欧国家接受高等教育。

（六）医疗

希腊医院分公立和私立两种。公立医院可免费就诊，但就诊人数较多、耗时较长。私人医院服务质量较高，但价格较贵。希腊药店随处可见，一般在店外挂有绿色十字标牌，药店一般根据处方提供药品，药品供应充足。2019年希腊共有医院269家，病床总计48542张。

（七）科技

希腊整体科技创新能力在欧盟内处于中等偏下位置，但近年来正加大科技创新投入，优先领域包括：材料、农业食品、健康医药、能源、信息通信技术、环境与可持续发展等。重要科研机构有雅典科学院、“德谟克利特”国家科学研究中心、希腊研究与技术基金会、希腊研究与技术中心等。

（八）节假日

希腊实行五天工作制，周六、周日为公休日。

希腊节庆全年有许多，以宗教节日为主。2022 年希腊公众节假日情况如下：

1 月 1 日（周六）：元旦（New Year’s Day）

1 月 6 日（周四）：主显节（Epiphany）

3 月 7 日（周一）：净周一（Clean Monday）

3 月 25 日（周五）：独立日（Independence Day）

4 月 22 日（周五）：耶稣受难日（Orthodox Good Friday）

4 月 25 日（周一）：复活节（Orthodox Easter Monday）

5 月 1 日（周日）：劳动节（Labor Day）

6 月 13 日（周一）：圣灵降临节（Orthodox Whit Monday）

8 月 15 日（周一）：圣母升天节（Assumption Day）

10 月 28 日（周五）：国庆日（Ochi Day）

12 月 25 日（周日）：圣诞节（Christmas Day）

六、希腊投资软环境评价

（一）评价指标体系

本书将希腊投资软环境分为营商效率（又分为 3 类）与提升潜力（又分为 2 类），在此基础上细分为总税率、利润税、物流绩效指数、营商便利指数、中学教育、研发支出占 GDP 比例，合计 6 小类。如表 7－3 所示。

表 7－3 投资软环境评价体系

营商效率	税收	总税率（占商业利润的百分比）
		利润税（占商业利润的百分比）
	管理效率	物流绩效指数
	营商环境	营商便利指数
提升潜力	劳动力素质	中学教育，一般学生数量
	研发投入	研发支出占 GDP 比例

物流绩效指数与营商便利指数如表7－3所示。物流绩效指数反映了清关程序的效率、贸易和运输质量相关基础设施的质量、价格具有竞争力的货运难易度、物流服务的质量、货物追踪查询的能力以及货物按时到达收货人的频率，指数从1到5，分数越高，绩效越好。营商便利指数是指市场主体从事营商活动的难易程度，一般可从市场主体办理相关事项的手续、时间和成本等维度进行衡量评价，指数同样从1到5，排名越高，表示当地环境越有利于营商。

（二）投资软环境得分

本节采用与投资硬环境相同分析方法得到结果。详见表7－4。

表7－4　　欧洲国家投资软环境评价综合得分及排名

国家	分数	排名	国家	分数	排名
德国	1.34	1	爱尔兰	0.00	20
瑞典	1.07	2	法罗群岛	0.00	21
奥地利	0.93	3	波兰	－0.01	22
荷兰	0.87	4	安道尔共和国	－0.06	23
法国	0.83	5	摩纳哥	－0.06	24
挪威	0.82	6	直布罗陀	－0.06	25
芬兰	0.81	7	马耳他	－0.08	26
比利时	0.72	8	圣马力诺	－0.09	27
丹麦	0.72	9	卢森堡	－0.12	28
英国	0.58	10	立陶宛	－0.17	29
意大利	0.57	11	列支敦士登	－0.22	30
西班牙	0.47	12	斯洛伐克共和国	－0.28	31
葡萄牙	0.35	13	匈牙利	－0.31	32
冰岛	0.35	14	俄罗斯联邦	－0.43	33
瑞士	0.34	15	拉脱维亚	－0.48	34
爱沙尼亚	0.21	16	塞尔维亚	－0.58	35
捷克共和国	0.12	17	白俄罗斯	－0.65	36
斯洛文尼亚	0.12	18	克罗地亚	－0.67	37
希腊	0.10	19	阿尔巴尼亚	－0.71	38

续表

国家	分数	排名	国家	分数	排名
罗马尼亚	-0.73	39	保加利亚	-0.85	43
北马其顿	-0.79	40	黑山	-1.11	44
乌克兰	-0.81	41	波黑	-1.21	45
摩尔多瓦	-0.85	42			

在欧洲国家中，德国投资软环境的得分最高，为1.34分，得分最低的是波黑，仅为-1.21分。希腊在所有欧洲国家中排名第19位，为0.10分，保持在中上的位置，在投资软环境方面综合评价较好，具有一定的投资潜力。

七、小结

本节从政治、金融、法律、社会等角度全面的展现了希腊的投资环境，并通过计算得出其综合评价得分在欧盟国家中较高，投资环境良好。主要体现在以下几个方面：第一，希腊的社会文化深受其悠久历史和多元化影响，体现了古老文明的独特魅力。希腊人以对传统价值观的尊重和热情好客而闻名，家庭在社会结构中占有重要地位；第二，较低的投资成本。希腊相对较低的劳动力成本和低廉的生活成本是吸引投资的一个因素，这使得企业在成本方面具有竞争优势；第三，税收优惠。为了吸引外国投资，希腊可能提供一些税收优惠和激励措施。这些优惠可能涵盖企业所得税、投资抵免等方面，有助于减轻企业的财务负担。

需要注意的是，希腊的投资软环境也可能受到一些挑战的影响，包括政治不稳定、官僚主义、经济波动等。因此，投资者在考虑在希腊进行投资时仍需要全面评估各种因素，包括市场潜力、法规环境以及行业前景等。

第八章

浙江省与希腊投资合作案例

随着中国—中东欧国家合作和“一带一路”倡议的持续推进，浙江省与希腊之间的经济合作得到了显著加强和深化。这种合作主要体现在投资领域，且呈现出三个鲜明特点：一是规模的扩大，双方在投资额和合作项目上都有了显著增长；二是合作领域的宽泛化，从传统的贸易和制造业拓展到新能源、旅游业、海运等多个方面；三是合作方式的多样化，包括直接投资、合资企业、技术交流等多种形式。希腊经济稳定，是过去10年欧盟28个成员国中经济增长较为可观的国家之一，双方在海运、新能源和旅游等领域的合作都取得了显著进展。本章选取了三个不同领域的案例，介绍和分析浙江省与希腊合作中的机遇与挑战。

第一节 常石集团（舟山）造船有限公司承接 Safe Bulkers 订单

一、主体简介

（一）常石集团（舟山）造船有限公司

“舟山常石”是常石集团（舟山）造船有限公司旗下品牌。常石集团（舟山）造船有限公司于 2003 年 12 月 30 日成立，公司创立于浙江省舟山市岱山县秀山乡热跳村；厂区占地面积 1854 亩（包括三期用地 1284 亩），使用海岸线 1850 米．目前厂区主要生产设备有：1000 吨兼靠 3000 吨码头 2 座，10 万吨级以下造船台 2 个，10 万吨级以下船坞 1 座。公司经营范围包括 10 万吨级以下各种船舶建造，生产加工制造船舶分段、各种钢材构件、舱口盖等船舶设备和配件以及与之相关的设计和销售、自有设备设施的租赁、港口装卸、船舶相关技术服务、船舶设备及配件的批发等。企业性质为有限责任公司（外国法人独资），注册资本 4340. 75 万美元。

常石集团（舟山）造船有限公司积极发挥大公司的辐射效应，其他舾装、钢装、港口服务等相关附属配套公司也已相继成立，外协单位的队伍也日益壮大。目前该公司本部有职工 700 人，其中日方人员 60 人，高级技术人员 12 人。已成立外商配套企业 7 家，国内配套企业 81 家，职工 5000 人。

日本常石集团是世界上著名的造船企业之一，已有 100 多年的历史。现年造船量居日本第三位，世界第七位，在世界船舶市场和航运业有着较大的影响。常石集团下属四个造船工厂，分别位于日本的广岛、四国以及菲律宾和中国的舟山。年造船能力在 5 万吨级以上的各种船舶 50 艘以上。常石集团（舟山）造船有限公司主要制造 10 万吨级以下各种船舶，生产加工制造船舶分段，各种钢材构件以及与之相关的设计和销售业务。目前公司拥有 8 万吨级的船台 2 个，8 万吨级的干船坞 1 座，8 万吨级船舶舾装码头 2 座，3 千吨级进出货码头 1 座。公司为了扩大生产规模，进一步缩短船舶的建造周期，于 2009 年初先后投入了 3000 吨级浮吊、700 吨龙门吊各 1 台。工厂可年生产 5 万—8 万吨级各类船舶 25 艘左右，年销售额 65 亿元人民币。同时还将进一步研究开发节能环保型船舶以及附加值极高的豪华游轮、汽车管滚装船等。

（二）Safe Bulkers 希腊航运公司

Safe Bulkers 公司成立于 2007 年 12 月 11 日，是一家国际海运干散货运输服务提供商，沿着国际航线运输散装货物，包括铁矿石、煤炭和谷物以及小宗散货，包括铝土矿、化肥和钢铁产品。Safe Bulkers 公司在摩纳哥、希腊、塞浦路斯和瑞士设有办事处。该公司根据对市场状况的评估，以定期租船和即期租船的方式使用其船舶。截至 2016 年 2 月 5 日，该公司共拥有 37 支货运船队，有总承载 3341800 载重吨容量和平均 6 年的经验。该公司已在纽约证券交易所上市，股票简称为：Safe Bulkers Inc，股票代码为：SB. N。该公司在 2022 年获得收入 3. 49 亿美元，与 2021 年的 3. 29 亿美元相比，增长了 6. 29%。同时，2022 年的净利润达到 1. 73 亿美元。第四季度的收入为 8670 万美元，同期净利润为 3490 万美元。

二、合作情况

（一）合作优势

Safe Bulkers 公司在技术、品牌、产业配套设施三方面都形成了独特的优势。首先，Safe Bulkers 拥有一支高质量的技术团队，具有先进的工艺设计、加工设备和稳定的过程控制。伴随着全球海运行业的发展，Safe Bulkers 紧贴市场的需求，用科技创造未来，不断更新产品，坚持绿色环境理念，在技术领域上成为该行业的龙头企业。其次，悠久的发展历史为其积累了众多客户的信任和认可，其产品凭借着优良的品质、周到的服务，在全球拥有较高的品牌知名度和美誉度，已成为国际上高端的船只制造商。最后，高质量的船只与零部件制造已成为希腊的优势之一，船只产业和本地零件企业之间、制造企业与次级供应商之间深入融合，多年来已形成稳定、持续的供应关系，加之优越的地理位置和配套的物流基础保障设施，Safe Bulkers 公司已成为该地区头部航运企业。

常石集团（舟山）造船有限公司作为一家以中国实业生产基地为支撑，以全球市场商贸为导向的跨国服务企业，在价格优势、规模效应和资金技术三方面都形成了独特的优势。第一，我国人工成本和原材料成本较欧洲国家相对便宜，比如其生产的船只零件比欧洲国家便宜40%—50%，常石集团（舟山）造船有限公司凭借着价格优势和产品多样化在国际市场上占有一席之地。第二，船只以及船只零部件制造产业是浙江省的传统优势产业，拥有强大而完备的上下级供应商，随着公司引进高精度的机器设备和产品检测仪器，其生产规模不断扩大，生产效率不断提高，大部分产品出口至美国、欧洲市场，国际声誉不断提高。第三，经过近20年的稳步发展，常石集团（舟山）造船有限公司在挫折中吸取经验，越来越重视自身抗风险能力的提高，成立了两家独立的销售企业和一个产品研发中心，其已经成为资金型和技术密集型企业。

（二）合作具体细节

2023年10月，希腊航运公司 Safe Bulkers 向常石集团（舟山）造船有限公司订造了2艘81200载重吨甲醇双燃料 Kamsarmax 型散货船，计划于2026年第四季度和2027年第一季度交付。此前，Safe Bulkers 致力于向日本船厂订造燃油效率高的新造船，此次订单是这家船东首次订造甲醇双燃料新船。订单总价值目前尚未公布，Safe Bulkers 只表示“以具有吸引力的价格”下单了2艘新船。但有消息人士透露，单船造价约为4500万美元，总价值约为9000万美元（约合6.50亿元人民币）。

除了希腊航运公司 Safe Bulkers 之外，常石集团（舟山）造船有限公司（以下简称舟山常石造船）也收到了希腊其他船只公司的订单。2022年初，舟山常石造船与大宗商品贸易巨头嘉吉（Cargill）签署全球首份甲醇动力散货船订单。以此为开端常石造船在上半年已经获得了累计14艘甲醇动力散货船订单，其中包括13艘82000载重吨 Kamsarmax 型船和1艘66000载重吨 Ultramax 型散货船。此外，舟山常石造船还接获了4艘甲醇动力支线集装箱船订单。舟山常石造船介绍，通过采用绿色甲醇、新船型等设计，甲醇动力船将能够削减15%的二氧化碳排放。预计到2035年，舟山常石造船建造的所有船舶都将从传统动力船改为双燃料船。

2022年9月27日，希腊（戴安娜航运）公司 Diana Shipping 宣布在常石集团（舟山）造船有限公司订造2艘81200载重吨 Kamsarmax 型甲醇双燃料散货船。Diana Shipping 已经与日本常石造船集团签署了相关意向书，预计这2艘新船将在2027年下半年和2028年上半年陆续交付。每艘船价格约为 4600 万美元，交易总金额约为 9200 万美元（约合 6.72 亿元人民币）。Diana Shipping 首席执行官 Semiramis Paliou 表示："这项投资彰显了我们对可持续航运的承诺，使我们能够在减少碳足迹的同时，满足行业不断发展的需求。"该公司的船舶主要用于中短期期租，在全球航线上运输各种干散货，包括铁矿石、煤炭、谷物和其他材料等商品。Diana Shipping 的订单进一步巩固了常石造船在甲醇动力散货船领域的领先地位。

2022 年 12 月 6 日，希腊船东 Meadway Shipping 在日本常石造船集团下单订造了 1 艘 64000 载重吨 Ultramax 型散货船，新船将由位于中国的舟山常石造船建造，计划在 2025 年第二季度交付。这是 Meadway Shipping 首次在常石造船集团旗下船厂订造新船。该公司首席执行官 Costas Delaportas 表示，新船将"高度重视燃料效率和环保设计"。该船造价将达到 3750 万—3800 万美元，船长 199.98 米，船宽 32.26 米，将采用常石造船的"TESS64 AEROLINE"设计，其特点是船首呈圆形的流线型设计，风压阻力比以往船型减少了 10%。"TESS64 AEROLINE"设计重视满载吃水状态下的实际航行速度范围的性能。该船即使满载也能节省燃油，是不受港口入港限制的浅吃水型，同时又能装载更多的货物，确保 7.91 万立方米货舱容量，提高了运输效率。

据了解，Meadway Shipping 的船队由 5 艘自有船和 5 艘光租船组成，船型包括 1 艘 Kamsarmax 型、6 艘 Utramax 型、2 艘超灵便型和 1 艘灵便型散货船。此外，该公司还有 16 艘通过中长期租约租入的船舶，这些租入船舶大多为浙江省船东所有、在浙江省船厂建造的散货船。此外，目前舟山常石造船手持订单总计 50 艘约 314 万载重吨，包括 38 艘散货船、11 艘集装箱船、1 艘敞舱口船，交付安排延续至 2025 年。

三、合作风险

承接海外订单是一条迅速提升自身竞争力的捷径，但是订单的履行和资金的周转是国内企业最头疼的问题。中国造船业大连船舶海洋工程有限公司（简称"大船海工"）曾经接过挪威西德里尔公司的一份订单，其中包括了订购 8 座高规格的自升式钻井，总价值高达 130 亿元人民币。但是西德里尔公司在 2018 年意外地减少了订单数量，导致最后订单没能顺利结算以至于大船海工在 2019 年接近破产，还好国家及时出手，注入了大量资金填补了亏损和欠款，帮助大船海工恢复了正常运营。因此，大船海工的教训值得每一家中国船运企业警醒。并且两家公司在经济制度、法律法规、企业管理及运营模式等方面都存在差异，因此，各方面的风险更应该谨慎对待。

（一）财务风险

国际订单初步完成后，最需要解决的是财务风险问题。一方面，下单方为了博取更大的交易利润，会故意隐瞒企业的真实负债情况，压低产品的价值，使得接单方在未充分了解的情况下可能会利益受损。另一方面，Safe Bulkers 也曾存在经营状况不良，存在货款、劳务拖欠等问题，船只制造生产又属于劳动密集型行业，面临着招工难的状况，会出现工人通过罢工等方式争取更高薪资待遇，因此如何避免财务风险也是常石集团（舟山）造船有限公司需要重点关注的部分。

（二）文化风险

企业文化是企业生产经营理念的体现，它包括企业形象、价值观、社会责任、道德规范、工作制度等多方面内容。由于海内外交易的双方处于不同的地域，文化差异较大，交流过程中很容易引起文化冲突，造成双方的损失。因此，对于 Safe Bulkers 作为欧洲企业，一方面，更强调运用法律、契约和合同等手段，建立规章制度和条例，严格按照规章准则做事；另一方面，欧洲企业文化尊重员工的个人平等和个性独立。而常石集团（舟山）造船有限公司作为中国企业，一方面，讲究以企业大局为重，重视伦理道德；另一方面，企业文化建设可能存在政治化倾向和缺乏创新。因此，在双方合作交流中如何完成文化磨合也是重中之重。

四、合作政策需求

（一）制定跨国人才扶持政策

实现我国对外投资合作高质量发展，离不开高素质、高水平的人才。创新我国对外投资合作高端人才培养体系，为高质量共建“一带一路”，实现“双循环”新发展格局提供持续、专业的对外投资合作高端人才。本国企业是国家在国际市场上的活名牌，我国企业在外投资如果拥有好的声誉，不仅可以帮助国内企业更好的走出去，而且也会提高我国的国际形象。因此政府应当开展技术培训项目，通过合作开设培训中心、举办研讨会和交换项目来实现高级航海员、船舶工程师等的培养。同时需要鼓励浙江省与希腊的大学及海事学院进行合作，培养具备国际视野，具备工科基础、财务知识、境外法律知识和掌握一定营销能力的复合型人才的学生。除此之外，我国政府应当给予跨境投资的复合型人才更大程度的支持，提供出国交流的机会，给予明确的定向培训方式和更大程度的人才补贴，为日后从事跨国企业运营打好基础。

（二）加强两国企业文化交流

企业文化是一家企业长久以来所认同和恪守的价值观念，它融合在企业的每个层面内，包含经营模式、价值理念、员工的工作态度等，是国家历史、国民习惯、地理环境等多因素共同作用的结果，是长期形成的价值观。跨国收购会面临两种文化的冲突，如果处理不好会带来管理混乱，因此，政府应当定期组织文化交流活动，把已投资和有初步意向投资的企业组织起来，加强中希两国企业文化的沟通，让企业了解双方国家的历史背景、社会现状和风土人情，就能更好地理解企业文化的形成和发展，了解员工的思维习惯和行为方式。同时，通过组织更多企业参与文化交流活动，也可以加强当地民众对企业的了解，提升对我国企业的好感度，有助于吸引当地的专业人才，实现互利共赢。

（三）加强双方政府合作机制

浙江省与希腊在海运产业层面具有强大的合作潜力。首先，浙江省与希腊海运产业在国际贸易和物流领域上都具有重要地位，浙江省是中国“一带一路”倡议的关键节点，而希腊是“一带一路”其重要的国际合作伙伴之一。综合来看，浙江省和希腊都依赖海运业作为其重要的产业，共享着相似的政策目标和愿景。这包括着力推进海洋经济的可持续增长，持续改善内河和港口基础设施，积极响应“一带一路”倡议，致力于可持续的绿色发展，并强化国际合作的重要性。这种共通性为两地开展合作提供了坚实的基础。针对这一共同愿景，浙江省和希腊可以考虑建立双边政府合作协议，旨在促进海运业的可持续发展和合作，涵盖航运政策、法规和标准的对接，船舶安全和环保要求的协调以及海事监管和执法合作等方面。建立信息交流和合作平台促进信息共享、政策对话和经验分享，以推动海运业的可持续发展。通过定期会议、研讨会和工作组等形式，就海运业相关政策进行协调和借鉴，加强双方政府间的交流与合作，在航运发展规划、船舶安全管理、环保要求和低碳政策等方面相互学习和借鉴经验。这一双边协议将为两地的海运业提供更多的机会，通过政府层面的合作，促进业界更广泛的合作。这将为两国的经济带来更多的机遇，促进海运业的可持续增长，同时确保海洋资源得以充分保护。

第二节
浙江省中控太阳能公司投资希腊 Minos 光热发电项目

一、主体简介

（一）浙江省中控太阳能技术有限公司

浙江省中控太阳能技术有限公司成立于2010年，是全球领先的熔盐储能光热发电解决方案提供商，专注于塔式光热发电与熔盐储能的技术研究、装备研制与工程化应用，深度聚焦光热发电及多能互补发电业务，并积极布局以熔盐储能为核心的综合能源应用领域，致力于通过先进、高效的可再生能源利用技术，为人类社会提供高品质、低成本的绿色清洁能源。

该公司专门从事太阳能热发电（Concentrating Solar Power，简称CSP）技术研究和解决方案的开发，以光学、物理学、热能技术、自动化技术、发电技术、软件工程为核心技术基础，为电力运营商提供太阳能热发电核心技术和方案设计。

太阳能热发电已经成为全球关注的可再生能源重要发展方向。该发电技术不同于太阳能光伏发电（光直接转换为电），太阳能热发电采用全天候随动驱动定日镜实现聚焦阳光加热工质（水、熔融盐或者空气）产生蒸汽，并通过汽轮机带动发电机发电。中控太阳能公司依托浙江省中控技术股份有限公司搭建了算法研究、机械、电气、软件、热工、蓄热、工程实施等综合性的科研攻关和产业化组织机构，开发了完全自主知识产权的模块化太阳能塔式热发电系统解决方案，已经掌握太阳能聚光、光热转换、蓄热和系统集成等方面的核心技术，已经申请发明专利累计16项，该技术利用小尺寸镜面随动驱动和基于通信总线技术的全镜场协调控制，具有实现规模、光能转换效率高、集热温度高、装备运行寿命长等特点。浙江省中控太阳能技术有限公司采用产、学、研相结合的形式实现太阳能热发电技术的产业化，该领域具有广阔的市场前景。

（二）希腊光伏产业

希腊在光伏产业方面崭露头角，成为可再生能源领域的翘楚。尽管市场风险和政策变革等挑战不容忽视，希腊政府坚定地致力于实现可再生能源目标。欧洲地缘政治紧张局势对希腊能源产业产生一定影响，但凭借其丰富的自然资源，希腊积极发展了光伏发电、太阳能和风能等领域。通过《国家气候法》等政策，希腊政府明确了减排目标和绿色发展路线。截至2022年，希腊的光伏新增装机容量已达1340兆瓦，同比增长接近60%，标志着光伏行业蓬勃发展。太阳能发电在能源结构中的占比不断提高，已成为希腊能源领域的核心组成部分。希腊光伏市场的普及率在全球位居前列，得益于丰富的太阳能辐射，政府补贴以及像科扎尼光伏园区等大型项目的持续投资。此外，希腊政府鼓励居民采用清洁能源，并为太阳能电池板的安装提供慷慨的补贴。尽管如此，市场规模有限、政策不稳定以及相对有限的资源等问题仍然存在。但希腊光伏产业前景光明，政府积极推动可再生能源项目，简化批准程序，引入储能监管框架，以吸引更多企业的投资。在这一进程中，中国积极参与合作，为希腊的绿色能源发展注入了新活力。预计希腊的光伏市场将继续增长，为可持续能源发展作出积极贡献。

（三）投资项目简介

2019年，浙江省中控太阳能技术有限公司与中国能建葛洲坝国际集团组成的联合体签订希腊MINOS50MW光热发电项目EPC合同，中国光热发电首次以“技术+装备+工程+资金+运营”的完整全生命周期模式走出国门。作为中国领先的CSP塔项目开发商、EPC和技术提供商，浙江省中控太阳能技术有限公司拥有并开发了中国第一个10MW CSP项目和著名的50MWSUPCON熔盐塔CSP项目。MINOS50MW项目有望在浙江省中控太阳能技术有限公司的丰富经验的基础上执行。在EPC合同签约仪式上，Nur Energie公司董事会主席Kevin Sara回顾了与葛洲坝国际公司、中控太阳能公司的合作历程。他表示，基于葛洲坝国际公司强大的国际工程能力，以及中控太阳能公司全球领先的光热发电技术，他对本项目取得成功充满信心。

MINOS50MW CSP项目位于希腊克里特岛的东南部，将是希腊的第一个CSP项目。克里特岛上的基地是欧洲太阳能项目最好的地区之一，因为它具有最大的太阳能资源潜力。该项目将采用塔式CSP技术，装机容量为50MW，熔融盐储热系统为5小时。一旦建成，它就能提供相当于每年当地电力需求10%的高质量清洁电力。在满足当地不断增长的电力需求的同时，大大增加当地清洁能源的比例，保护岛上的生态环境和旅游资源具有重要意义。

二、合作情况

（一）合作优势

浙江省进军新能源产业具有较强优势。新能源产业是代表未来技术变革和能源发展方向的战略性、先导性产业，具有来源广泛、清洁低碳、高效安全等特征，已成为全球产业竞争和大国能源博弈的必争之地。在新能源应用带动和政策导向加持之下，浙江省新能源产业发展迅速。据公开数据可知，2023年一季度浙江省新能源产业增加值增长33.10%，拉动规模以上工业企业增加值增长1.3个百分点。太阳能电池、风力发电机组等新能源产品产量分别增长52.62%和32.4%，新能源汽车零售额增长61.01%，整体发展呈现良好态势。在“碳中和”的大背景下，浙江省将迎来新能源产业发展关键期与战略机遇期。

2022年，浙江省新能源装机容量2962.41万千瓦，全年并网光伏、风电等新能源电力748.81万千瓦，创历史新高。截至2023年3月，全省风电及光伏累计装机容量突破3000万千瓦，占全省电源总装机比超四分之一。随着风光装机容量的增长，全省新能源电力日发电量最高达1.56亿千瓦时，同比增长4.72%。

浙江省在绿色能源领域取得了显著的成就。截至2022年，该省拥有184家规模较大的光伏企业，实现的工业总产值达2498.62亿元，同比增长64.91%。光伏组件产量达98GW，占全国产量的33.95%（全国总产量为288.7GW），电池产量则为75GW，占全国产量的23.6%（全国总产量为318GW）。此外，风电产业链初具规模，覆盖了整机制造、齿轮箱、变流器、勘察设计等各个环节。该省的风电产业在全国范围内位居前列，截至2021年，新增风电装机容量为178万千瓦，累计装机容量达到364万千瓦。

浙江省的核电产业也取得了创新性发展。截至2022年，省内拥有三座核电站（包括海盐秦山核电站、三门核电站和温州三奥核电站），在运机组的总装机容量达到916万千瓦。该省核电机组数量占全国总数的五分之一，核电发电量占比达17.75%，装机容量占全国总量的16%，位居全国第三。

此外，新型储能领域也取得了显著进展，浙江省在储能电池的研发、制造和技术创新方面具备全国竞争力。不仅如此，浙江省成功实现了潮汐能源的长期并网运行，潮流能发电站总装机容量达到3.3兆瓦，位居世界前列。浙江省还初步形成了氢能产业链，尤其是杭州湾地区（如嘉兴、杭州和宁波），覆盖了氢能的生产、储存、运输和应用等多个环节，涉及的企业超过50家。

希腊位于巴尔干半岛南端，国土面积约为13万平方千米。该国的大陆部分三面临海，因此大部分滨海地区和半岛地区拥有相对丰富的风能和太阳能资源。希腊提出了要在不久的将来成为东地中海地区的能源枢纽的愿景，进一步凸显了希腊在能源领域的重要地位。值得一提的是，希腊是第一个正式加入“一带一路”倡议的欧盟创始国，也是仅次于德国、波兰和捷克共和国的欧洲最大的煤炭生产国之一。随着“一带一路”倡议的不断推进，中国在沿线国家的投资和贸易规模持续扩大，因此全面评估投资环境和准确把握投资机会成为企业投资的关键驱动力。

希腊能源部已向欧盟委员会提出了减少对褐煤发电的依赖，提高可再生能源的占比，加快向绿色经济的转型。希腊总理米佐塔基斯（Kyriakos Mitsotakis）曾明确表示，希腊应着重实现数字经济和绿色经济的转型，并抓住第四次工业革命的机遇。在经济复苏过程中，大力发展新兴产业和高科技产业，将希腊打造成南欧的知识中心和高新技术中心，吸引人才，推动经济发展，以减少外部因素对经济发展的影响。此外，希腊还在积极寻求实现能源多元化和可持续性，以满足未来能源需求。

（二）合作目的

浙江省的光伏产业呈现“中间大，两头小”的格局，缺乏晶科能源、隆基股份等“链主型”企业。在风电产业领域，全省仅有上市公司 2 家，低于江苏的 9 家和山东的 4 家，且其风电龙头企业运达股份在海风电方面较金风科技等企业仍存在差距。锂电储能领域，尚缺乏宁德时代等具有大规模生态带动效应的龙头企业。因此浙江省应积极探求和希腊方的技术合作，共同发展绿色经济。

三、合作风险

跨国公司在新建工厂时拥有更高的自由度和更多的主动权，和跨国并购相比可以有效减少与当地企业和员工的冲突，但同时也面临更长时间的自身建设和更大难度的市场开拓，在此过程中可能会遇到更大的投资合作风险。

（一）筹资风险

浙江省新能源企业对外直接投资遇到的筹资风险，主要是企业在对外直接投资过程中以及在投资后负债经营过程中，由于不确定因素导致的企业投资收益受损。同时，新能源企业绿地投资的金额通常较大，很多情况下不能仅依靠企业自有资金解决，需要通过向银行贷款、发行股票或债券、引进其他投资者等多种方式进行筹资，但很多机构担心跨国投资风险的不可控，一般不太愿意开展这项业务。这一过程中的风险可以分为两方面，一方面，不同方式筹集的资金来源和比例构成了融资结构。企业在进行融资结构设计和进行筹资活动的过程中，面临着很多不可控的风险，需要对各种筹资方式进行评估和预判，分析能够与自身风险承担能力相匹配的筹资方式和融资结构。另一方面，由于外汇变化、利率变动、融资结构失衡等因素导致在绿地投资过程中，大额资金的筹资成本也在浮动变化，可能会给企业带来额外的投资风险。

（二）供应链风险

企业的供应链管理总是面临着各种各样的风险，如内部风险与外部风险，现实风险与潜在风险，静态风险与动态风险等。希腊作为新能源大国，主要优势来源于其丰富的自然资源，但是在机械技术制造行业相对薄弱，因此可能产生供应链风险。具体而言，一方面，希腊无法短期内搭建起与新能源相适应的配套基础设施，可能会造成原材料供给、设备搭建无法协调的问题，最终不得不从国外进口相关配件，提高了生产成本和供应链风险。另一方面，供应链上的各个供应商可能会对如何搭建能源平台缺乏技术了解，缺少相应设备和技术人员，在基础设施以及运营模式探索上也存在欠缺，这些方面的学习需要一定时间的积累。因此，浙江省与希腊的新能源行业合作也面临着供应链不安全的问题。

（三）希腊自身风险

希腊在 2007 年后经历了严重的经济危机，一直到 2017 年才逐渐走出困境，开始出现经济上升的迹象。尽管在 2018 年和 2019 年，该国的经济增长率都保持在 2% 左右，但 2020 年新冠疫情的暴发对希腊经济造成了严重的冲击，增加了未来经济发展的不确定性。随着从传统能源向可再生能源的转型，该国新能源发展面临一个重要挑战，即建设新的电力输电基础设施。尽管政府正在推动电力部门的改革，但要从资金投入到实际成果的取得，需要经历一个逐步过渡的过程。

四、合作政策需求

（一）推动新能源产业园区建设

在希腊政府的政策鼓励和新能源产业光明前景的吸引下，越来越多的国际知名新能源企业开始在希腊投资和开展业务。这对于希腊来说，是一个全新的机遇，也标志着该国正在积极转型，以适应未来的新能源产业趋势。政府已经采取了一系列措施，以促使传统能源向新能源的转型，推动国家的可持续发展。为了提高新能源产业的效率，扩大市场规模，希腊政府可以考虑建设新能源产业园区，这一举措可以从以下几个方面展开。

首先，政府需要激励领先新能源企业发挥示范带头作用，引领产业链的发展。政府可以制定政策，鼓励这些企业在新能源汽车生产、新能源电池、充电设施等领域展开深入合作，以建设符合新能源汽车产业发展趋势的产业园区。

其次，政府可以培育一批在新能源领域具有较强技术创新能力的企业。特别是在风电、水电、核电等领域，政府可以提供支持和鼓励企业不断创新，以形成完整的供应链体系。这将吸引更多的国际投资，加速新能源产业的发展。

最后，政府可以考虑为入驻该园区的企业提供一定的审批、资金、土地、人才和产业配套等方面的优惠政策。这将有助于吸引更多的企业和服务机构加入新能源产业聚集区，形成产业集聚效应，从而提高整个新能源产业的综合竞争力。

希腊政府的积极举措和鼓励政策为新能源产业的发展提供了强大支持，也将有助于希腊实现可持续能源发展的目标，推动国家经济的繁荣。这一举措将使希腊在新能源领域成为一个备受瞩目的国际新能源中心。

（二）完善新能源产业对外投资金融服务体系

新能源产业在希腊蓬勃发展，而且这一行业通常具有较高的资本需求和较长的投资周期。在希腊政府鼓励新能源领域的投资和发展时，需要注意解决资金问题、建立健全金融服务体系，以保障该行业的持续健康发展。主要是构建融资支持体系和金融服务体系。

首先，对于构建融资支持体系，希腊政府可以积极促进多元化的资金渠道，以确保新能源产业投资的顺利进行。政府和金融监管部门可以适度放宽金融管制力度，以鼓励企业融资。在银行信贷方面，政策性银行如希腊进出口银行可以提供更多对新能源项目的支持，同时商业银行也应该扩大对企业的贷款支持。在金融租赁方面，政府可以取消对外投资金融租赁的限额限制，鼓励企业进行设备租赁。此外，政府还可以推动企业的上市融资和债券融资，以帮助它们筹集更多资金用于发展。在产业基金方面，政府可以出台相关政策，为新能源产业提供补贴，提高希腊新能源企业的国际竞争力。

其次，为了完善新能源产业的金融服务，政府可以简化金融服务流程，明确金融服务要求，扩大金融服务范围。在外汇管制方面，政府可以简化用汇审批程序，建立用汇信用记录和实施负面清单管理，提高资金的使用效率。在对外投资风险担保方面，政府可以引导国内保险公司扩大对外投资保险业务，帮助企业建立健全风险保障机制，以减小对外投资中可能出现的经济风险。这些措施将有助于新能源产业在希腊持续健康发展，推动国家迈向更加可持续的能源未来。希腊政府在新能源领域的积极举措将吸引更多投资，并为新能源行业的增长提供坚实的金融基础。这也将帮助希腊在新能源领域取得更大的进展，为可持续发展作出积极贡献。

（三）加速国际化人才的培养和引进工作

优秀的国际化专业人才已成为当前中国新能源行业对外直接投资过程中急需的稀缺性资源。中国新能源企业应加强具有战略管理能力的高层次国际化人才的培养和引进力度，打造职业化、专业化、知识化的高素质干部队伍，建设一支年轻化、有能力、守纪律的员工队伍，构建起与公司发展目标相匹配的培训体系、绩效体系。优化新能源企业国际化人才结构，从而能够充分发挥核心人才队伍的各项效能，为新能源企业对外直接投资事业的顺畅发展和稳健运营，提供稳定可靠的人力资源保障和智力支持。在现有人才培养方面，应基于长期发展战略，联合国际发达国家新能源企业或高校，有批次地推进现有企业经理层和员工层的国际化学习提升，结合企业发展需要，进行海外派遣锻炼，增强现有人员的国际化理论与实践能力；在人才引进方面，应拓展全球性的人才招聘渠道，在先进的发达国家新能源产业集聚地进行常态化招聘，引进跨国新能源企业经营管理人才和技术研发人才，加速国际化人才的积累和储备，实现推动新能源企业核心竞争力的提升。这将为新能源行业的国际化发展提供坚实的人才支持，促进其在全球市场的竞争力。

第三节
复星集团投资希腊酒店项目

一、主体简介

（一）复星集团

复星集团创立于 1992 年，经过逾 30 年的发展，已成为一家创新驱动的全球家庭消费产业集团。复星旗下业务包括健康、快乐、富足、智造四大板块，拥有复星医药、豫园股份、FIDELIDADE、H&A、PeakRe、Club

Med 等知名企业。复星集团秉持让全球家庭生活更幸福的使命，致力于服务全球 10 亿家庭客户，聚焦健康、快乐、富足的幸福生态系统。2007 年复星国际在香港联交所主板上市（股份代号：00656. HK）。截至 2021 年 6 月 30 日，公司总资产达 7789 亿元人民币（约合 1206 亿美元），在 2021 福布斯全球上市公司 2000 强榜单中列第 459 位，连续三年在中国民营企业 500 强榜单中列前 50 位，截至 2023 年 6 月 30 日，复星集团总资产达 8349 亿元人民币。复星集团植根于中国，成长于全球。复星长期坚持“创新”和“全球化”两大核心增长引擎，是国内少数既积累了深厚科技与创新能力，又具备全球运营与投资能力的企业。

（二）希腊旅游规模

希腊旅游业是获得外汇和维持国际收支平衡的重要经济部门。自 20 世纪 60 年代以来希腊的旅游业发展迅速，入境游客人数连年增长。近些年来，希腊政府将旅游业发展重心从一味地增加游客数量转向提高游客的平均消费水平，并且取得了较好的经济收益和社会效益。旅游方面，希腊作为地中海明珠，拥有令人陶醉的自然风光、世界著名的古代历史遗迹、丰富的珊瑚和美味的地中海美食，以及一系列美不胜收的海滩和岛屿。游客在这里体验到古老的文明和岛屿现代的热情，享受海滩度假和文化之旅，沉浸在美丽的景色和独特的文化中。旅游资源丰富多样，每年吸引着数百万游客前来探索这个神奇的国家。

而在酒店项目方面，希腊鼓励开发现有酒店企业，特别是居住区之外的大型旅游投资的地点。对于地点较偏僻的景点，政府正在补充酒店等旅游配套设施以满足不断增长的需求，同时大力支持旅游部门初创企业的发展，特别是在创造促进旅游产品和体验旅游互联的创新产品方面的企业。

二、合作情况

（一）合作优势

近年来，浙江省文化厅加强与中东欧国家的文旅交流与合作，坚持“引进来”与“走出去”。近 10 年来浙江省旅游规模以及希腊旅游规模均在逐渐扩大，说明浙江省与希腊的居民在满足基本的物质生活后，对于精神层面的生活需求也开始提高，而双方都拥有较浓郁的旅游文化和数不胜数的旅游景点，浙江省拥有国家级文物保护单位 88 处，省级 321 处，市县级 1674 处，共有文物保护点近 4 万处，中国历史文化名城 13 个。希腊拥有雅典卫城、凯法利尼亚岛、爱琴海等多处全球闻名的文化景点，吸引着世界各地的旅游爱好者。

（二）合作细节

2022 年 3 月，中国复星旅游文化集团（简称“复星旅文”）在新闻发布会上表示，将继续扩大在希腊的投资，当年将在希腊萨摩斯岛、米克诺斯岛、罗德岛和科孚岛开设四家新的酒店，大举进军旅游业。复星旅文的副总裁表示，这四家新酒店将在 5 月、6 月开业。他还补充说：“希腊首都雅典是一个重要的目的地，因为它很好地结合了商务和休闲出行的需求。复星旅文对于雅典里维埃拉区域兴趣浓厚，正寻找在该区域进行投资的可能。”2021 年，复星旅文已在希腊克里特岛、罗德岛和科斯岛投入运营四家酒店，2023 年还将在罗德岛再增加一家酒店。此外，该集团还计划在雅典、扎金索斯岛、萨索斯岛、哈尔基季基开设新的酒店，并在科斯岛和克里特岛修建新的项目。作为全球知名旅游、度假、蜜月胜地之一，希腊一直备受全球投资人的青睐，亦让世界各地的游客都为之心驰神往。

除了酒店项目之外，复星集团也在 2014 年 6 月投资希腊雅典海利尼肯旧机场改造项目。海利尼肯旧机场改造项目是欧洲最大的市区发展项目，总投资额达 80 亿欧元，约创造 7.5 万余工作岗位。该项目于 2018 年动工，五年内完成第一期。

（三）合作目的

复星集团投资希腊酒店项目主要是为了拓展公司国外旅游项目的开发、建设，实现全球化布局，增加公司利润增长点，提高公司经营的抗风险能力，为公司今后的发展奠定基础，实现公司持续、稳定、快速发展。同时，可以扩大公司房地产项目在全球市场的份额，符合公司发展需要和长远规划，也有助于接触外国客户，提升公司品牌在欧洲的影响力。

目前，希腊旅游业已经成为了希腊的支柱产业。2021 年 6 月希腊旅游业收入 7.91 亿欧元，相比 2020 年同期的 8300 万欧元，增幅为 851.81%。疫情期间，这一系列漂亮的数据，是让复星集团执意投资的根本原因。旅游业的回暖使得国际游客大批回归，激活了希腊旅游业，更使酒店、民宿、房租等大幅回暖，从而拉动了房地产市场，因此加大海外投资、抢占市场具有一定的战略价值。

三、合作风险

1. 法律风险

由于不了解东道国的具体情况、不熟悉东道国法律法规及相关政策，加之自身经验的缺乏，经常发生一些意料之外的风险事件，导致投资项目进度拖延、成本增加，造成较大的损失。复星集团投资酒店项目建设周期长，可能面临各种不确定因素，从而导致项目竣工及正式投产不能按照协议约定的期限完成。同时，未来市场情况、项目实际投资金额、建设周期等也将对实现业绩存在一定不确定性。若因为不确定因素的影响导致项目的延迟或者无法完成，复星集团作为国外企业，对当地的法律不了解，可能出现法律风险。同时对于他国旅游业的投资，希腊方相关文件主要集中在鼓励支持层面，缺乏相关的强制性规定和法律责任划分规则。因此在出现冲突时，可能导致双方陷入僵局，最终导致投资项目无法完成，造成巨大损失。

2. 文化风险

跨国经营使企业面临东道国文化与母国文化的差异，这种文化的差异直接影响着管理的实践，构成经营中的文化风险。在一种特定文化环境中行之有效的管理方法，应用到另一种文化环境中，也许会产生截然相反的结果。随着经济全球化进程的加快，各国公司、企业跨文化的经济活动日益频繁，大量跨国公司的出现使一个公司内部的跨文化经营管理活动大量增加。由于文化不同，跨国经营管理中产生了许多误会和不必要的摩擦，影响了公司有效运行。如 20 世纪 70 年代肯德基首次进入香港市场的失败，迫使其重视和利用文化因素，注重将自身产品和服务与当地民族文化、地区文化相结合。文化因素是各国企业特别是跨国经营企业走向经济全球化时面临的巨大挑战，企业必须具备识别和处理文化风险的能力，才能立于不败之地。尤其是在旅游投资项目上，更要尊重当地风俗，加以融合本地文化特色，在扩大影响力的同时加强文化交流与学习。

四、政策需求

（一）完善旅游基础设施建设与服务

在旅游基础设施建设方面，包括交通、酒店、通信、餐饮、娱乐等，浙江省与希腊政府双方应该加大投资。政府应拓宽融资渠道，可以发挥民营资本的作用，也可以吸引他国投资来加大对旅游基础设施的投入。同时应当制定与旅游合作相关的法律法规，使企业在投资旅游基础设施建设方面获得可靠的法律保障，提升投资积极性。除此之外，政府还要提高基础设施的使用率，使得投入的资金获得高回报。

（二）加大企业投资扶持力度

对于中小旅游企业而言，投资他国，商谈旅游路线等都需要通过融资方式吸收资金。融资渠道除了市场化的融资方式之外，还可以通过政府资金支持。浙江省政府应提供相应的担保与支持，鼓励中小旅游社进一步开拓市场化融资。中小旅游社对希腊的旅游项目投资符合投资的领域，同时旅游产业属于我国重点发展的第三产业，可以获取地方政府产业扶持政策，解决中小旅游社在进行国外旅游景点投资时出现的资金缺口问题。除此之外，浙江省政府可以鼓励本省旅游企业与希腊旅行社合作制定多项定制性服务路线，使旅游产品形成丰富的产品体系，满足浙江省和希腊不同游客的需求。

（三）加强旅游文化宣传

中国旅游产业博览会由国家旅游局和天津市人民政府共同主办，自2009年以来已成功举办九届，共吸引了来自80多个国家和地区及全国31个省区市的代表团参展，参观者达到177余万人次，展会交易额达150亿元，签约项目达1100多项，受到旅游业界的赞誉。在2018年的中国旅游产业博览会上，主办方设置国际旅游展区，展示有关国家和地区旅游形象、旅游线路、旅游产品、旅游商品、特色表演等内容。浙江省人民政府应积极鼓励本省文化部加强宣传，为世界各国和全国各地旅游行业搭建一个旅游产业的平台。除此之外，随着旅游行业的现代化发展，不少景区也不断升级迭代，纷纷打造数字化智慧景区，并入驻自媒体渠道直接在流量端宣传推广，引流获客。在浙江省与希腊的旅游宣传上应加强和发挥各大社交平台的作用，包括图文、视频等，以吸引相对应的用户。

第四节 浙江省与希腊投资合作的对策建议

本章选取三个典型案例从公司简介、投资合作优势、投资合作目的、投资合作模式、投资合作风险和投资合作政策需求方面进行分析，为政府更好地帮助企业走出去，切实解决企业遇到的困难提供对策建议。

浙江省具备强大的制造产业链和高度发达的经济水平。在国家政策的鼓励下，浙江省的企业积极参与国际市场，逐渐展现出对希腊的投资增长趋势。与此不同的是，希腊对浙江省的投资相对较少，可能因为希腊地理位置偏远、两国距离较远以及希腊产业结构相对固定的原因。浙江省对希腊的投资主要集中在纺织业、新能源领域和旅游服务业等领域。表面上，这些投资可能会带来积极效应，例如，获取先进技术、提高自身技术水平，获得国际知名品牌以提升自身品牌影响力，或者获取广泛的分销渠道以便快速进入国际市场。然而，实际操作中也存在一些挑战和风险。难以准确评估被并购企业的真实价值和并购成本是否合理，以及如何有效整合被投资企业。同时，资产和技术的顺畅转移与应用可能会面临一些困难。还有与被投资企业的工会关系需要妥善协调，以确保合作的顺利进行。此外，对东道国的法律和政策限制因素了解不足或发生变化也可能对投资产生不利影响。综上所述，这些问题需要在今后的浙江省企业与希腊企业的对外直接投资中得到充分考虑。

一、完善两国投资交流机制，加强政企沟通协作

精准的顶层设计是有关浙江省与希腊投资合作的关键前提。通过谨慎策划，中方可以合理安排工作计划，规划浙江省企业的中长期国际化目标和希腊外商引进政策的支持措施，向全社会明确发展方向。透过详细分解和梳理各合作阶段的关键工作，充分发挥双方的优势、特点和需求，确保金融和经济的稳定，保障产业链和供应链的通畅，为浙江省和希腊双向投资创造更多机遇和条件。

希腊是中国与中东欧合作的重要伙伴，中希两国在中国—中东欧国家合作机制、中国—中东欧国家投资贸易博览会、中国—中东欧国家经贸合作示范区、中国—中东欧国家经贸促进部长级会议等大型国际合作活动中保持着积极的互动。双方不断设立合作机构，如中国—中东欧国家农业合作促进联合会代表处、联合商会联络办、海关信息中心等，这些机制性机构不断完善了双方的投资与交流机制。未来，在现有的合作机制基础上，中方可以进一步加强与希腊的投资合作，首先，建立示范模式，探索投资合作的新途径，从希腊入手，然后扩大到更多中东欧国家。此外，政府还可以鼓励浙江省与希腊的企业充分利用现有的创新平台，推动技术引进、跨国并购和绿地投资等合作，打造具有代表性的跨境产业合作园。在企业国际化的过程中，不可避免地会面临各种挑战，因此政府可以定期举行政企交流会，积极倾听企业在投资和经营中的需求，提供相应政策支持，以帮助企业克服困难，提升其国际竞争力。

二、打造良好的营商环境，吸引希腊外商投资

浙江省和希腊都拥有坚实的制造业基础，这使两地在投资合作方面具有很大的潜力。然而，目前来看，希腊对浙江省的投资规模相对较小。因此，政府有必要改善自身的营商环境，以吸引更大规模、更深层次和更广泛领域的外商投资。浙江省一直以来都是全球先进制造业的重要基地，涵盖了高端装备制造、节能环保、电子信息、物联网、新能源、新材料等战略新兴产业，同时也拥有传统产业领域，如纺织化纤、服装、家电、装备制造、金属加工及制品、日用小商品等。这些领域与希腊的工业产业高度契合，为投资合作提供了广泛的机会。

同时，宁波市正在积极推动中国—中东欧国家经贸合作示范区的建设，还设立了中东欧工业园、中东欧贸易物流园、中东欧青年创业创新中心等平台，这些都将为希腊企业在浙江省的投资提供更多支持和服务，推动浙江省和希腊的投资交流合作取得新突破。

为了吸引更多的希腊投资，浙江省应积极加强对外资企业的服务，建立领导挂钩联系机制和跟踪协调的服务机制，以保护外资企业的权益、促进公平竞争、提供便利措施。具体来说，应该加强知识产权保护，建立外资企业投诉处理机制，为外资企业提供国民待遇，并提供税收减免和补贴等激励政策。此外，浙江省还应加快数字化改革，建设数字经贸促进中

心，提供在线综合服务，以及强化示范区和自贸区的协同作用，创新便利化措施。通过打造一流的营商环境，浙江省将推动与希腊的投资合作不断向前发展，实现高水平的开放。

三、完善风险常态化应对机制，拓宽对希腊投资领域

浙江省企业应充分结合浙江省的产能优势，与希腊的发展需求、关键技术以及国际市场模式，积极推动双方的投资合作。目前，浙江省对希腊的投资主要集中在纺织业、新能源、旅游服务等领域，尽管规模相对较小，但未来可以在巩固现有领域的基础上，进一步扩大投资的领域和规模。为了有效支持企业的国际化发展，政府应建立常态化风险管理措施。这包括建立风险管理机制和设立更多的境外服务站。政府应重视国际政治和经济的动态变化，设立专门的风险管理机构，以协助企业在“走出去”过程中预防潜在风险。同时，政府还可以通过商会、协会等机构，进行投资调研、产品推介、技术宣讲和政府沟通等工作，借鉴成功的国际服务站经验，降低企业在希腊投资和经营中可能面临的政治和区域风险。这有助于建立一个高效的节点网络，分散和减轻潜在的风险，以促进浙江省企业在国际经济合作中的成功发展。

第四篇

浙江省与希腊的产业合作

第九章

浙江省与希腊海运产业合作

海运产业作为全球产业链的前沿产业，是浙江省和希腊发展的重点行业，因此本章将对双方海运产业合作予以分析。海运是推进全球可持续发展的关键力量，合作将持续赋能双方经济的可持续增长。本章将从合作基础、合作政策和合作展望三个方面分析浙江省与希腊海运产业的合作。从双方海运产业合作现状分析双方海运产业的演进特征；从双方海运产业的发展政策分析双方海运产业合作的政策基础；基于双方海运产业的发展优势梳理出双方的合作方向。

第一节
浙江省与希腊海运产业合作基础

海运作为目前全球运用最为普遍的运输方式。浙江省和希腊双方都对海运产业给予了十分的重视。本节通过梳理双方海运产业的发展现状，探寻双方的合作方向。

一、浙江省海运产业发展现状分析

（一）浙江省海运港口发展现状

港口是重要的物流枢纽和基础设施，在全球物流链、供应链畅通中发挥着重要作用。作为沿海省份的浙江省面朝太平洋航道，背靠长三角经济圈，处于“丝绸之路经济带”和“21 世纪海上丝绸之路”交汇处，是中国外贸产业链、供应链畅通运转的关键节点。2021 年浙江省港口货物吞吐量为 192833. 76 万吨。虽承受了全球市场贸易下滑、疫情影响等不利冲击，同比仍上升 3. 98%。其中外贸货物吞吐量为 59432. 79 万吨，同比上升 5. 23%。全省完成集装箱吞吐量 3610. 74 万标箱，同比增长 8. 53%。浙江省沿海港口吞吐量保持了 10 年增长，如图 9 – 1 所示。

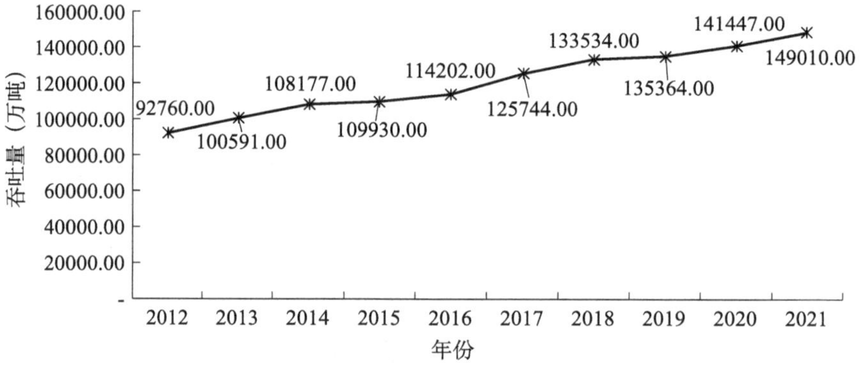

图 9 – 1　浙江省沿海港口货物吞吐量

资料来源：《浙江统计年鉴 2022》。

截至 2020 年，浙江全省集装箱班轮航线 260 条，其中“一带一路”航线 101 条，联通全球 190 多个国家和地区的 600 多个港口。沿海港口承担了长江经济带沿线 40% 以上的外贸进口铁矿石、50% 以上的进口粮食，以及长三角地区 40% 以上的外贸集装箱运输量、99% 的原油接卸量。沿海港口万吨级及以上泊位总数达到 265 个，宁波舟山港穿山港区成为全球第三个千万级单体集装箱港区。拥有舟山实华 45 万吨原油码头、新奥 15 万总吨 LNG 接卸码头、鼠浪湖 40 万吨矿石中转码头、嘉兴独山煤炭海河联运中转码头等一批油、气、矿、煤等大型化、专业化泊位，可接卸全球最大专业运输船舶。

宁波舟山港是浙江省的主要港口，是中国东海沿岸最大的港口，也是全球最繁忙的港口之一。宁波舟山港近岸 10 米以上深水岸线长达 333 千米，区位优势得天独厚，加之连年来浙江省海洋港口“一体化”的实施推进，目前已实现了非常显著的成果。2021 年宁波舟山港完成货物吞吐量 12.24 亿吨，同比增长 4.41%，连续 13 年位居全球第一，完成集装箱吞吐量 3108 万标准箱，同比增长 8.22%，成为继上海港、新加坡港后全球第三个 3000 万级集装箱大港。2021 年宁波舟山港的货物吞吐量占全省六成以上。详见图 9－2。

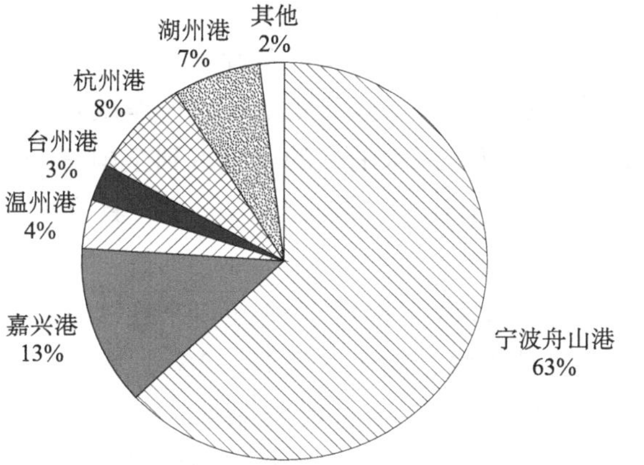

图 9－2　2021 年浙江省主要港口货物吞吐的分布

资料来源：《浙江统计年鉴 2022》。

宁波舟山港核心港区主航道水深 22.15 米以上，30 万吨级巨轮可自由进出，40 万吨级以上超级巨轮可候潮进出，是世界少有的深水良港，也是国内最大的铁矿石中转基地和原油转运基地、重要的液体化工储运基地和华东地区的煤炭、粮食储运基地。宁波舟山港每年的货物吞吐量在世界主要港口中遥遥领先，作为我国大陆重要的集装箱远洋干线港，它也是世界集装箱运输发展最快的港口，2008 年吞吐量突破 1000 万标箱，2015 年突破 2000 万标箱。2021 年面对国际集装箱海运运转不畅、运力紧张等，宁波舟山港强化与航运公司、铁路部门合作，织密集装箱航线网络和海铁联运网络。航线数量创 287 条的新高，一年新增 27 条；海铁联运班列图定运行线增至 21 条，业务辐射全国 16 个省份。除此之外，宁波舟山港智慧化水平全球领先，自主研发 n－TOS 集装箱码头生产操作系统，应用 5G 等现代自主可控技术打造自动化码头，实现全国首个集装箱进出口业务全程无纸化、节点可视化操作。

目前浙江省正积极推进宁波舟山港一体化以及温（州）、台（州）、玉（环）、乐清湾地区的港口资源整合，构建集装箱等多货种运输体系，打造以宁波舟山港为主线，温（州）、台（州）和嘉兴港为两翼的现代港口体系。

（二）浙江省船舶业发展现状

船舶业是现代综合性产业，为海洋开发、航运交通、能源运输、国防建设等提供必要的技术装备，是我国制造业中不可或缺的重要组成成分。浙江省船舶制造业发展历史悠久，发展基础好，区位优势明显，是我国重要的船舶制造基地。浙江省处于长三角地区，海岸线长，拥有众多的深水良港，能够建设万吨级以上深水泊位的岸线占到全国三分之一，其中可建设10万吨级深水泊位达100个，居全国第一位，具有发展船舶制造业的独特区位优势。

浙江省船舶行业于2020年扭转2013年以来连续亏损局面。2021年全省共完工船舶272万载重吨，同比增长16.32%。其中出口船舶163.27万载重吨，同比增长12.51%；新承接船舶422.91万载重吨，同比增长85.72%；承接出口订单249.91万载重吨，同比增长120.91%；手持订单564.62万载重吨，同比增长17.31%。受益于船舶制造业回暖的拉动效应，船配企业也迎来发展小高潮。2021年浙江省船配产值同比增长21%，省内主要船配企业产值平均增幅30%。企业持续加大研发投入，不断推出受到市场青睐的优质产品，也是船配业快速发展的有力支撑。绿色环保发展成绩显著。环保整治力度持续加大，骨干船企着力推进对现有生产设施、设备的替代更新，加快光伏屋顶、风能发电等清洁能源部署，注重“绿色工厂”改造。先后建造交付了全国首批纯电推进水上巴士客船、99客位纯电推进客渡船、国内首艘纯LNG动力内河公务船等多艘运用LNG/LPG、电池的新能源技术船舶产品。

从细分行业看，2021年浙江省船舶制造、修理、船配和海工分别占全省船舶工业总产值份额为43.1%、36.0%、13.0%和0.4%。其中船舶制造尽管还保持较高份额，但与“十二五”和“十三五”时期的均值（71.2%，59.0%）相比，因市场持续的低迷、产能的退出，份额已大幅下降；船舶修理却从“十三五”末（2018—2020年）进入快速增长通道，

2020年占比一度超过船舶制造，2021年受疫情防控影响，船舶修理产值下降24%，占比较上年减少6%；船配业在船舶制造业拉动下，产值同比增长21%，占比较上年提高约3%。海工产业因细分行业大环境不佳，依旧维持低位。如表9-1所示。

表9-1　2011—2021年浙江省船舶细分产业产值及占比情况

细分行业	“十二五”时期		“十三五”时期		2021年	
	均值（亿元）	占比（%）	均值（亿元）	占比（%）	均值（亿元）	占比（%）
船舶制造	677.7	71.2	265.7	59.0	119.2	43.1
船舶修理	102.0	10.7	98.1	21.8	99.6	36.0
船舶配套	68.3	7.2	26.3	5.8	36.9	13.0
海工装备	41.3	4.3	19.8	4.4	1.0	0.4

资料来源：浙江省经济和信息化厅。

浙江省船舶产业链完备，具有中国船级社（CCS）认证的船用配套企业近200家。浙江省地处长江三角，南接福建，西与徽、赣相连，北与苏、沪接壤，正处于三大造船基地之一的长江口，由于船舶产业迅猛发展，大量船舶企业和配套产品供应商聚集于此，形成完整的船舶产业链，又占据地理位置优势，交通便利，交易便捷，船舶配套供应商能够快速送货上门。同时，船舶工业是浙江省临港装备制造业重要领域，是建设海洋经济强省的重要切入点。近年来，浙江省船舶工业不断向绿色、智能的现代高端制造模式转变，特别是经过近两年的整治提升和淘汰出清，逐步形成集船舶设计、制造、修理、配套服务于一体的全产业链发展体系，构建起以舟山为龙头，宁波、台州、温州和杭嘉湖各具特色的船舶工业发展格局。2021年，浙江省新造船市场全年成交量创下近六年来的新高，省内大部分船企生产计划排至2023年底。22家骨干船企共新承接订单390.21万载重吨，同比增长84%，平均增幅46%。截至2021年，浙江省共有船舶生产企业110余家，全部纳入工信部“船舶工业统计信息管理系统”，其中12家国家重点监测企业，38家省级重点监测企业，进入工信部“船舶行业规范条件”的造船企业（也称“白名单”企业）目前共8家。

浙江省船舶工业以民营中小企业为主，民营企业数量占全省企业总数的85%左右，具有体量小、转型快、市场嗅觉灵敏、反应迅速等特点。2007年国内外船市进入火爆行情阶段，活跃的民间资本迅速涌入船舶行业，凭借着管理成本低、经营模式灵活等优势，全省船舶行业规模和市场体量迅速扩大。此外，通过引进优质资本或资源，与央企强强联合（长宏国际与中集集团、舟山中远海运重工与中远集团等），进一步加强和巩固了骨干船企在原有产品市场中的地位，并不断开拓新市场。目前浙江省造船企业已成功开发出了万箱级集装箱船、7800 车滚装船、3 万立方米 LNG 运输船、中型 C 罐 LNG（FSRU）运输船、专业科考船、智能船舶“海电院智能 1 号”和一批新能源动力船（包括 LNG 动力船和磷酸铁锂动力船）等高技术船舶，以及世界最大的 750 人海工生活平台，并着力研究中型豪华邮轮、新能源动力船在海船的应用，如表 9－2 所示。

船舶修理业发展提速，连续 3 年保持两位数以上的增幅，浙江省已成为全国主要修船基地之一，截至 2021 年 12 月已占全国 35% 份额。尽管因疫情放缓了增速，但 2020 年仍实现修船产值和营收同比增长 38% 和 58%，船舶修理完工艘数和完工吨位持续刷新纪录。这既得益于临近世界最大的洋山港及宁波舟山港的地域优势，也是浙江省船企长期以来着力技术创新、修理和改装工艺优化，自主开发高精尖绿色修船设备所换来的厚积薄发。舟山主要修船企业，均向绿色化转型。万邦重工是国内首家将高压水除锈工艺实现自动化的修船企业，连续多年保持 400 万—500 万元/年的绿色修船装备升级改造投入，2021 年成功入选国家工信部“绿色工厂”名单。浙江省友联与部分国际航运公司合作，对传统货运船舶进行太阳能光伏、风筝发电和双燃料改装等实船改造，技术日趋成熟，发展前景乐观。

表 9－2　“十三五”期间浙江省船舶领域首台（套）产品清单

序号	产品名称	完成单位
1	OH—NB—1001 新型海上多功能综合清污船	浙江欧华造船股份有限公司
2	船艇搬运机	浙江合建重工科技股份有限公司
3	2000 系列远洋渔业船用齿轮箱	杭州前进齿轮箱集团股份有限公司
4	船舶液化天然气（LNG）发动机燃料储存及供给系统	亚达管道系统股份有限公司
5	万米级深潜器科考母船	浙江天时造船有限公司
6	基于新标准新规范要求的国内首艘 2 万吨级江海直达船	浙江增洲造船有限公司

续表

序号	产品名称	完成单位
7	7800PCTC 汽车滚装船	扬帆集团股份有限公司
8	500 吨级近岸海洋环境监测船主推进系统	杭州前进齿轮箱集团股份有限公司
9	26000 立方米天然气储存（独立 C 型罐）和再气化驳船	太平洋海洋工程（舟山）有限公司
10	70 英尺双体动力豪华游艇	杭州华鹰游艇有限公司
11	超大型双燃料动力船数字化成套真空管路系统	亚达管道系统股份有限公司

资料来源：浙江省人民政府。

二、希腊海运产业发展现状分析

（一）希腊海运港口发展现状

希腊位于巴尔干半岛的最南端，北与马其顿、保加利亚、阿尔巴尼亚相邻，东北与土耳其接壤，西南邻爱奥尼亚海、东邻爱琴海，南与非洲、阿拉伯半岛隔地中海相望。作为巴尔干半岛的门户，希腊控制着地中海东部海域和东南欧的海岸线，处于欧、亚、非的交汇之地。

希腊特殊的地理位置也形成了希腊港口在国际航运业中的特殊区位优势。港口区位优势可以分成陆上区位优势和海上区位优势两类。陆上区位优势包括港口及港口腹地交通网络密集度、城市发达程度等。海上区位优势包括航运战略枢纽影响度和航运战略通道影响度。希腊在海上区位优势方面无法与新加坡、苏伊士等航运关键要道相比，但是与全球其他港口比起来，2021 年希腊的集装箱港口吞吐量约达 606.95 万标箱（如图 9－3 所示），优势非常明显。希腊背靠中东欧十六国，处于最繁忙的亚欧航线上。希腊是欧盟成员国，近年来逐渐走出债务危机影响，城市发展水平高。随着比雷埃夫斯港口和巴尔干半岛匈塞铁路等基础设施建设的日渐完善，希腊在陆上区位优势日渐突出在海上区位优势方面，希腊靠近苏伊士运河和黑海海峡这两条战略要道，是地中海的航运枢纽。

希腊共有 64 个港口，其中主要港口有 3 个，即比雷埃夫斯港、塞萨洛尼基港、帕特雷斯港。塞萨洛尼基港位于希腊北部的塞萨洛尼基市，靠近爱琴海以北。虽然它规模小于比雷埃夫斯港，但它仍然是希腊的重要港

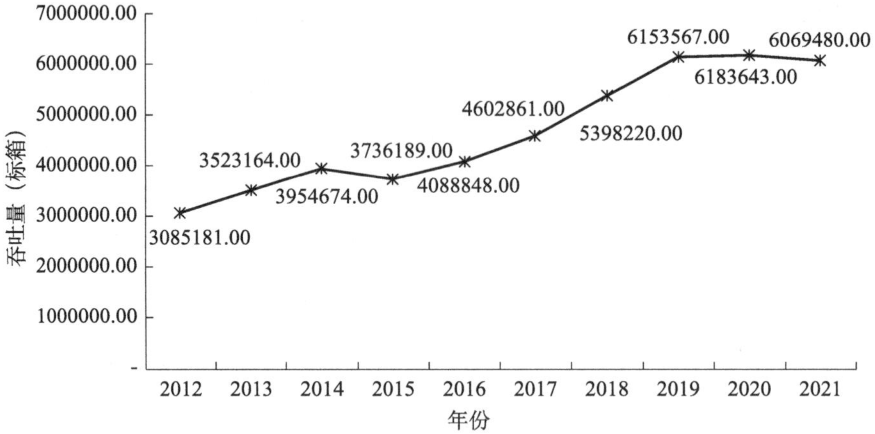

图 9－3　希腊的集装箱港口吞吐量

资料来源：希腊国家统计局。

口之一，尤其是在连接东南欧和中东的贸易中。这个综合性港口提供货物运输和客运服务，对于连接希腊与巴尔干半岛的贸易也至关重要。塞萨洛尼基港在连接地中海和黑海地区的贸易中发挥着战略性作用，是希腊和欧洲的物流枢纽之一。帕特雷斯港位于希腊的伊底塞岛附近，沿伊奥尼亚海沿岸。尽管规模较小，但它是希腊的第三大港口，也是伊奥尼亚海地区的重要港口。帕特雷斯港主要用于货物运输和客运服务，特别是与意大利和其他地中海国家之间的渡轮服务。这个港口在连接西欧和东欧、南欧和中欧的贸易和运输中具有战略性地位，是地中海地区的重要枢纽。

位于雅典西南的比雷埃夫斯港（以下简称“比港”）是地中海地区最大的港口之一，被视为欧洲的“南大门”。比雷埃夫斯港陆地面积 2725 万平方米，海岸线约 24 公里，是希腊最大的港口，也是希腊重要的集装箱港口（如图 9－4 所示）。从地理位置来看，该港口将海上丝绸之路与路上丝绸之路对接起来，是中欧经贸往来的重要枢纽。2016 年 8 月，中国远洋海运集团与希腊共和国发展基金会签署《比雷埃夫斯港港务局多数股权交易完备忘录》，该集团下属的中远海运港正成为比港港务局的控股股东，开始接管比港港务局的经营。经过多年深耕，中远推出了总投资额超过 6 亿欧元的港口全面升级和现代化整体战略“总体发展规划”，履行强制性投资责任，并提出了一系列额外追加投资，对比港的未来发展进行了科学规划和统筹管理。

中远将比港从单一集装箱码头经营扩展到全面港口管理。集装箱码头、邮轮码头、渡轮码头、汽车船码头、船舶修理、物流仓储六大业务板块，形成了覆盖航运、港口、综合物流的整条产业链。其中，汽车船码头拥有5个泊位，年总装卸能力达60万辆；邮轮码头拥有11个泊位和3座候船大厅，可靠泊最新一代大型邮轮；渡轮码头拥有41个泊位，连接爱琴海各大岛屿，每年可接待2000万乘客；物流仓储方面，拥有7600平方米的保税仓库和占地8.6万平方米的物流园区，同时与海路、公路、铁路、航空等运输方式联通。努力将比港建设成"一带一路"的重要支点，实现点、线、面的辐射综合效应，带动更多周边国家受益。

中远海运自2014年开辟了"中欧陆海快线"，以比港为枢纽，以海铁联运的形式实现"21世纪海上丝绸之路"和"丝绸之路经济带"在欧洲地区的完美衔接，使其发展成为第三条中欧贸易大通道。从海上运来的远东地区货物在港口靠岸后，再通过铁路运送到欧洲内陆国家，从中国及西太平洋沿岸其他地区运来的货物可通过希腊铁路向北运输，比其他传统的西北欧贸易通道在时间上缩短了7—10天。以港口为枢纽的"中欧陆海快线"从最初的比港到捷克单一服务扩大到多元化铁路服务，覆盖希腊、北马其顿、塞尔维亚、匈牙利、保加利亚、罗马尼亚、奥地利、斯洛伐克、捷克在内的9个国家1500个网点7100万人口。未来，中远海运计划将比港打造成年吞吐量突破1000万标箱的欧洲大港，成为覆盖中东欧腹地的高效物流枢纽。据希腊智库——经济和工业研究基金会预测，到2025年，比港对希腊国内生产总值增长的贡献率将达到0.8%左右，并协助创造3.1万个新工作岗位。

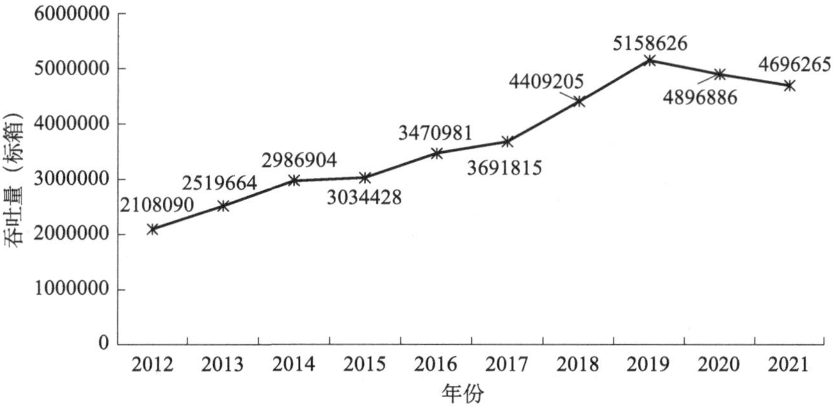

图9-4 2012—2021年比雷埃夫斯港集装箱吞吐量

资料来源：中远海运港口有限公司。

（二）希腊船队发展现状

希腊是世界上最早进行造船和海上航行的国家之一。荷马史诗中记载的特洛伊战争实际上也是世界上最早、最负盛名的航海远征故事，这显示很早以前希腊人的造船和航海技术就达到了相当高的水平。希腊航运业的鼎盛时期始于18世纪初期，当时处于奥斯曼帝国统制下的爱琴海贸易以至整个东地中海的贸易几乎完全掌握在希腊人的手中。此后发生的几次欧洲战争都不断给希腊海运业带来发展机遇。在1821—1829年的希腊独立战争中希腊海运业受到重创，但战争结束后希腊海运业迅速恢复，到19世纪末，商船总吨位翻了两番。之后，在20世纪的两次世界大战中，希腊船队损失惨重，船舶总吨位分别下降了56.82%和73.61%。1947年美国政府根据“马歇尔计划”卖给希腊政府100艘1万载重吨的自由轮，平均售价54万美元，约为造价的1/3。希腊政府在转让这批船舶时又降价25%，同时提供25年期年息为3.5%的长期贷款。现代希腊海运业就是在这个基础上逐渐发展壮大，成为今天世界海运霸主。

希腊是世界航运大国，无论是船只数量还是运输规模上都位居世界前列。希腊海运业务在世界上拥有霸主地位，海运业不仅是希腊国民经济的基石，更是希腊经济的一张名片。通过海运业务，希腊同欧盟及美国等主要经济政治力量建立了战略贸易伙伴关系。根据联合国贸易和发展会议（UNCTAD）发布的《2022年海运述评》，希腊船队在全球船队载重吨位占比排名第一位。

希腊航运企业主要由中小私营企业组成，大多为散装或不定期运输的家族企业。由于其固有的特性，希腊航运能够长期保有竞争力，并展现出极大的灵活性和适应性，虽然在2010年主权债务危机导致希腊经济严重衰退，但航运业却一直是希腊经济的支柱。希腊船东在其国内政治经济生活中是举足轻重的利益团体，对政府决策的影响力较大。希腊政府明确将航运定位于国际产业，并在海员税收减免、海员社保补贴、私人海事教育等方面予以政策支持。

根据希腊船东协会发布的《2021年度报告》，截至2020年，希腊仍然是全球最大的船东国，拥有4901艘船舶，占全球船队吨位的19.42%。2020年，希腊船队运力增长超过4%，达到3.64亿载重吨。数据显示，希腊船队在欧盟船队中的比重已达58%，目前占比仍在继续上升。希腊船舶中有超过三分之一（1706 艘）悬挂欧盟成员国的国旗。希腊航运业对欧盟具有重要的战略意义，欧盟对进口能源的依赖度达到 58.23%，希腊船队对于确保欧盟能源进口多样化至关重要。

从全球范围来看，截至 2021 年，希腊拥有 30.25% 的油轮船队；14.64% 的化学品和成品油轮；15.58% 的 LNG/LPG 运输船；20.04% 的散货船；9.53% 的集装箱船。

过去，困扰希腊航运业的主要问题之一是船队的老龄化。近几年来，由于全球贸易的繁荣和国际海运需求增加，促使希腊船东持续投资新造船，2020 年，希腊参与的新造船订单达到 104 艘（1000 总吨以上船舶），总计 1436 万载重吨。以载重吨计算，占全球订单的 10.99%。2021 年以载重吨计算，希腊游轮船队占全球订单的 29.32%，散货船占全球订单的 2.31%，LNG/LPG 运输船占全球订单的 12.20%。此外，希腊船东拥有的船舶平均船龄（9.54 年）低于世界船队的平均船龄（9.87 年）。以上数据反映出希腊船东不断加大对新船的投资，同时也加大了对旧船的销售和报废。

按登记注册的船舶数量统计，在希腊注册的船舶有 685 艘（1000 总吨以上船舶），总计 3798 万总吨。悬挂希腊国旗的船队规模在全球排名第八，在欧盟排名第二。希腊航运业是希腊经济的主要支柱之一，新冠疫情严重影响了希腊海洋运输服务的收入，2020 年为 138.1 亿欧元，较 2019 年下降了 20.16%。

希腊从事散货/不定期船运的公司众多，希腊船东通常根据定期租船合同出租船舶。据统计，希腊 98% 以上的船舶运力用于第三国货物运输，运输的商品包括农林产品、石油、天然气、化工产品、铁矿石、煤炭和化肥等。

在融资方面，航运业是世界上资本最密集的行业之一，船舶投资占航运企业现金流的 50% 以上。一艘大型集装箱船、油船的造价动辄上亿美元，而一艘液化天然气船的造价更是昂贵。作为全球第一航运大国，船舶融资对希腊航运业的发展至关重要。希腊船东的融资渠道主要有三个：一是商业银行信贷融资、融资租赁、资本市场证券融资等。其中，以商业银行贷款为主。目前，融资租赁方式募集资金也占较高比重。二是通过股票市场筹集资金。希腊船东的上市时间主要集中在 2005—2008 年。Diana、Dryships、Danaos 等航运企业都在此期间成功在美国纽约证券交易所和纳斯达克证券交易市场上市。三是通过债券市场进行融资。目前已经通过发行债券进行融资的希腊船东主要有 General Maritime、Dryships、Excel、Navios、Seacor、Genco 等。

三、浙江省与希腊海运产业发展现状评述

自新中国成立以来，浙江省海运业迅速恢复和发展，特别是在在市场化经济浪潮下发展迅猛。浙江省不断投资于港口基础设施的建设和现代化升级。这包括码头、堆场、物流设施等的改进，以满足不断增长的国际贸易需求。港口多样化处理各种类型的货物，包括集装箱、散货、液体货物等，能够应对不同种类和规模的货物运输需求。主要港口不仅具有深水航道和现代化的装卸设施，还拥有良好的内陆连接，通过高速公路和铁路与其他地区紧密相连。

浙江省拥有发达的船舶产业，包括造船、维修、船舶设备和相关服务。宁波、舟山等港口城市是重要的船舶修造和维护基地，涵盖了各种类型的船舶，包括集装箱船、散货船和客船。浙江省的造船工业在技术和质量方面具有竞争力，为全球航运提供了高质量的船舶。总的来说，浙江省的海运业一直在不断壮大和现代化，成为中国和全球贸易的重要一环。该省在港口、物流、航运技术和环保方面的不断投资和创新，为海运业的可持续增长提供了坚实的基础。浙江省的海运业在全球供应链中发挥着重要作用，对中国的对外贸易以及“一带一路”倡议的成功实施都具有重要意义。同时，浙江省海运业也面临挑战，一是航运企业“低小散”缺乏市场竞争力，无法形成规模优势降低成本，呈现多而不强的局面。二是航运服务业难以支撑航运业发展壮大。特别是浙江省尚未有完整的航运金融产业，难以支撑航运业发展运力满足多样化运输需求，且在信息化迅猛发展的形势下，浙江省航运产业数字化、信息化、智能化尚未有明确发展思路。

希腊的港口作为重要的国际贸易枢纽之一，如比雷埃夫斯港、塞萨洛尼基港口等在政府的支持下不断升级和扩展，以满足全球航运需求。吸引外资投资，与中国、德国和法国等国家签署协议，加强港口基础设施的建设，促进了港口现代化和国际化发展。这些努力有望提高希腊港口的竞争力和地区贸易地位。

希腊一直以来都是全球海运业的重要中心，拥有世界最大的船舶船东群体。希腊的航运业在国际贸易和物流中扮演着关键角色，其船队包括各类船舶，从大型油轮到集装箱船，涵盖了全球不同领域的运输需求。希腊的航运业在过去几年中经历了发展，通过大规模的船舶投资，不断降低船龄提高竞争力。海运行业的稳健增长不仅有助于希腊的经济，也推动了国际海运市场的进一步发展。同时，希腊也在环保和可持续性方面采取了一系列措施，以适应全球海运行业的新趋势，这包括采用更清洁的燃料和技术，为减少碳排放作出贡献。

尽管希腊航运对希腊经济作出了重大贡献，但与其在该行业中所占庞大的市场份额并不相匹配。航运业对希腊人均收入的影响仅为 150 美元，不到其他航运大国平均值的 1/3。主要原因是希腊既不是生产型大国也不是消费型大国，航运并不能很好支撑本国自身工商业发展。虽然希腊控制着 40% 以上的欧盟船队，但其对欧盟航运业产生的营业额的贡献仅为 3%。因此，希腊经济能否从希腊航运进一步受益，取决于发展巴尔干地区的协同效应，需要开发与地区相关国家在航空、铁路和船舶运输间建立更加紧密的联系。目前，希腊铁路网的每千米货运量仅为 20 万吨，而欧盟为 180 万吨，这反映了其进一步扩大铁路网络、拉动航运进一步发展的潜力。

从上述分析可以看出，浙江省与希腊海运产业发展均具有较强的发展优势，存在着广阔的合作机会。首先，在港口领域，宁波港和比雷埃夫斯港之间的合作可以进一步加强中国与欧洲之间的贸易联系。中国海运集团已经在比雷埃夫斯港投资，并与希腊港口管理局签署了合作协议，为双方提供了合作的平台。其次，浙江省的港口管理和物流经验可以与希腊的港口资源相结合，为全球贸易提供更多便利。浙江省船舶业与希腊船舶业及船队之间的合作关系具有相当大的潜力。浙江省在船舶制造业有显著的实力，而希腊则拥有世界上最大的船队。这两者之间的合作可以促进浙江省的造船业扩张，提供船队更新和维护的机会，同时为希腊提供更多的船舶建造和修复业务，有助于双方共同受益，提高海运行业的国际竞争力。此外，双方还可以在环保、持续性和人才培训等方面进行合作，共同应对航运业的挑战。总之，浙江省和希腊之间的合作在海运领域有着广阔的前景和机会。

第二节 浙江省与希腊海运产业合作政策

浙江省与希腊海运基础较好，尤其是双方分别在港口和船舶航运领域具有比较优势。因此，未来双方海运的合作前景广阔，我们有必要全面分析两者在海运业发展上的支持政策以探寻双方产业的合作基础。该部分分为浙江省海运产业发展政策分析、希腊海运产业发展政策分析以及浙江省与希腊海运产业合作的政策基础三部分。

一、浙江省海运业发展政策分析

作为资源小省，浙江省的经济发展一直有着“两头在外”和“走出去，引进来”的特点，“大进大出"的货运需求需要完善、发达的交通基础设施与之相配套。浙江省一直高度重视并出台了一系列政策强有力地支撑海运发展。

2012 年 3 月，浙江省人民政府印发了《浙江省内河水运复兴行动计划 2011—2015 年》（浙政办发〔2012〕18 号），明确提出“提升京杭运河、重振钱江水运、构建内河枢纽、发展海河联运”等工作重点，加快内河港口枢纽建设，完善内河港口布局，为海运的发展创造条件。同年，国务院正式批复《浙江省海洋经济发展示范区规划》，浙江省成为优先试行的示范省份。规划指出，着力构建大宗商品交易平台、海陆联动集疏运网络、金融和信息支撑系统“三位一体”的港航物流服务体系，高水平建设我国大宗商品国际物流中心和“集散并重”的枢纽港。将浙江省打造成港航强省，培育海洋经济发展的核心竞争力。优化港口集疏运基础设施、深入推进港口合作机制、积极发展多式联运、完善港口物流供应链。

2013 年，我国首次提出“一带一路”倡议，极大促进了中国国际贸易总量的持续增加，推动港口航运业及港航物流业的迅猛发展。浙江省位于“一带一路”的重要区域，对浙江省海运业的发展提出了高要求和高挑战。浙江省积极参与共建“一带一路”，推动开放平台建设，打造浙江省成为推动参与共建“一带一路”的区域交流合作大平台。具体而言，进一步完善宁波舟山港国际大港功能，率先整合省内、国内各类港口资源，联合“一带一路”沿线各国港口、铁路、内陆港站，组建国际港口联盟；构建疏运网络体系，打造浙江省成为推动共建“一带一路”的货物集散地、贸易物流枢纽区；完善江海、海铁等多式联运物流体系建设，加快浙江省与丝绸之路各节点城市的铁路骨干网、支线网和场站网形成无缝对接的交通集疏运网络，构建面向中西部、对接海内外的海铁、江海联运体系。

2015 年发展改革委、外交部、商务部联合发布《推动共建丝绸之路经济带和 21 世纪海上丝绸之路的愿景与行动》。其中重点布局的 15 个沿海城市，就包括宁波市和舟山市。规划中重点要求加快发展浙江省海洋经济发展示范区和舟山群岛新区的建设。

2016 年，浙江省交通运输厅发布了《浙江省水运发展“十三五”规划》（如表 9－3 所示）。指出“十三五”期间是浙江省沿海港口由世界大港向世界强港迈进、江海河联运航道网络补齐短板、港航综合服务提质增效、行业协调绿色发展的关键期。以“强港口、畅内河、优服务、深转型”为主线，以供给侧结构性改革为动力，着力完善港航基础设施网络着力提高港航综合服务水平。提出了以宁波舟山港为核心，协同推进沿海港口资源优化整合和转型升级推进舟山江海联运服务中心和自贸区建设，打造国际一流的现代化枢纽港和国际港航物流中心。形成以宁波舟山港为主体以浙东南沿海港口和浙北环杭州湾港口为两翼、联动发展义乌国际陆港及其他内河港口的“一体两翼多联”的全省港口发展布局。在此基础上，拓展现代港口服务功能，推动港口、航运服务业与国际贸易、金融服务等业务的融合发展，拓展港口现代物流、航运服务、保税贸易、信息互联等综合服务功能。明确提出了建成万吨级以上泊位超过 50 个，完成投资超过 400 亿元，新增吞吐能力 3 亿吨（简称沿海“543”工程），新增集装箱吞吐能力 1100 万标箱等一系列目标。

“十三五”还提出了推进舟山江海联运服务中心建设，打造国际一流现代航运服务体系。加强与国际知名港航企业合作。规范传统航运服务业的基础上，积极发展航运金融保险、航运咨询信息、航运运价指数开发等高端航运服务业。拓展海事仲裁、综合保税等关联服务，提升现代航运服务水平。

表9-3　浙江省水运发展“十三五”规划主要指标完成情况

类别	指标名称		单位	2015年	2020年规划	2020年实绩	完成率
港航基础设施	沿海港口	沿海港口建设五年投资	亿元	582	400	610	153%
		沿海港口总吞吐能力	亿吨	10	13	13	100%
		沿海港口集装箱吞吐能力	万标箱	1800	2400	2567	107%
		沿海港口万吨级以上泊位	个	219	270	265	98%
	内河水运	内河水运建设五年投资	亿元	137	300	365	122%
		五年新改建高等级航道	公里	150	300	386	129%
		高等级航道里程	公里	1451	1600	1669	104%
		高等级航道网规划航道达标率	%	56	80	80	100%
		内河港口总吞吐能力	亿吨	3.69	3.7	4.0	108%
	航道养护	航道养护五年投资	亿元	12.8	10	16	160%
		一类维护航道里程	公里	—	1600	1600	100%
		骨干航道维护水深年保证率	%	98	98	98	100%
		骨干航道内河航标维护正常率	%	99	99	99	100%
港航综合服务	多式联运	江海联运量	亿吨	2.51	3.51	3.50	100%
		海河联运量	万吨	1400	5000	3762	75%
		海铁联运集装箱量	万标箱	17	50	100.5	201%
		内河集装箱吞吐量	万标箱	37	100	108	108%
	船舶结构	内河船型标准化率	%	—	70	70	100%
		内河货运船舶平均吨位	载重吨	300	400	559	140%
		海洋货运船舶运力总规模	万载重吨	2011	2200	2519	115%
		海洋货运船舶平均吨位	载重吨	6117	7000	9105	130%
	陆岛渡运	陆岛码头五年投资	亿元	18	15	19.80	132%
		五年建设陆岛码头	个	80	80	126	157%
		五年改造渡埠	处	249	200	345	173%
		五年改造渡船	艘	141	100	173	173%
		300人以上岛屿陆岛交通码头覆盖率	%	81	100	100	100%
		1000人以上外海岛屿“一岛两码头”覆盖率	%	87	100	100	100%
		3000人以上岛屿滚装码头覆盖率	%	91	95	95	100%

续表

类别	指标名称		单位	2015 年	2020 年规划	2020 年实绩	完成率
港航行业治理	科技与信息化	长三角船联网数据共享平台浙江省船舶数据共享率	%	—	90	90	100%
		骨干航道和重点水域船舶 AIS 率、船舶识别率	%	—	95	90	95%
	绿色港航	营运船舶单位运输周转量能耗下降	%	—	3.30	22.70	688%
		营运船舶单位运输周转量 CO_2 排放下降	%	—	3.40	22	647%
		港口生产单位吞吐量综合能耗下降	%	—	3.20	3.20	100%
		港口生产单位吞吐量 CO_2 排放下降	%	—	4.40	4.40	100%
		内河运输船舶垃圾和油污水上岸率	%	—	98	98	100%
	安全应急	地方海事辖区接警时间	小时	24	24	24	100%
		出警时间	分钟	15	12	12	100%

资料来源：浙江省人民政府。

2021 年，浙江省交通运输厅发布《浙江省水运发展“十四五”规划》，进一步明确了以宁波舟山港国际枢纽港为主体，协同推进嘉兴港、温州港和台州港南北两翼港口发展，形成能力充分、支撑有力的一流强港设施体系。集约节约利用深水岸线，促进港口资源集聚高效利用。以内河千吨级航道为基础，完善全省内河航道和港口布局，加快构建海河联运体系。深度对接“一带一路”建设及长江经济带和长三角一体化发展等国家战略，加强港口开放合作。推进 5G、北斗、物联网等新一代信息技术与水运行业的深度融合，完善智慧港航框架体系。围绕碳达峰的要求，深入推动水运绿色低碳发展。

同年，浙江省人民政府印发了《浙江省海洋经济发展“十四五“规划》。同样针对海运业，提出了打造世界级全货种专业化泊位群，持续提升宁波舟山港在国际集装箱运输体系中的枢纽地位，建成一批 30 万吨级以上原油码头、40 万吨铁矿石接卸码头，以及 LNG、煤炭、粮食、化工、汽车等专业化泊位，泊位总数超140个，智慧化升级改造港口，开展智能理货、智能堆场管理、智慧引航等建设。主动加强与全球知名海运金融、经纪等服务机构对接与合作，形成多样化的航运金融机构布局。支持大宗商品交易平台升级建设，创新大宗商品现货交易模式，加快建立完整规范的交易规则和仓储仓单体系、供应链金融服务体系、风险管理体系，打造有影响力的价格信息中心和区域价格形成中心。以浙江省船舶交易市场为基础，形成集船舶产权交易、船舶拍卖、船舶评估等功能于一体的产业链。深化与东南亚、南亚、中东欧等“一带一路”沿线国家（地区）合作，合作建设“一带一路”迪拜站，加快形成以“一带一路”沿线国家（地区）为重点的全球化港口布局。完善宁波舟山港至中北亚、中东欧国家的国际贸易通道，优化海外仓网络布局等。

二、希腊海运产业发展政策分析

海运业作为希腊重要的支柱产业，对国民经济和社会发展有着不可或缺的贡献。希腊政府通过积极连贯的制度框架，在稳定基础上支持国家海运业的发展，进一步确保航运业的国际地位。欧洲地区的贸易离不开希腊的海运，欧盟在政策层面也为其提供稳定的商业环境。

希腊政府各部门的年度行动计划于每年12月发布，构成国家统一政策计划的一部分。希腊的海运产业主要是由希腊海运与岛屿政策部负责，其2021年发布年度行动计划中提出六个目标：蓝色经济和岛屿地区发展战略、增强希腊海运业实力、加强海上安全和安保、加强沿海海运和信息系统、发展海洋旅游业、现代化国家港口战略六个目标。

2021年度行动计划中关于海运业的工作主要有以下四个方面：一是增强希腊海运业实力的举措包括数字化转型和提高海事教育水平两方面。实施海运综合信息系统，海运业务记录和航运登记等数字化，海运业务处理更加程序标准化。开发海运网络管理软件工具，实现船舶到港和离港程序的数字化。二是改革现行希腊海事教育体系框架。由于课程设置、课程灵活性，培养要求等海事教育方面的政策和法律的缺失，希腊海事劳动力供应不相称，希腊海运与岛屿政策部希望建立公共海事教育和私立海事教育的新体制框架。提高公立学校的课程质量和私立学校的竞争力，在功能和业务上提升海事教育的水平。三是海洋旅游方面，游艇旅游业运作体制现代化，提高海洋旅游业在国民经济中的占比。旅游在希腊国内生产总值中占比为18%，而海洋旅游仅占3.81%。政府希望减少游艇旅游业相关企业申办流程，鼓励游艇经营。例如，截至2020年，希腊成立游艇公司都是通过纸质程序进行的，全面简化和数字化缩短申办流程的改革将在2021年完成。海洋旅游企业的建立和运营引入新的技术支持，开发游艇管理的单一平台，同时提高旅游体验。四是在港口建设方面，加快地方港口开发，简化程序，吸引外来投资。

希腊作为欧盟成员之一，其海运政策也受到欧盟战略方针的影响。欧盟委员会在2007年制定了一个欧盟综合海事政策，涵盖了不同方面的海洋关系，试图提供一个连贯的政策框架，使所有与海洋有关的活动以可持续的方式得到最佳发展。在最大限度实现海洋的可持续利用在发展有竞争力和有安全保障的海运业的同时，欧盟委员会也希望保障实现与海事相关活动的可持续发展，并兼顾海洋生态系统的健康。精进欧洲海运路线，同时为未来海上运输业提供更多综合性战略。除去海洋运输活动的发展考量，欧盟委员会还将港口发展及环保、海洋研究及技术创新、海员工作条件改善、海洋环境保护、船舶温室气体排放、渔业管理等多方面纳入阶段发展部署，提供政策支持，并采取必要措施以达成欧洲海洋可持续利用的目的。

2009年1月21日，发表的《欧盟2018年海上运输策略公报》，为欧盟成员国在21世纪第二个10年海运发展提供了战略方针。该公报指出了海运业将面对海上贸易的波动、金融危机的负面作用等外部因素的影响，如某些市场上产能过剩的风险，影响世界贸易的保护主义措施的增加，与气候变化相关的环境问题，能源和其他商品市场的波动以及由于缺乏熟练的人力资源而带来的海运知识减少等。因此，公报提出了7个战略建议：构建和维持一个包括财政措施在内的能够吸引欧洲优质船舶和高级运营商的框架；采取吸引更多年轻人加入海运事业的政策导向；以改善海员的就业状况；鼓励所有各方促进海洋运输绿色解决方案的实施；构建一个包括预防、反应能力和应变能力在内的全面的保安措施框架；创造一个欧洲海洋运输空间的全面部署；创新和技术发展。

2011年，欧盟委员会发布《欧盟交通运输白皮书》，对全欧洲的交通运输方式提供政策指导，以推动建成有竞争力并具有可持续性的交通运输体系。这份白皮书的整体目标是欧盟将建成充满竞争力和可持续发展的交通体系。主要的措施包括：建立统一的欧洲交通区域、依靠科技创新和转变行为方式和建设现代化的基础设施以及得到充足的资金支持三方面。节能减排是这份白皮书的主要内容之一，《欧盟交通运输白皮书》在有关海运减排的问题上遵循了欧盟综合海事政策的治理精神，即一方面要保证海运产业的可持续性发展，以追求高效率、低能耗的海洋运输为目标；另一方面也要确保欧洲海运业在世界经济中的竞争力。为此，欧盟委员会欲通过革新科技技术、采用新兴环保能源、优化海运路线及加强行政机关管理，辅之后续政策扶持，推动低碳海运的发展。另外，于海运业具有较强的国际性，欧盟委员会认为其应该与国际海事组织以及其他国际组织合作，创造安全的工作条件，制定严格的环境保护标准，并消除海盗行为。

在 2011 年版交通白皮书目标进展有限、新冠疫情流行等多重因素重叠的背景下，2020 年欧盟委员会发布《可持续和智能交通战略》。提高了可持续交通的目标力度，将智慧和韧性交通放在更加突出位置，并且提出支持措施。其中针对海运业提出了低碳、智慧、一体化、公平和安全等要求。一是减少对化石燃料依赖，推动可再生和低碳燃料使用，完善新能源加注设施，建立" 排放控制区”等。实施相关经济激励，包括统筹碳排放交易、基础设施收费、能源税等，推动所有运输方式覆盖外部成本的公平有效定价等。二是实现无缝、安全、有效链接推动智慧交通发展，推动创新、大数据和人工智能发展，包括推进监管方式方法和规则创新，支持交通领域创新和可持续技术的研究部署，为新兴甚至颠覆技术投用创造有利环境；全方位部署 5G 等相关数字基础设施等。三是推动欧洲统一运输市场，包括巩固完善和拓展跨欧洲运输网络，提升基础设施抗灾能力，提升多式联运和不同运输方式互操作性，维护统一市场完整性和经营者公平竞争环境，制定统一的基本运输服务最低保障水平，完善应急响应机制等。四是推动交通公平公正，包括改善从业人员工作环境，保护突发情况下乘客索赔权利，减轻向新技术过渡对运输工人的影响，培养交通技术工人、增加妇女从业者等。五是促进交通安全可靠，包括实施欧盟道路安全战略，推动现有高风险基础设施升级改造，对船旗国责任、港口所在国管制和事故调查方面现有立法进行审查，更新改进现有交通安全总体框架，探讨建立欧盟级别安全快速警报机制。

除此之外，希腊海运业在国际海运业中保持领先地位，离不开对最先进的管理技术和最新的海运标准的关注。希腊积极响应国际海事组织（IMO）各项决策，力图在海运业中抢占先机。根据最新的希腊战略，涉及了搜寻救援服务、水文测量服务、海洋气象服务、航行警告、海洋环境保护等多个方面。

三、浙江省与希腊海运产业合作的政策基础

从以上分析可以得知，浙江省与希腊在政策层面展现出强大的合作潜力，特别是在海运产业方面。浙江省和希腊在国际贸易和物流领域都担任着重要的角色，两国的海运业具有很强的互补性，为双方提供了广泛的合作机会。这种合作潜力的存在主要表现在以下几个方面：首先，浙江省是中国共建“一带一路”的关键节点，而希腊作为其在地中海地区的重要合作伙伴，两者在共同推动“一带一路”倡议方面有着显著的战略契合。双方可以通过加强海运合作，共同推动贸易和物流的畅通，促进区域经济的共同繁荣。其次，浙江省和希腊在政策目标上有着相似之处，包括致力于推动海洋经济的发展、提高内河和港口基础设施水平、积极响应绿色可持续发展的理念以及加强国际合作。这为双方在海运业务上寻求共同合作提供了有力的政策支持。总体而言，浙江省与希腊在海运领域有着相互补充的特点，政策层面的合作潜力巨大。通过深化双方的合作，可以共同探索更多的商业机会，促进海运业务的互利共赢。

第三节
浙江省与希腊海运产业合作展望

海运业作为高度国际化的行业，需要全球范围内的资源协同和合作，希腊和浙江省在海运业合作潜力巨大。两地地理位置的战略重要性以及相互补充的资源和需求，在“一带一路”倡议的背景下合作潜力被放大。浙江省与希腊有助于实现更高效、可持续和安全的海运服务，促进海运业的发展，提高全球贸易的便捷性。下面对双方的合作展望进行分析。

一、港口基础设施建设

浙江省和希腊都致力于加强港口基础设施建设。浙江省的港口，特别

是宁波舟山港，以其卓越的国际物流中心地位而著称。与希腊港口进行更深入的合作，建立港口互联互通机制，推动更多货物的跨境流动，为两地港口的繁忙贸易提供支持。港口业务的未来趋势将涉及智能化和可持续性，浙江省和希腊可以共同推动智能港口技术的发展，包括自动化操作、物联网和5G技术的应用。努力减少港口运营对环境的负面影响，采用清洁能源和可持续的物流管理。海事安全是港口运营的核心问题，双方分享有关船舶安全、应急响应和环境保护的最佳实践。有助于减少事故风险，确保港口和海洋生态系统的安全。

浙江省和希腊在港口合作领域具有巨大的合作潜力，通过共享技术和资源，可以共同推动港口的现代化和可持续性。这种合作将有助于更好地连接亚洲和欧洲，促进国际贸易的繁荣和发展。通过共同努力，双方可以提高港口的效率，减少运输时间，为国际贸易提供更便捷的通道。这不仅将促进两地港口和经济的增长，还有助于提升其在国际港口竞争中的地位。

二、海运人力资源

浙江省拥有丰富的港口资源和发达的海运业。希腊是世界上最大的船舶注册和管理中心之一。因此两国可以通过政府间合作机制和企业间交流，提高人才培养水平，促进两国海运业的合作与交流，共同推动海运业的发展。

除此之外，政府也可协助开展技术培训项目，通过合作开设培训中心、举办研讨会和交换项目来实现高级海员、船舶工程师等的培养。浙江省和希腊的大学及海事学院可以开展合作，如设立中外合作办学等项目，推出海运和海事管理相关课程，以满足海运领域的高级专业人才需求，培养具备国际视野的学生。联合开展海运领域的研究项目，探索新的技术和创新，以提高海运行业的效率和可持续性。浙江省和希腊的海运企业合作，提供船员培训课程，有助于确保有足够的合格海员，以满足不断增加的船舶和船队需求。政府和研究机构推动共同的国际认证和标准，以确保培训质量和海运业务的标准性。与联合国际航运组织（IMO）和其他国际海事组织合作，推动培训标准和最佳实践的制定，以提高全球航运业的安全性和可持续性。

总的来说，浙江省和希腊在海运业人力资源合作方面有很大的潜力和机会。双方可以进一步加强合作，共同应对行业挑战，推动海运业的可持续发展，为两国经济合作和贸易往来提供更加便利和高效的海运服务。

三、船舶和海运

浙江省和希腊在海运业方面具有互补的优势。浙江省在船舶制造、港口运营和物流管理等方面拥有丰富的经验和技术实力。希腊在船舶管理、海事法规和国际海运市场方面有着深厚的专业知识。通过合作，双方可以充分利用各自的优势，提高海运业务的水平和竞争力。

在船舶制造领域，宁波和舟山等地拥有多家大型船舶制造企业和造船厂，能够设计和建造各类商船、集装箱船、散货船等。希腊则在船舶维修和重建方面有着丰富的经验和技术。双方可以在船舶制造和维修方面进行合作，共同开展船舶建造、翻新和维护等业务。希腊是全球最大的船舶注册和管理中心之一，拥有大量的船舶管理公司和船舶拥有者。浙江省的船运企业可以与希腊的船舶管理公司合作，共同开展船舶运营、船员管理和维护等业务。双方可以分享船舶管理经验，提高船舶运营的效率和安全性。船舶和航运行业正面临数字化转型的挑战和机遇。浙江省和希腊可以共同推动技术创新和数字化转型，在船舶自动化、物流信息化、航运大数据等方面开展合作，共同应对行业的发展趋势和挑战。

总的来说，浙江省与希腊在船舶和海运方面有着广泛的合作机会。双方可以在船舶制造、船舶管理、物流管理和技术创新等领域加强合作，共同推动船舶和航运业的发展。

四、环境保护

船舶是碳排放的重要来源之一。浙江省和希腊都意识到可持续发展的重要性，并采取了一系列举措来推动环境友好型的海运业。

船舶企业可以共同推广使用低碳燃料，如液化天然气（LNG）和生物燃料，以减少船舶的碳排放。船舶的节能设计和技术改进也可以降低能源消耗和碳排放。浙江省和希腊的港口共同致力于绿色化发展，通过推广绿色供应链和绿色港口管理，可以减少港口运营对环境的影响。这包括推广使用低排放设备和清洁能源，提供岸电接驳设施，加强废物管理和回收利用等。同时，港口可以设立环保标准和监测体系，确保船舶在港期间符合环境保护要求。

浙江省和希腊都位于重要的海洋生态区域。双方可以加强海洋生态保护合作，共同应对海洋污染和生物多样性损失等问题。这包括加强油污防治、控制废弃物排放，推动环保技术研发和应用等。另外，加强海事监管和执法合作，打击非法排放和海洋违法行为，维护海洋环境的可持续性。

参与相关的国际和地区可持续发展倡议。例如，两地可以支持国际海事组织（IMO）的减排目标和环保政策，积极参与碳排放数据报告和监测，推动环保技术的研发和应用。双方还可以加强在可再生能源领域的合作，探索利用太阳能和风能等清洁能源为船舶供电。

综上所述，浙江省和希腊在环境保护和低碳发展方面都有意愿和行动。通过加强合作，双方可以共同应对气候变化和环境挑战，推动船舶和海运业向更加环境友好和可持续的方向发展。

五、政府合作机制

作为共建“一带一路”的一部分，浙江省和希腊共同推动了亚欧大陆之间的贸易和物流。加强陆海贸易通道的建设。在此基础上，两地政府可以加强合作，提供政策支持和便利条件，为海运业合作搭建更好的平台。促进信息交流、人才培养和技术创新，进一步推动浙江省和希腊在海运业方面的合作。

浙江省和希腊可以考虑双边政府合作协议，旨在促进海运业的可持续发展和合作，涵盖海运政策、法规和标准的对接，船舶安全和环保要求的协调以及海事监管和执法合作等方面。建立信息交流和合作平台促进信息共享、政策对话和经验分享，以推动海运业的可持续发展。通过定期会议、研讨会和工作组等形式，就海运业相关政策进行协调和借鉴，加强双方政府间的交流与合作。在海运发展规划、船舶安全管理、环保要求和低碳政策等方面相互学习和借鉴经验。此外，政府牵头促进金融和投资合作，支持“一带一路”建设中的项目，在基础设施融资、跨境支付、风险管理等领域加深合作。

总的来说，浙江省和希腊在海运业合作方面展望广阔且充满潜力。通过共同努力，浙江省和希腊可以促进海运业的可持续发展，提高效率和安全性，同时减少对环境的影响。为两国海运业带来更多机遇和发展前景，并为全球海洋贸易和可持续发展作出积极贡献。

第十章

浙江省与希腊新能源产业合作

第一节

浙江省与希腊新能源产业合作基础

新能源是指在传统能源之外的各种能源形式，其狭义定义是在新技术基础上可系统开发、利用、研究和推广的可再生能源。这些能源包括太阳能、风能、核能、生物质能、地热能、海洋能和氢能等。新能源产业则是在新能源基础上形成的一系列产业，涉及工业、农业、服务业和公共设施等几乎所有领域，囊括了整个产业链，包括上游原料、生产制造到终端消费。在新能源产业中，太阳能是具有巨大发展潜力的能源形式。光伏发电作为太阳能的应用之一，已成为新能源产业的重要组成部分。通过光伏发电技术，太阳辐射能够转化为电能，为社会提供清洁、可再生的电力。风能是另一重要的新能源，通过风力发电技术，将风能转化为电能，实现能源的可持续利用。核能作为清洁能源的代表，同样在新能源产业中占有一席之地。核能发电具有高效、低碳的特点，对于应对气候变化和能源安全具有重要意义。此外，生物质能、地热能、海洋能和氢能等新能源形式也在不断发展，为构建清洁、低碳的能源体系提供了多样化的选择。

新能源产业的兴起不仅推动了能源结构的转型，也带动了相关技术的创新和产业链的完善。从上游的材料研发、设备制造，到中游的项目建设、运营管理，再到下游的电力供应、交通运输等领域，新能源产业的发展涵盖了整个社会生产和生活的方方面面。为了促进新能源产业的可持续发展，各国纷纷制定支持政策、加大科研投入、推动市场化运作，形成了良性的产业生态。这不仅有助于应对能源安全和环境污染的挑战，也为经济可持续发展注入新的动力。在全球范围内，新能源产业的崛起成为推动绿色经济和可持续发展的引擎，为构建清洁、低碳的未来能源体系提供了有力支持。

新能源将引领能源革命和下一次产业革命。一场以新能源革命和低碳经济为主题的绿色浪潮正在席卷全球，人类生产生活方式面临重大变革。新能源产业发展不仅将带来一场重大的能源革命，并极可能引发新一轮的科技革命和第四次产业革命，为人类社会清洁绿色发展提供强大动力。有研究报告称，未来 PEVC 产业对新能源技术与产业投资将成为投资增长最显著领域。新能源不仅是应对能源危机和气候变化的有效工具，还可以在面临原油进口价格上涨的情况下提供帮助。据国际能源署（IEA）估算，近 5 年内原油进口平均价格可能达 100 美元/桶，未来以名义价值计算更可能高达 200 美元/桶，能源危机若隐若现。为应对危机和世界气候变化，中国政府在哥本哈根会议前后郑重表示，将不重复发达国家高能耗、高排放、高污染的“高碳”发展老路，承诺至 2025 年非化石能源消费比重由目前的 7.82% 提高至 15% 以上，为可持续能源的推广提供了坚实支撑。新能源发展不仅是一项经济战略，也是抢占科技制高点和可持续发展的战略决策。通过发展新能源等战略性新兴产业，中国才能抢占科技领域的制高点，这也是实现大国崛起的关键步骤。

一、浙江省与希腊新能源产业规模分析

（一）浙江省新能源产业规模分析

浙江省统计局的数据显示，浙江省新能源消费规模呈现显著的增长

趋势。自2011年以来，新能源的消费总量和占比都取得了令人瞩目的进展。从2011年的数据来看，新能源消费总量占浙江省能源消费总量的比例为13.81%，相当于74.11万吨标准煤。然而，到了2020年，这一比例已经增长到29.52%，相当于476.96万吨标准煤。这意味着浙江省的新能源消费量在过去10年里取得了显著的增长，其消费总量占比翻了一倍还多。2011年，浙江省的新能源消费总量仍然相对有限，但随着时间的推移，各个新能源领域的发展都取得了可喜的成绩。这一发展势头在2018年特别明显，新能源的消费总量占比迅速增加到27.31%。这个数字在2019年进一步提高到29.90%。总的来说，浙江省的新能源产业取得了十分显著的发展。新能源的消费总量不断增加，占比不断提高，这表明浙江省正在积极响应可持续发展政策的呼吁，加大对新能源的利用，为未来能源需求和环保作出了积极贡献。见表10－1和图10－1。

表10－1　2011—2020年浙江省新能源消费基本情况

年份	新能源产业消费总量占比（%）	新能源产业消费总量（等价）（万吨标准煤）
2011	13.80	74.11
2012	16.11	109.64
2013	17.42	143.20
2014	18.91	136.08
2015	20.32	164.63
2016	22.83	197.90
2017	24.00	217.68
2018	27.31	294.57
2019	29.92	376.44
2020	29.53	476.96

资料来源：浙江省统计局。

浙江省统计局的相关数据（见表10－2）显示，浙江省的总能源出口量在2011年的537万吨标准煤基础上，持续增加至2020年的1617万吨标准煤。这表明，在过去的10年间，浙江省的总能源出口量一直呈现增长趋势。这种增长趋势可能反映了浙江省在能源产业的积极发展和提升，使得越来越多的省份和国家愿意选择浙江省作为其能源进口的合作伙伴。浙

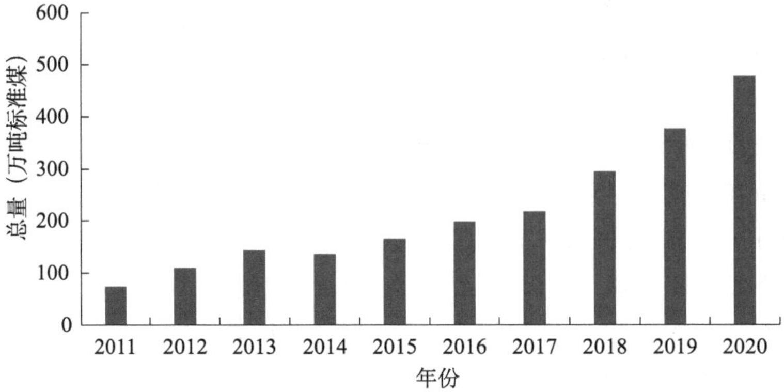

图 10-1　2011—2020 年浙江省新能源产业消费总量（等价）

资料来源：浙江省统计局。

江省作为能源的出口地，其总能源规模的不断扩大可能是由于该地区在能源生产和供给方面的不断优化与提升。这种趋势也可能受到了浙江省在可再生能源、清洁能源和先进能源技术方面的投资和发展的推动。随着浙江省在能源领域的不断创新和提升，其作为能源出口方的竞争力逐渐增强，吸引了更多合作伙伴的关注，进而推动了总能源出口量的稳步增长。这一趋势表明浙江省在能源领域的发展取得了显著成就，也为未来能源合作提供了更为广阔的机遇。通过进一步加强与其他省份和国家的合作，浙江省有望在能源出口领域继续发挥重要作用，促进能源合作的深入发展。

表 10-2　2011—2020 年浙江省总能源出口量　单位：万吨标准煤

年份	总能源出口量	年份	总能源出口量
2011	537	2016	868
2012	681	2017	907
2013	823	2018	1079
2014	720	2019	1259
2015	811	2020	1617

资料来源：浙江省统计局。

（二）希腊新能源产业规模分析

欧盟统计局相关数据显示（见表 10-3 和图 10-2），希腊新能源消费量由 2011 年的 2722 万吨石油（等价）上升至 2020 年的 4022 万吨石油

（等价），新能源消费总量占比也由 2011 年的 11.23% 上升至 2020 年的 21.71%。2018 年和 2019 年为增长较快的年份。这两年，新能源消费占比从 17.32% 增加到 19.64%，新能源消费数量也从 3503 万吨石油（等价）增加到 3839 万吨石油（等价）。这些年份可能受到政府政策的鼓励，以及季度市场条件的影响。综合来看，希腊在过去 10 年中在新能源消费方面取得了明显的进展，表明了国家对可再生能源的承诺和政策支持。这将有助于减少环境影响，改善能源供应的持续性，以及推动经济向更清洁和绿色的能源未来转型。希腊的新能源消费数据表明，国家正在积极应对全球能源挑战，朝着能源可持续和环保的未来迈进。

表 10－3　　2011—2020 年希腊新能源消费基本情况

年份	新能源消费总量占比（%）	新能源消费总量（万吨石油）（等价）
2011	11.21	2722
2012	13.72	3015
2013	15.31	3136
2014	15.74	3114
2015	15.73	3287
2016	15.42	3341
2017	17.32	3503
2018	18.00	3719
2019	19.64	3839
2020	21.71	4002

资料来源：欧盟统计局。

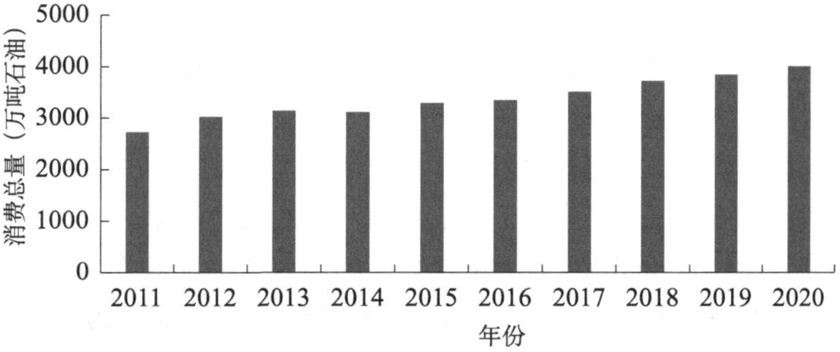

图 10－2　2011—2020 年希腊新能源产业消费总量（等价）

资料来源：欧盟统计局。

二、浙江省新能源领域具体分析

（一）浙江省新能源产业发展现状

浙江省一直以来都是传统能源供应较少的地区，因此，浙江省人民政府高度重视新能源产业的发展和应用。早在2011年，浙江省就将新能源产业列为战略性新兴产业。2022年初，中共浙江省委、浙江省人民政府印发《关于全面贯彻新发展理念、推进碳达峰碳中和工作实施意见》，明确提出要大力支持新能源推广应用，并积极发展低碳能源，推动能源治理体系的现代化。

在相关政策引领下，新能源产业得到迅猛发展，不仅在产业规模上有明显增长，还在浙江省深化领域和新兴领域等方面表现出良好的势头。浙江省新能源产业发展势头强劲，增加值和销售产值的已经逐年加快，经济效益表现出色。即使在全球新冠疫情影响下，2020年仍保持良好表现，全省新能源产业的增加值达到500.10亿元，同比增长14.80%，较2019年提高了3个百分点，连续两年居新兴产业中的第二位。销售产值达到2135.70亿元，同比增长15.81%，较2019年加快了6.90个百分点，位居新兴产业之首。虽然出口交货值同比回升了7.00%，前两年出口增长明显。但经济效益也非常好，营业收入达到2237.80亿元，同比增长18.40%，利税达到317.10亿元，同比增长21.50%，位于新兴产业的前列。

浙江省大力开发和利用核电、太阳能、风能等新能源，新能源产业发展规模已达到一定水平。截至2021年底，浙江省新能源装机容量已达到2498万千瓦，新增装机容量达到555万千瓦，同比增长28.60%，新能源新增装机容量占新增装机容量的77.60%。电能占终端能源消耗的比重达到36%左右，比全国平均水平高出9个百分点，凸显了绿色能源在浙江省的重要地位。新能源发电量达到347亿千瓦时，同比增长24.40%。这为浙江省的经济增长提供了安全可靠、绿色高效的电力保障。

此外，浙江省还积极发展常规电力、辅助装备、核电关联产业、光伏产业、重组制造、海工装备、节能装备等领域。其中，嘉兴海盐中国核电城已初步形成产业集聚、风电设备制造和相关部件专业化产业链也初具规模，海工装备产业化进展迅速，浙江省已成为全国第二大光伏组件制造省份。除此之外，浙江省新能源产业发展与全球经济技术合作密切，拥有较为优越的发展新能源产业综合配套条件，是浙江省进一步发展新能源产业坚实的基础。浙江省在太阳能产业中从硅材料到硅片、太阳能电池、光伏组件和系统应用均有涉及，在风能研究和关键设备制造水平上也处于全国领先地位。潮流能装备研发取得重大突破，技术总体接近国际先进水平；浙江省大学等高校和科研机构潮流能试验场在舟山建设并投入测试运行。

（二）浙江省新能源产业问题与不足

1. 新能源供给缺口大

浙江省是个能源消耗大省，工业生产所需能源主要靠外省调入。从2011年至2020年浙江省能源生产与消费量的走势来看，消费量的增长速度远快于生产量的增长速度，缺口逐年扩大，由2011年的1.61亿吨标准煤缺口量扩大到2020年的2.22亿吨标准煤缺口量，增长了37.89%，年均增长3.02%。浙江省电力购进量逐年上升，由2011年的1423.8亿千瓦时增加到2020年的2160.00亿千瓦时，增长了51.70%，年均增长4.70%；2021年，电力购进量为1767.00亿千瓦时，同比下降18.19%，占浙江省全社会用电量的32.00%，占比仍非常高。由此可见，浙江省能源需求总体在不断地增加，其逐渐扩大的能源自给缺口以及电力自给缺口给浙江省带来巨大的能源压力，为新能源的需求提供了广阔的市场空间，且传统能源将由新能源逐步取代，浙江省继续大力发展新能源产业势在必行。

2. 风电装机容量有待提高

2020年，浙江省的非水电可再生能源电力消费权重仅占总电力消费的7.50%。这主要是因为浙江省在核电和生物质发电方面表现出色，而这两种能源在全国排名前列。然而，浙江省受到国家总体能源布局的影响，太阳能资源相对较为有限，因此在可再生能源领域的上升空间有限。尽管浙江省位于风能资源丰富的地区，但风电产能相对较小，还有较大的提升空间。根据估算，要实现全省风电日常发电目标，浙江省的风电装机容量应该达到400万千瓦以上。然而，截至2020年底，浙江省的风电装机容量仅为186万千瓦。相比之下，江苏省的风电装机容量达到了1547万千瓦，福建省也拥有486万千瓦的风电装机容量，与周边省份相比，浙江省在风电领域存在显著的差距。与国际上风能资源条件相近的发达国家如德国相比，浙江省的风电装机密度仅为13千瓦/平方千米，而德国的风电装机密度达到了137千瓦/平方千米。这表明浙江省在风能资源开发方面仍有巨大的潜力需要挖掘。浙江省有望通过进一步发展和扩大风电产能，提高可再生能源的电力消费比重，以实现更多的清洁能源供应，同时推动经济的可持续发展。这将为浙江省在新能源领域的发展提供更多机会，有助于缩小与周边省份和世界发达国家之间的差距。

3. 技术研发上存在被超越的风险

在新能源产业发展中，浙江省主要的优势体现在应用制造层面，但创新和技术研发支持力度仍不够。由于电池、氨能、新能源汽车等新能源产业生产设备投入较大，浙江省优势体现在应用制造层面只能是暂时的领先。在技术快速迭代的情况下，生产的技术很容易由于技术的更新而落后，造成被后来者降维打击的局面。浙江省新能源产业自主创新能力有待提升，高端制造研发和系统集成能力不足，造成中低端产能过剩。高端产能不足。如全省光伏企业“低小散”问题依然存在，符合国家光伏“领跑者”认证计划申请要求的浙江省光伏企业较少。浙江省太阳能热水器企业多为中小民营企业，经营模式单一、产品同质化较严重、技术研发能力相对薄弱。除此之外，浙江省仅少数几家龙头企业参与全国现有产业标准的制订与修订工作。无论是标准制订还是参与单位数量，浙江省与其他省市（如内蒙古、天津、北京和陕西）相比都存在较大差距。

4. 能源的综合带动效应未充分体现

新能源的大规模发展在浙江省带来了能源结构的重大转型和升级，成功降低了碳排放，同时也在一定程度上刺激了相关产业的增长。然而，新能源的综合带动效应对整个社会经济的发展来说，尚未得到充分体现。特别是光伏小康项目，虽然在消除贫困、增加收入等方面发挥了作用，但其在生态价值的实现以及对产业的带动等方面的作用仍未充分发挥。在市级层面，新能源的发展与实际用能需求之间的关联度尚未足够高，导致一些地区对新能源的发展积极性较低。根据初步统计，大约17%的能源企业尚未在其计划中考虑到新能源项目，特别是太阳能光热领域，仍有40%的能源企业未纳入新能源发展计划。为充分发挥新能源的综合带动效应，浙江省可以进一步加强政策和法规的支持，以鼓励企业积极投身新能源领域。同时，还可以改进新能源项目的规划和实施，以确保其能够在生态、产业和社会各方面都发挥积极作用。此外，各级政府可以更积极地出台相关政策，引领、支持新能源企业发展，促进新能源的广泛应用，以推动清洁能源的全面发展，实现可持续的经济增长。

（三）浙江省新能源产业对策与建议

1. 完善学科建设及人才培养

考虑到新能源产业涉及信息技术、电气工程、材料科学、工程热物理等多个学科，建议浙江省教育部门在学科设置方面采取一系列措施，以更好地满足未来能源领域的需求这包括完善学科布局、创新学科体系，强化基础理论课程，如工程力学、传热学和流体力学，将它们与可再生合成燃料领域有机结合。为此，可以致力于面向未来的可再生合成燃料相关专业，促进新能源产业的不断发展和人才需求。这些新专业将专题从新能源技术的基础理论到实际应用的全方位教育，为学生提供必要的知识和技能，以胜任新兴能源领域的工作。另外，在原有工程热物理学科的基础上，整合相关科研团队，特别是针对储能和综合能源领域的研究。这将有助于建立储能学科和“大能源”学科平台，以支持新的学科平台通过培养高端领域的紧缺人才，浙江省可以更快地满足新能源产业各领域的需求，促进可再生能源的应用和发展。总之，通过完善学科设置、更新教育体系和加强研究合作，浙江省可以更好地满足新能源领域的需求，为未来能源产业的发展提供更加有力的支撑。这些举措有利于培育新一代的发展能源专业领域人才，推动新能源产业繁荣与创新。

2. 加大支持创新研发力度

为促进新能源领域科技创新和产业发展，建议设立专项资金，增加在电力设备制造、能源能、动力电池、氢能、综合能源信息化与化工等新能源优势产业领域的基础科研这一举措将按照“应用一代、研发一代、储备一代”的原则，广泛征求意见，确定中长期技术发展路线图和产业应用目标，进一步实施省级新能源重大科技专项，以鼓励和引导企业积极参与创新。另外，建议加强知识产权保护法律建设，建立完善的知识产权保护执行体系，以提高企业在创新研发方面的积极性。这将有利于保护创新成果，激励企业进行更多的研究和开发工作，从而提高企业在创新研发方面的积极性。推动新能源产业不断提升和壮大。同时鼓励和支持那些高效率、高转化效果的项目，增加其上网的小时保障数或优先权。通过投资和建设技术先进的新能源工程项目，可以促进高效能源产品的应用，推动整个产业升级。这将有助于提高新能源的综合效能，推动绿色能源产业的可持续发展。

3. 加快建设产业创新平台

建议结合国家和省政府正在制定的新能源产业发展规划，制定《浙江省新能源产业标准化战略规划》，为全省新能源产业出台短期、中期和长期的标准战略规划。同时，建议将新能源产业标准战略规划作为省级技术标准战略“十二五”规划的重要组成部分，充分整合省内外科研院所、高校、企业等创新资源，建设国家级和省级创新平台，鼓励地方科创研发平台申报创建省级新型研发机构。推动建设一批重大科学装置，重点支持先进能源科学与技术浙江省实验室及分中心建设，积极支持省属产业和科技投资平台对接中国能源建设集团、浙江省电力设计研究院有限公司等央企技术平台；支持国际知名企业在浙江省设立研发中心，鼓励省内新能源龙头企业与国外领军企业合作开展技术研究。开展新能源产业领域相关标准的宣传，收集对标准的反馈意见，提供技术咨询；组织开展国内外新能源产业标准情报交流活动等。

4. 推进产学研合作与政策保障

为了明确新能源企业在标准化工作中的关键地位，建议建立全方位的、系统化的标准化推进体系与工作机制。该体系以企业为主体，协会作为纽带，科研机构和大专院校为支持，政府机构为支持，以促进标准化工作的顺利进行。这一举措旨在加强国家和浙江省政府对产学研研究合作的支持和引导，同时推动产业化投资和税收优惠政策的研究，提高企业在新能源和可再生合成燃料领域的积极性，从而创造更有利于投资和竞争的环境。

在此背景下，鼓励企业与高校等科研机构建立产学研合作团队，以有效整合高校的人才资源，将其融入企业的应用创新中。这一做法有多重好处，不仅弥补了企业内部创新人才的不足，还将各个学科领域的最新研究成果和发展趋势引入企业，引导企业的技术发展和研发方向。同时，它也促使企业的需求与高校的研究方向相契合，避免了工科科研的空虚现象。

通过建立一个协调有序的标准化推进体系，推动产学研合作，并激励企业的积极参与，可以促进新能源领域的创新和发展，为绿色能源产业的繁荣提供强大动力。这一综合性的工作机制有助于推动新能源领域的标准化进程，推动产学研合作，以及促进创新和产业发展。

三、希腊新能源领域具体分析

（一）希腊新能源产业发展现状

希腊大部分国土被蔚蓝的爱琴海、地中海和爱奥尼亚海环绕，赋予了它与太阳能和风能等可再生能源的潜力。希腊领地多山，许多地区崎岖不平，但也带来了丰富的风能资源。特别是沿海地区和半岛以及岛屿，拥有相对丰富的太阳能和风能资源，这使得希腊在可再生能源方面具有巨大的潜力。该国的能源政策旨在充分利用这些资源，将其转化为清洁能源的生产力，并为国内和国际市场提供可再生能源。希腊渴望在不久的将来成为东地中海地区的能源枢纽，这一愿景凸显了希腊在能源领域的重要地位。希腊作为连接欧洲、中东和北非的重要能源枢纽，这为希腊提供了独特的机会，使之在国际能源市场上扮演重要角色。特别值得一提的是，希腊是欧盟中第一个正式加入“一带一路”倡议的国家，表达了在国际合作和互联互通方面的承诺。通过积极参与“一带一路”倡议，希腊将继续加强与亚洲、中东和欧洲国家之间的贸易和能源合作，引导国内经济和能源领域的可持续发展创造更多机会。

希腊的能源主要以石油为主，辅以褐煤和天然气。然而，政府已经积极采取措施，着力减少对褐煤发电的依赖，增加可再生能源的使用比例。2021 年，希腊的可再生能源在总能源消费中达到了 7.6%，这一比例有望继续增长。这表明希腊正在积极推动向更加清洁和可持续的能源结构转型，以减少对传统化石燃料的依赖，为降低碳排放量以及保护环境做出了努力。政府领导人曾明确指出，希腊应积极向数字化和绿色经济转型，充分抓住第四次工业革命的机遇。他强调经济复苏进程中发展新兴产业和高科技产业的重要性，这将促使希腊成为南欧的知识中心和高新技术中心。这一愿景有望吸引更多人才，推动经济的可持续发展，减少外部因素对国家经济的不利影响。希腊正经历振奋人心的时刻，将继续努力推动可持续发展和创新，为未来的能源结构优化和经济发展作出积极贡献。

另外，希腊的地理特点使其拥有丰富的风能资源。该国多山，其中最显著的是品都斯山脉，这个山脉贯穿西部地区，提供了丰富的风力资源。然而需要注意的是，希腊的风能资源在地理分布上存在差异。相较于西部的山地地区，希腊的北部和中部地区主要由低地平原和盆地组成，这些地区由于受地形的影响，风能资源相对较少。在风力发电市场方面，几家公司在希腊发挥了关键作用，其中包括 TERNAEnergy 公司、ELLAKTOR 公司、意大利国家电力公司、法国电力公司以及道达尔新能源公司五家企业。这些公司总装机容量达到希腊风电总装机容量的半数，表明它们在该市场的竞争地位举足轻重。

希腊缺乏大规模的油气储备，因此目前主要依赖褐煤来满足能源需求。然而，希腊政府反对核能发电，而是倾向于发展可再生能源以满足不断增长的能源需求。为此，该国在 2016 年通过了全面的立法，并设立了税收优惠减免条款，以鼓励太阳能光伏系统的发展。特别是对于商业实体，政府提供了高达公司太阳能系统总费用50%的赠款奖励。政府的目标是到 2020 年将太阳能光伏发电能力提升至 700 兆瓦。

在历史上，希腊曾经面临较大的电力供应缺口，最高年电力缺口曾达到45 亿千瓦时。然而，在过去的 10 年里，全球经济危机对能源消耗产生了严重影响，导致 2014 年的能源消耗较 2008 年下降了 11%。根据 2019 年的经济增长速度，预计到 2021 年，电力总需求将达到 565 亿千瓦时。然而，由于新冠疫情的暴发，预计这一增长将被推迟两年。截至 2021 年底，希腊的发电市场总装机容量达到了 1938 万千瓦。其中，火电装机容量为 390 万千瓦，风电为 359 万千瓦，太阳能光伏和光热装机容量为 275 万千瓦，水电为 317 万千瓦，天然气发电为 520 万千瓦，其余能源包括生物质能发电和小型水电。可再生能源在希腊的能源组合中占据越来越大的份额，从2006 年的6. 55%增加到2020 年的33%。这反映出希腊政府致力于减少对化石燃料发电的依赖，积极利用可再生能源，以推动清洁能源的发展。

相比其他欧洲国家尤其是北欧国家，希腊拥有丰富的太阳能资源，依托每年充足光照的自然优势，希腊光伏发电产业也迎来快速发展。希腊光伏企业协会发布报告估计，2022 年，希腊光伏新增装机容量达到历史新高的1340 兆瓦，而2021 年还是838 兆瓦，同比增幅接近60%。2022 年 4 月，希腊石油集团斥资 1. 3 亿欧元建立的科扎尼光伏公园揭幕，该光伏公园成为东南欧最大的双面面板光伏公园，总装机容量达 204. 30 兆瓦，每年将产生 350 吉瓦时的电能，满足至少 7. 50 万户家庭的用电需求。国际能源署最新报告显示，截至 2022 年底，希腊光伏渗透率为 17. 50%，高居全球第二位，仅次于西班牙的 19. 10%，远超过欧盟 8. 70% 的平均水平和全球6. 20% 的平均水平。国际能源署执行主任法提赫比罗尔表示，希腊在减少煤炭使用和利用风能及太阳能资源方面采取了重要措施。较高的光伏渗透率有助于满足希腊国内市场的能源需求，并为未来光伏产业的发展带来积极影响。

希腊光伏产业的上一次大发展是在2010—2013年。得益于上网电价补贴和项目许可流程简化，希腊全国年新增装机容量逐年上升，从2010年的152兆瓦猛增至2013年的1043兆瓦。此后，随着补贴减少和许可政策改变，希腊光伏发展进入“停滞期”。希腊糖果及烘焙产品主要生产商斯泰伊乌家族有限公司经理乔治·德利斯告诉新华社记者，公司位于雅典郊区的总部工厂今年夏季安装了光伏并网系统，可满足工厂25%到30%的用电需求。借助项目并网，可将多余能量输送至电力公司抵扣电费，“这不仅降低了工厂造成的环境影响，也降低了运营成本”。未来几年，希腊政府计划增加更多大型项目以加快绿色转型，同时面向家庭和农户等群体推广小型电力自产项目，并制定面向企业和弱势群体的补贴计划。

（二）希腊新能源产业问题与不足

希腊自2007年起经历了严重的经济危机，直到2017年才逐渐走出困境，开始出现经济上升的趋势。尽管在2018年和2019年，希腊的经济增长率保持在2%左右，但2020年新冠疫情的暴发对该国的经济造成了严重冲击，增加了未来经济发展的不确定性。希腊拥有众多美丽的岛屿，其中大多依赖柴油发电。为了提高各岛屿之间的能源供应和连通性，希腊政府正积极推进一项计划，预计将在2023年底完成。这一计划旨在减轻岛屿的能源依赖，同时促进可再生能源的使用。

随着希腊逐渐从传统能源向可再生能源转型，该国新能源领域面临一个重要挑战，即缺乏新的输电基础设施。尽管政府正在积极推动电力部门的改革，但从投入资金到实际成果之间，还需要经历一定的过渡期。这涉及升级电网和输电线路，以更好地整合可再生能源，确保可持续能源供应。除此之外，新能源协同仍然是一个具有挑战性的问题，需要进一步解决。不同种类的新能源之间协同性相对较弱，同时政策依赖度较高。新能源发电具有随机性和波动性强、预测难度较大等特点。随着新能源接入规模的扩大，仅仅依赖传统的电力调节手段已经无法实现电网的稳态平衡，因此迫切需要建立规模化的新能源并网消纳能力。与此同时，不同类型的新能源，如光伏能源、风能、氢能和储能，各自为政，协同联动不足，整体集成发展水平相对较低。这意味着新能源领域需要更多的合作和协调，以实现不同能源形式之间的协同工作，从而更有效地利用可再生能源。在储能行业发展中，尽管取得了显著进展，仍然面临一系列挑战。其中之一是缺乏明确的接入标准和规范。储能技术的规模化发展需要建立一套统一的标准和规范，以确保其在电网中的有效运用。这需要各方共同努力，包括政府、产业界和研究机构，通过制定明确的技术标准和行业规范，为储能技术提供更清晰的发展方向和指导。此外，规模化应用储能技术需要时间和努力。新能源领域的技术创新和应用通常需要一定的时间来得到市场的广泛认可和采纳。因此，为了更好地推动储能技术的发展，需要建立长期的政策支持体系和市场机制，鼓励企业进行创新投入，推动储能技术的成熟和商业化应用。综合而言，新能源领域需要更多的标准化和政府监管支持，以促进储能技术的发展和应用。通过明确的标准和规范，可以降低技术应用的风险，提高市场透明度，为投资者和企业创造更有利的环境。同时，政府的产业政策可以为储能技术提供更明确的方向和支持，推动其在能源体系中的更广泛应用。

（三）希腊新能源产业对策与建议

1. 寻求欧盟帮助

欧盟正在采取一系列措施来解决欧盟内部的能源难题，主要的方法是通过欧盟内部的能源市场来积极提供解决方案，同时努力增强欧盟对外能源的独立性。欧盟一个重要的措施是通过增加可再生能源在能源消费中的比例，来减少对非欧盟国家的能源依赖。作为欧盟的一员，希腊电力普及率很高，因此电力总体的增长空间相对有限。在人口增长有限的背景下，希腊的能源发展的主要方向是从不可再生能源到新能源。为此，希腊政府采取了积极的措施，其中包括在 2019 年 9 月提交的国家能源和气候计划中，承诺将 2030 年的可再生能源活动从 31% 提高到 35%。此外，希腊还计划在 2028 年完全淘汰煤电。特别是风能方面，希腊计划到 2030 年将风电装机容量从目前的 359 万千瓦增加到 750 万千瓦，表明了该国对降低碳排放和扩大可再生能源应用的决心。

希腊拥有得天独厚的优势，同时具有欧盟和北约的双重身份，这使得该国在新能源产业的发展投资前景充满希望。尽管新冠疫情给能源领域的传统能源向可再生能源的过渡增加了一些不确定性，但总体来看，疫情对新能源带来的更多是正向刺激。一方面，疫情期间能源需求回升，进一步压缩了传统能源的市场支出。另外，欧盟提出了“复苏基金”，为希腊新能源发展提供强有力的支持，这些政策措施为投资者提供了在希腊新能源行业进行投资的新机会。综上所述，欧盟和希腊国内的举措政策都在推动新能源的发展和可积极再生能源的利用，为减少碳排放、降低能源依赖提供了重要的机会。同时，新冠疫情虽然带来了一些挑战，但也为新能源产业带来了机遇，赋予活力和竞争力。

2. 调整相关法律法规

对可再生能源产品的经营许可证发放制度进行重大调整。希腊是地中海国家，每年的太阳日照非常充足，如果实行太阳能发电，希腊土地每平方米生产出的太阳能相当于200升柴油产生的能量。太阳能使用成本高是目前不能大面积推广的主要原因。据专家预测，随着太阳能电站的增多，预计到2020年太阳能电力成本将与常规电力成本持平，到2040年将大大低于后者。由于希腊和多数欧洲国家都订立了可再生能源法，规定了公共电网必须接受再生能源生产的电力，因此，发展替代能源是一项长期的能源战略。

2006年希腊议会通过了《可再生能源法》，对使用太阳能的企业和家庭提供包括政府资助和减税等在内的一系列激励政策。根据这项法律，政府将向使用太阳能发电的企业和商业公司提供太阳能电力系统总成本30%—55%的资助，使用太阳能的家庭每年可获得20%的减税，每个家用太阳能系统每年最多可获减税630欧元。《可再生能源法》还规定，那些使用太阳能发电并与国家电网并网的电力用户，可以向国家出售剩余的电力，每度电的价格在50—63欧分。希腊政府保证收购剩余电力政策20年不变。

根据预测，到2030年希腊电力消费每年将增长2.40%，如此巨大的需求仅靠传统的化石能源（石油、煤和天然气）等是很难满足的。希腊天然气资源短缺、开发日益困难、运输路程越来越远、价格上涨等不利因素日益显露。希腊政府表示，随着希腊国家能源政策的完善和一系列鼓励政策的出台，到2030年希腊能源行业将吸引投资45亿欧元。希腊新能源政策的核心就是要强化希腊在能源方面的国际地位，进一步开放国内电力和天然气市场，扩大天然气输送网络，鼓励可再生能源和节能方面的大型投资项目。在不远的将来，希腊将成为一个天然气、电力和石油的国际中转枢纽。

3. 大力推行能源市场开放和自由化

希腊政府正在大力推行能源市场的开放和自由化。早在 2004 年，希腊政府就获得了议会的授权，以鼓励竞争，实施了一项旨在促进石油、天然气和电力等能源向希腊市场提供的能源发展计划。这举措标志着希腊国内能源市场进入了新的时代，其中重要的一步是开放和自由化。希腊政府特别致力于天然气和电力市场的开放和自由化，并已经制定了新的法规来管理电力能源商业化体系。这意味着希腊政府采取了积极的措施，以推动能源市场的竞争和自由化，以满足不断增长的能源需求。此外，希腊政府在 2016 年初提出了逐步开放天然气市场自由化的实施细则。这包括解除对供暖和电力公司的天然气供应的限制，并逐步放宽对其他消费群体的天然气供应。这一措施旨在提高生物燃料的生产量，以满足欧盟制定的指标，促进可再生能源的使用和生产。综上所述，希腊政府正在积极推动能源市场的开放和自由化，以促进竞争，满足能源需求，并推动可再生能源的发展。这些举措将有助于希腊实现更加多样化和可持续的能源供应。

第二节 浙江省与希腊新能源产业合作政策

一、浙江省能源政策

浙江省在近几年内出台了一系列支持生产可再生能源尤其是光伏能源的政策。这些政策旨在促进清洁能源发展、提高能源利用效率、降低碳排放，以应对能源和环境挑战，表现出了对可再生能源特别是光伏发电的高度支持和鼓励。政策强调了光伏项目作为重点，特别是普及光伏。这将有助于减少对传统化石能源的依赖，降低碳排放。政策还强调了创新驱动经济发展，这意味着光伏技术和产业也能得到支持和发展，促进经济的高质量增长。浙江省近几年出台的能源支持政策如表 10 - 4 所示。

表 10－4　　浙江省能源政策

序号	发布时间	政策名称	主要内容
1	2021 年 5 月 7 日	《浙江省可再生能源发展“十四五”规划》	到“十四五”末，力争浙江省光伏装机达到 2750 万千瓦以上，新增装机在 1200 万千瓦以上，其中分布式光伏新增装机超过 500 万千瓦，集中式光伏新增装机超过 700 万千瓦。
2	2021 年 4 月 21 日	《关于调整全市居民分布式光伏发电项目市级财政补贴的通知》	对 2022 年 1 月 1 日之后并网的居民分布式光伏发电项目，符合相关规定要求的，乐清市级财政补贴调整至每千瓦时 0.1 元，有效期至 2022 年 12 月 31 日止。
3	2021 年 6 月 24 日	《杭州市能源发展（可再生能源）“十四五”规划（征求意见稿）》	着力推进集中式、分布式光伏利用，全市累计新增光伏装机容量不低于 100 万千瓦。
4	2021 年 10 月 25 日	《关于印发温州市制造业千企节能改造行动方案的通知》	到 2023 年，实施 1000 项以上节能改造项目，腾出用能空间 25 万吨标煤以上，规上工业增加值单位能耗下降 9%，新建工业厂房安装分布式光伏比例达到 100%，新增光伏并网 40 万千瓦以上装机容量，实现工业领域能源结构和产业结构双优化。
5	2021 年 10 月 29 日	《平湖市新一轮鼓励光伏发电项目建设的若干意见》	到“十四五”末，平湖市光伏发电装机容量达到 600 兆瓦以上，实际新增 200 兆瓦以上，年平均新增装机容量在 40 兆瓦以上。工商业屋顶、学校、医院、党政机关和村（社区）等公共建筑屋顶、“农光互补”、居民户用屋顶四项光伏发电项目分别补贴 0.10 元/千瓦时、0.15 元/千瓦时、0.20 元/千瓦时。
6	2021 年 10 月 29 日	《丽水市人民政府关于加快推进分布式光伏规模化开发的实施意见（征求意见稿）》	力争“十四五”全市新增光伏发电 150 万千瓦，其中市区（含莲都区、丽水经济开发区）新增光伏发电 20 万千瓦。
7	2021 年 12 月 15 日	《关于户用光伏发电项目补助有关事项的通知》	2022 年并网的户用光伏发电项目给予 0.80 元/瓦的补助，2023 年并网的户用光伏发电项目给予 0.60 元/瓦的补助。每户最高补助不超过 5000 元。
8	2021 年 12 月 16 日	《关于柯桥区整区屋顶分布式光伏开发试点实施方案的公示》	至 2022 年底前新增光伏装机 200 兆瓦，至 2025 年底新增装机 350 兆瓦。

续表

序号	发布时间	政策名称	主要内容
9	2021 年 12 月 23 日	《宁波市促进光伏产业高质量发展实施方案》	到 2025 年，宁波市光伏产业产值超过 260 亿元，光伏发电装机规模确保达到 500 万千瓦，力争达到 570 万千瓦，打造国内重要的光伏产业高质量发展高地。
10	2021 年 12 月 30 日	《吴兴区创建全省第一批低碳试点区县专项政策意见》	大力发展可再生能源，对企业在吴兴区工商业企业屋顶建设光伏项目（建设容量≥0.1 兆瓦），按建设容量给予每兆瓦 5 万元奖励，单个项目最高不超过 30 万元，建设容量不足 1 兆瓦的按比例给予奖励。
11	2022 年 2 月 12 日	《海盐县整县光伏开发试点工作方案（征求意见稿）》	2022 年计划新增光伏并网量 40 兆瓦，力争 50 兆瓦。“十四五”期间实现全县新增光伏装机 100 兆瓦。
12	2022 年 2 月 14 日	《关于大力推进建筑屋顶分布式光伏发电系统应用工作的若干意见》	到 2025 年底，建筑屋顶安装分布式光伏发电工作全面推进，力争 15% 以上的建筑屋顶设置分布式光伏发电系统，90% 以上新建建筑全面落实分布式光伏发电系统，建筑领域分布式光伏装机容量占全社会累计光伏并网容量超过 60%。
13	2022 年 3 月 30 日	《关于进一步加快我市光伏发电项目建设的实施意见（征求意见稿）》	对杭州市范围内在 2021—2025 年建成并网的，且年光伏利用小时数超过 900 小时（由国网供电公司在并网满一年后出具相关证明文件）的光伏项目进行奖补。其中上城、拱墅、西湖、滨江、钱塘区按 0.20 元/瓦标准，其他地区按 0.10 元/瓦标准给予投资主体一次性建设奖励。
14	2022 年 4 月 14 日	《关于工业企业差别电价资金使用的通知》	在参与企业综合效益评级为 A、B 级的企业屋顶上安装光伏发电系统的工业企业，经县经信局登记备案并网发电后一次性享受补助标准为 0.50 元/瓦，单个项目最高补助为 40 万元。
15	2022 年 4 月 28 日	《永嘉县工业百企节能改造行动方案（2021—2023 年）》	推动光伏项目参与电力市场交易。对完成备案并接入县级分布式光伏数字化管理平台的“自发自用、余量上网”的分布式光伏项目，按照实际发电量，给予 0.10 元/千瓦时的补贴。
16	2022 年 5 月 11 日	《永康市整市屋顶分布式光伏开发试点实施方案》	对 2022 年 1 月 1 日至 2024 年 12 月 31 日期间建成的屋顶分布式光伏发电项目、非居民用户侧储能项目给予财政补助。其中，新建屋顶分布式光伏发电项目根据实际发电量按每千瓦时 0.10 元给予补助，连续补 3 年（与金华补助标准一致），一年发放一次。

续表

序号	发布时间	政策名称	主要内容
17	2022 年 5 月 18 日	《泰顺县人民政府关于扶持分布式光伏发电的若干意见》	2022—2023 年建成、并网和验收的实行差异化补贴，补贴标准分别为 0. 10 元/瓦、0. 08 元/瓦；居民（家庭农场）屋顶统一规模化建设运营且按照政府“平改坡”美丽工程要求实施的，在光伏发电项目建成、并网和验收后给予居民发放一次性平改坡建设补贴。2022—2023 年建成、并网和验收的实行差异化补贴，补贴标准分别为 0. 50 元/瓦、0. 40 元/瓦。
18	2022 年 5 月 24 日	《嘉善县人民政府关于新一轮支持分布式光伏发展的若干意见》	对工商业屋顶实施的光伏发电项目，实行发电量补助，每年按实际发电量给予 0. 10 元/千瓦时的电价补助，连续补贴三年。
19	2022 年 6 月 2 日	《关于印发瑞安市分布式光伏发电项目管理办法的通知》	主要对光伏项目规范要求、项目备案、电网接入与计量、信息管理进行了相关规定。
20	2022 年 6 月 2 日	《关于印发瑞安市分布式光伏发电项目资金奖补办法的通知》	2022 年 1 月 1 日至 2023 年 12 月 31 日期间，对通过各项验收的单位屋顶分布式光伏发电项目、居民家庭屋顶分布式光伏发电项目，符合相关规定要求的，自验收合格并网发电之日起，分别按实际发电量给予 0. 10 元/千瓦时补贴，按实际发电量给予 0. 05 元/千瓦时补贴，均为一补 2 年（连续补贴 2 年）。
21	2022 年 6 月 6 日	《关于全面推进清洁能源发展的意见》	根据整县（市、区）屋顶分布式光伏开发试点建设任务要求，2022 年新增光伏发电装机规模不少于 5 万千瓦；至 2023 年实现开工建设项目容量 70 万千瓦以上，包含海上风电新增总装机 30 万千瓦，集中式光伏新增并网装机 30 万千瓦，分布式光伏新增并网装机不少于 10 万千瓦。
22	2022 年 6 月 20 日	《关于推进创新驱动加快经济高质量发展若干政策意见》	对当年并网的单个项目装机容量在 1000 千瓦以上或项目投资额在 400 万元以上的光伏电站项目进行补助。按项目并网容量进行补助：在工商业建筑和公共建筑屋顶建设的光伏发电项目，补助标准为 0. 40 元/瓦，单个项目补助不超过 50 万元；在新建商业建筑和新建厂房建设的建筑光伏一体化发电系统，补助标准为 0. 80 元/瓦，单个项目补助不超过 100 万元。补助范围为纳税在柯城区范围内的各类工商业建筑和公共建筑屋顶建设的光伏发电项目。

续表

序号	发布时间	政策名称	主要内容
23	2022 年 6 月 22 日	《金华市区光伏发展补贴实施办法》	分布式光伏发电项目按发电量给予补贴，补贴标准为 0.10 元/千瓦时，补贴时间为 3 年（自建成并网次月起，连续计算 36 个月），一年发放一次。

资料来源：浙江省人民政府。

二、希腊能源政策

欧洲能源价格不断上涨，令希腊经济社会生活深受影响。在这一背景下，依托每年充足光照的自然优势，希腊光伏发电产业迎来较快发展。与此同时，希腊也在不断出台相对应的能源政策，鼓励本地新能源产业发展（见表 10－5）。

表 10－5　　　　希腊能源政策

序号	发布时间（年份）	政策主要内容
1	2019	希腊议会通过一项法案，进一步加快可再生能源项目许可，并引入对储能项目的监管框架。希腊光伏企业协会认为，法案将对希腊光伏产业市场带来较大促进作用。
2	2020	希腊通过首部气候法案，宣布将在 2028 年前摆脱煤炭发电。希腊总理米佐塔基斯表示，政府的目标是让民众享受可负担、可持续的现代能源，为此将加快对太阳能等可再生能源项目的审批速度，减少对化石能源的依赖。
3	2021	希腊政府制定了关于气候和能源问题的“2030 年国家能源和气候计划”，提出了到 2030 年实现特定能源和气候目标的详细路线图，并简化了可再生能源许可流程，目标是到 2030 年希腊可再生能源消费占比达到 35%，可再生能源装机容量由 8.62 吉瓦增至 25 吉瓦，70% 的可再生能源将用于国内电力生产。其中，光伏装机容量达 7.70 吉瓦，风力装机提高到 7 吉瓦，水力发电提高到 3.70 吉瓦，生物质能发电达 300 兆瓦，以及地热发电装机达 100 兆瓦。
4	2021	希腊通过新法案简化可再生能源项目审批流程，并引入对储能项目的监管框架。在政策利好带动下，希腊太阳能发电项目快速增加。据希腊媒体报道，2022 年该国太阳能发电新增装机容量达 1340 兆瓦，创历史新高。同期，希腊太阳能发电量占总发电量的比例为 12.60%，在欧盟国家中位居第二。

续表

序号	发布时间（年份）	政策主要内容
5	2022	希腊通过了首部《国家气候法》，规定到2030年将温室气体排放量至少减少55%，到2040年减少80%，并在2050年实现净零排放。同时，要求希腊减少对化石燃料的依赖，包括从2028年起在电力生产中淘汰褐煤。
6	2022	希腊批准了第一部《海上风电法》，力求到2030年实现2000兆瓦的海上风电产能，相当于目前发电量的10%。
7	2023	希腊政府宣布，将为安装太阳能电池板的家庭提供总费用40%—60%的补贴，补贴总金额达2.38亿欧元。

资料来源：希腊政府。

希腊政府近年来采取了一系列积极的新能源政策，以促进可再生能源行业的发展和减少对传统化石能源的依赖，表明了对可持续、现代能源的承诺，同时减少了对化石能源的依赖。详细规划了未来的可再生能源发展路线，提高可再生能源在国内电力生产中的比例。这些政策的积极效果已经显现，太阳能发电新增装机容量创下历史新高，并在欧盟国家中排名第二。此外，希腊还通过国家气候法规定了减排目标，并鼓励减少对化石燃料的依赖，进一步鼓励民众积极使用清洁能源。这些政策表明，希腊政府正在积极采取措施，以推动可再生能源的快速发展，减少碳排放，实现更可持续的能源未来。

三、双方能源政策评价

浙江省和希腊的能源政策在双方的合作中将发挥关键作用，为两地共同实现可持续发展和全球绿色转型提供了有力支持。这种合作有助于构建更清洁、更可持续的能源体系，促进全球绿色能源转型，减少碳排放，改善环境质量，提高能源供应的可靠性。双方各自公布的新能源政策将会发挥以下作用：

第一，促进双边合作。这两地公布的能源政策为两国建立紧密的双边合作关系提供了坚实的基础。双方能够利用这些政策作为共同的愿景，推动更广泛和深入的合作，涵盖技术合作、能源贸易、共同研究等多个领域。

第二，节能减排目标的实现。两国的能源政策都着眼于减少碳排放和提高能源效率。共同公布这些政策可以鼓励双方共同努力实现这些目标，通过经验分享和技术合作来提高能源系统的效率，共同降低碳足迹，减缓气候变化的影响。

第三，加速清洁能源项目。合作有助于加速可再生能源项目的发展，共同推动太阳能、风能、储能和其他清洁技术的应用。可再生能源的利用增加了能源供应的多样性，减少了对有限的化石能源的依赖。合作有助于确保能源供应的稳定性，降低能源安全风险。这有望为两国创造新的商机，并减少对传统化石能源的依赖。

第四，国际合作的吸引力。国际社区通常会对展示积极的可持续能源政策的国家和地区表示兴趣。这两地公布的政策将增强其在国际能源市场上的吸引力，吸引更多的国际投资者、技术供应商和合作伙伴，这有望吸引外资，加速可再生能源项目的实施。

第五，为全球绿色转型作出贡献。浙江省和希腊的合作有望成为全球绿色转型的典范，为其他国家和地区提供启发。通过合作，它们可以共同推动全球可再生能源和可持续能源的发展，有助于实现全球气候目标。

第三节 浙江省与希腊新能源产业合作展望

新能源产业作为未来高期望的行业，需要全球范围内的资源协同和合作，浙江省和希腊在新能源产业合作潜力巨大。两地地理位置的战略重要性以及相互补充的资源和需求，在“一带一路”倡议的背景下合作潜力被放大。浙江省与希腊有助于实现更高效、可持续和安全的新能源产业服务，促进新能源产业的发展。下面对双方的合作展望进行分析。

一、基础设施建设

新能源基础设施的现代化对于提高能源生产效率和可持续性至关重要。浙江省和希腊可以合作推动新能源基础设施的智能化和自动化，包括能源生产和分配系统的升级，以提高效率和减少能源浪费。双方还可以共同研究和开发新的储能技术，以平衡太阳能和风能等可再生能源的不稳定性。浙江省和希腊可以共同推动可持续的物流和供应链管理，以减少环境影响。这包括采用清洁能源交通工具、优化货物运输路线、提高港口和物流中心的能源效率等。新能源基础设施的合作有助于两地经济的增长和国际竞争力的提升。这种合作可以促进更好地连接亚洲和欧洲，实现新能源产业的国际化，促进国际贸易的繁荣和发展。

二、人力资源

新能源产业是未来能源产业发展的方向之一，因此相关领域的人力资源也显得格外重要。浙江省与希腊可以开展技术培训，以满足新能源领域不断增长的需求。通过合作开设培训中心、举办研讨会和交换项目，培养新能源领域的高级专业人才，包括太阳能和风能系统工程师、可再生能源管理专家等。这有助于满足新能源行业的迅速扩张所需的专业技能。浙江省和希腊的高校及研究机构可以展开合作，共同推出新能源相关的教育和培训课程，这些课程可以涵盖新能源技术、可持续能源管理、环境保护等方面，培养具备国际视野和创新思维的学生。这些学生将成为新能源产业的未来领袖和创新者，为新能源技术的发展和推广提供坚实的支持。浙江省和希腊的新能源企业还可以合作进行研究项目，共同探索新的技术和创新。这包括太阳能和风能系统的研发、能源储存技术的改进、清洁能源生产的提高等。通过共同研究，双方可以提高新能源产业的效率和可持续性，为环境保护和碳减排作出更大的贡献。

三、环境保护

浙江省和希腊作为拥有战略地理位置的地区，共同致力于环境保护和新能源产业的可持续发展。两地的积极举措为加强合作创造了有利条件。通过深化在新能源领域的合作，双方可以实现环保和碳减排的共同目标，实现双赢的结果。浙江省和希腊可共同倡导清洁能源的广泛应用，特别是太阳能和风能等可再生能源，以减少对传统化石能源的依赖。通过共同投资和技术合作，双方有望在可再生能源领域取得更多突破，促进清洁电力的生产和利用。此外，两地的新能源产业在技术创新方面有着广泛的合作空间。通过共同致力于研发和应用绿色技术，可以提高新能源设备的效率，减少资源浪费，降低对环境的不良影响。合作研究和开发环保技术将有助于推动新能源产业的创新，实现可持续发展。这种跨地区合作不仅能够促进经济增长，还能够为全球环保事业作出积极贡献。通过共享经验和资源，希腊和浙江省可以共同推动清洁、绿色、可持续的能源未来。

四、政府合作机制

作为“一带一路”倡议的一部分，浙江省和希腊正在共同推动新能源产业的发展，以加强亚欧大陆之间的能源合作。两地的地理位置和资源互补性为新能源产业合作提供了广阔的机遇。双方政府可以共同致力于构建新能源产业的政策支持和便捷条件，以推动能源合作取得更大突破，加速可再生能源和清洁技术的发展。为促进新能源产业的合作，浙江省和希腊可以考虑签署双边政府合作协议，涵盖新能源政策、法规和标准的对接，技术标准的协调以及能源生产和消费方面的协同。这将为双方的新能源项目提供更多支持和便利，鼓励投资和技术创新的发展。双方可以建立信息交流和合作平台，通过共享最佳实践、政策对话和经验交流，推动新能源产业的可持续发展。通过定期会议、研讨会和工作组等机制，促进政府间的交流和合作，使双方能够共同探讨新能源技术、市场机会以及可再生能源项目的合作。

此外，政府可以引领金融和投资合作，为新能源产业提供支持。双方可以在项目融资、风险管理、可再生能源资金和跨境投资等领域展开合作，加强能源合作的基础，推动新能源产业的可持续发展，实现双赢局面。

总之，浙江省和希腊在新能源产业领域合作潜力巨大，双方共同致力于加强新能源产业的政策对接、信息交流和投资合作，有利于推动全球绿色能源的发展，减少碳排放，改善环境质量，为可持续发展目标的实现贡献力量。这也将有助于加强两地在新能源产业领域的合作，为全球提供更多可持续的清洁能源供应。

第十一章

浙江省与希腊旅游产业合作

第一节

浙江省与希腊旅游产业合作基础

一、浙江省与希腊旅游规模分析

（一）浙江省旅游规模分析

浙江省统计局相关数据显示，浙江省入境旅游者由 2012 年的 865.93 万人次增加至 2017 年的 1211.73 万人次。2018 年起入境旅游者口径和范围调整为入境过夜游客，浙江省入境旅游者由 2018 年的 456.76 万人次增加至 2019 年的 467.11 万人次。2020 年受全球新冠疫情影响，浙江省入境旅游者下降为 38.35 万人次。2021 年全球新冠疫情减弱，浙江省入境旅游者小幅增加为 42.84 万人次（见表 11－1）。

其中，浙江省入境旅游的外国人和港澳台同胞分别由 2012 年的 570.51 万人次、295.42 万人次增加至 2017 年的 801.50 万人次、410.24 万人次。2018 年起入境旅游者口径和范围调整为入境过夜游客，浙江省入境旅游的外国人和港澳台同胞分别由 2018 年的 323.41 万人次、133.35

万人次增加至2019年的329.83万人次、137.29万人次。2020年受全球新冠疫情影响，浙江省入境旅游的外国人和港澳台同胞分别下降为27.67万人次和10.68万人次。2021年全球新冠疫情减弱，浙江省入境旅游的外国人小幅增加至32.74万人次，但浙江省入境旅游的港澳台同胞仍进一步下降至10.10万人次。

在旅游创汇收入方面，浙江省旅游创汇收入由2012年的51.52亿美元增加至2017年的82.76亿美元。2018年起入境旅游者口径和范围调整为入境过夜游客，浙江省旅游创汇收入由2018年的25.96亿美元增加至2019年的26.68亿美元。2020年受全球新冠疫情影响，浙江省旅游创汇收入下降为1.64亿美元。2021年全球新冠疫情减弱，浙江省旅游创汇收入小幅增加至2.04亿美元。

2012—2021年这10年来，除了2020年受全球新冠疫情影响严重，其余年份浙江省入境旅游者人数尤其是入境旅游的外国人人数基本呈增长趋势，浙江省旅游创汇收入也在逐年增加，浙江省旅游规模逐渐扩大。

表11－1　2012—2021年浙江省国际旅游发展情况

年份	入境旅游者人数（万人次）	入境旅游的外国人人数（万人次）	入境旅游的港澳台同胞人数（万人次）	旅游创汇收入（亿美元）
2012	865.93	570.51	295.42	51.52
2013	866.28	576.57	289.71	53.93
2014	931.03	614.45	316.58	57.53
2015	1012.04	672.26	339.78	67.88
2016	1120.30	731.62	388.68	74.31
2017	1211.73	801.50	410.24	82.76
2018	456.76	323.41	133.35	25.96
2019	467.11	329.83	137.29	26.68
2020	38.35	27.67	10.68	1.64
2021	42.84	32.74	10.10	2.04

注：2018年起入境旅游者口径和范围调整为入境过夜游客。

资料来源：浙江省统计局。

（二）希腊旅游规模分析

希腊旅游业是获得外汇和维持国际收支平衡的重要经济部门。自20

世纪60年代以来旅游业发展迅速，入境游客人数连年增长。近年来，希腊政府将旅游业发展重心从增加游客数量转向提高游客消费水平，取得较好经济收益。据希腊央行相关数据显示（见表11－2），希腊接待国外游客数量由2012年的1694.65万人次增加到2019年的3400.46万人次。2020年受全球新冠疫情影响，希腊接待国外游客数量大幅下降至40.58万人次，2021年迅速回升到1524.61万人次，仍然大幅度低于疫情前水平。另外，新冠疫情前8年，希腊的国外旅客数量一直处于增长状态。在2013—2014年两年间经历了快速增长。

表11－2　2012—2021年希腊接待国外游客数量

年份	国外游客数量（万人次）	增速（%）
2012	1694.65	3.16
2013	2011.14	18.68
2014	2427.24	20.69
2015	2611.42	7.59
2016	2807.08	7.49
2017	3016.10	7.45
2018	3307.22	9.65
2019	3400.46	2.82
2020	740.58	－78.22
2021	1524.61	105.87

资料来源：希腊央行。

从2012—2021年希腊来自国外旅游收入额来看（见表11－3），分别由2012年的104.43亿欧元增加至2019年的181.79亿欧元。2020年受全球新冠疫情影响，大幅度下降至43.19亿欧元，2021年全球新冠疫情减弱，迅速恢复至105.03亿欧元，仍然大幅度低于疫情前水平。

表11－3　2012—2021年希腊来自国外旅游收入额

年份	国外旅游收入（亿欧元）	增速（%）
2012	104.43	－0.59
2013	121.52	16.37
2014	133.93	10.21

续表

年份	国外旅游收入（亿欧元）	增速（%）
2015	141.26	5.47
2016	132.07	-6.51
2017	146.30	10.78
2018	160.86	9.95
2019	181.79	13.01
2020	43.19	-76.24
2021	105.03	143.18

资料来源：希腊央行。

2012—2021 年这 10 年来，除了 2020 年受全球新冠疫情影响严重，其余年份希腊接待外国游客数量基本呈增长趋势，希腊旅游总收入尤其是国外旅游收入也在逐年增加，希腊旅游规模逐渐扩大。

从 2021 年希腊国外游客来源国来看（见表 11-4），欧洲国家居民是希腊游客的主力军，其中人数前三位的分为是德国、英国、法国。一方面，希腊地处欧洲，也是欧盟的成员国，欧洲居民前往希腊具备地理上和程序上的便利。另一方面，希腊是欧洲文明的发源地和摇篮，具有文化上的吸引力。

表 11-4　　2021 年希腊国外游客来源国

排序	国家	游客数量（万人次）
1	德国	300.12
2	英国	159.12
3	法国	117.45
4	意大利	80.64
5	罗马尼亚	62.55
6	荷兰	58.05
7	塞浦路斯	49.63
8	奥地利	42.16

资料来源：希腊央行。

（三）浙江省与希腊旅游规模综合分析

通过对浙江省和希腊过去 10 年的旅游数据的分析，可以看出两地的旅游规模总体上呈现逐渐扩大的趋势。这表明，居民在满足基本物质需求后，对于旅游和休闲活动的需求逐渐增加，追求更高层次的精神生活。在这种情况下，浙江省与希腊之间在旅游产业上的合作潜力巨大。两地可以共同探讨如何更好地满足游客的需求，提升旅游体验，以及在旅游业的可持续发展方面进行合作。这包括共同推广旅游目的地、拓展旅游产品和服务、加强文化交流等方面的合作。另外，两地还可以共同探讨如何通过科技手段提升旅游体验，例如，数字化旅游推广、智能化旅游服务等，以适应现代旅游业的发展趋势。

二、浙江省与希腊旅游景点分析

（一）浙江省旅游景点分析

浙江省打造“诗画浙江”的旅游品牌，力求全面建成中国最佳旅游目的地，提出了浙江省全省“大花园建设”的具体举措。浙江省文化属于典型的“中国东南文化”，拥有国家级文物保护单位88处，省级321处，市县级1674处，共有文物保护点近4万处，中国历史文化名城13个。浙江省有重要地貌景观800多处，水域景观200多处，生物景观100多处，人文景观100多处；国家级重点风景名胜区18个，省级风景名胜区42个；国家级历史文化名城6座，省级历史文化名城12座；全国重点文物保护单位134个，省级重点文物保护单位279个；国家级自然保护区10个，国家森林公园35个。浙江省有国家级风景名胜区127处，国家自然保护区65处，是森林公园最多的省，有丝绸、茶叶、服装、南宋官窑等博物馆。浙江省著名景点详见表11－5。

表11－5　　浙江省著名景点

所在城市	景点
杭州	西湖、京杭大运河、良渚古城遗址、西溪国家湿地公园、千岛湖、天目山、富春江、南宋御街、宋城
宁波	象山影视城、雪窦山、蒋氏故居、四明山、东钱湖、浙东大峡谷
嘉兴	南湖、乌镇古镇、西塘古镇、钱塘潮、南北湖、盐官镇、九龙山（浙江省九龙山国家森林公园）、莫氏庄园、茅盾故居、京杭大运河、杭州湾跨海大桥、嘉绍大桥
温州	雁荡山、楠溪江、洞头列岛、浙江省铜铃山国家森林公园
舟山	普陀山、桃花岛、舟山群岛、衢山岛观音山、泗列岛
湖州	莫千山、若溪、南浔古镇、莲花庄、太湖、中南百草园、九龙峡

续表

所在城市	景点
金华	横店影视城、双龙洞、仙华山
绍兴	绍兴鲁迅故里、会稽山、绍兴东湖风景区、沈园、鉴湖、兰亭景区、大佛寺、穿岩十九峰
衢州	江郎山、小南海石室、仙霞岭
台州	天台山、台州府城墙、神仙居、长屿硐天、括苍山、紫阳街
丽水	古堰画乡景区、千峡湖、沙湾十景、浙江省丽水市缙云仙都景区、飞云江、云和梯田

资料来源：浙江省人民政府。

（二）希腊旅游景点分析

希腊作为地中海明珠，拥有令人陶醉的自然风光、世界著名的古代历史遗迹、丰富的珊瑚和美味的地中海美食，以及一系列美不胜收的海滩和岛屿。游客在这里体验到古老的文明和岛屿现代的热情，享受海滩度假和文化之旅，沉浸在美丽的景色和独特的文化中。旅游资源丰富多样，每年吸引着数百万游客前来探索这个神奇的国家。

1. 历史遗迹

雅典卫城：以古老文明著称于世，是希腊最杰出的古建筑群。雅典卫城面积约有 3 万平方米，其东西长约 280 米，南北最宽约 130 米，位于雅典市中心的卫城山丘上，始建于公元前 580 年。卫城建在一个陡峭的山岗上，仅西面有一通道盘旋而上，卫城的中心是保护神雅典娜的铜像，主要建筑是膜拜雅典娜的帕特农神庙，建筑群布局自由，高低错落，主次分明。无论是身处其间，还是从城下仰望，都可看到较完整的建筑艺术形象。帕特农神庙位于卫城的最高点，体量最大，造型庄重，其他建筑则处于陪衬地位。卫城南坡是平民的活动中心，卫城中最早的建筑是雅典娜神庙和其他宗教建筑。“雅典娜胜利女神庙”位于山门右侧，建于公元前 449—前 421 年，是居住在雅典的多利亚人与爱奥尼亚人共同创造的建筑艺术结晶。1687 年，土耳其人在同威尼斯人争夺雅典卫城的战争中无知地拆毁了这座建筑。1835 年，考古学家们在这里细致地收集起了无数大理石碎片，在幸存的完整地基上拼凑起了神庙遗址。卫城建筑群的中心是帕特农神庙，它耸立在旧雅典娜神庙南面，由当时著名建筑师伊克蒂诺斯和卡利克拉特在执政官伯里克利主持下设计的，费时9年，于公元前438年完成，同年，著名雕刻家菲迪亚斯在神庙内建成高大的雅典娜神像，神殿四周由48根带半圆凹槽和锥形柱头的多利克式大理石圆柱支撑，圆柱直径1.90米，高10余米，3层柱廊上支承的大理石条石额枋屋檐，由带竖条的石板和带浮雕的石板间隔组成。东西两端檐部之上是饰有高浮雕的三角形山花。神殿外观整体协调、气势宏伟，给人以稳定坚实、典雅庄重的感觉。厄瑞克赛翁神庙是雅典卫城建筑群中又一颗明珠，据记载，该神庙建于公元前421—前405年，依山势而建，坐落在三层不同高度的基础上，平面为多种矩形的不规则组合，女雕像柱廊在神庙的北部，共有6尊，各高2.30米，体态丰满，仪表端庄，朝向北面，头顶平面大理石花边屋檐和天花板，雕刻栩栩如生，衣着服饰逼真，它们像神圣的女神，无言地注视着几千年人世沧桑、风云变幻。神庙主殿南北墙壁都开设窗户，与矩形方石块构成的墙壁协调对应，是古希腊建筑的又一个杰作。位于卫城入口南侧的阿迪库斯音乐厅（阿提卡斯剧场）建于罗马时代，是可容纳6000多人的户外剧场，到21世纪夏季仍有表演在此举行。该音乐厅三层式的建筑结构，半圆型的剧场直径38米，在任何位置都能听清楚舞台上演员的台词及音乐席的表演。

德尔斐：在荷马时代旧名皮托，为古希腊福基斯地区的重要城镇，被古希腊人认为是世界的中心，为一处奉献给阿波罗的泛希腊圣地，亦为阿波罗神女祭司皮媞亚的驻地，在此传达德尔菲神谕。于1987年以“德尔斐的考古地”名称列入联合国教科文组织的世界遗产名录。圣地的建筑包含神庙、祭坛、宝库及其他附属建筑如剧场、柱廊、体育场及体操馆。主要部分位在较高区域，被190米长，135米宽、开有9个门的外墙环绕。德尔斐的阿波罗神庙建于公元前4世纪，为多立克式的围柱式建筑，为斯平塔罗斯等人在早期的神庙遗址上模仿旧貌建立的。神庙建筑平面呈长方形，长60.32米，宽23.82米，前后两面各竖有6个陶立克柱，侧边各排列15根同样风格的石柱。神庙坐落于帕那索斯山的山腰悬崖上，海拔约500米，在这个高度能够俯瞰整个希腊中部，而且其地点被精心勘选，位在“最显赫的位置，使得圣地的任何角落都能够看见它。据说阿波罗神庙的入口处刻着三句箴言：“认识你自己”“凡事勿过度”“妄立誓则祸近”。

2. 自然风光

圣托里尼是在希腊大陆东南200千米的爱琴海上由火山群组成的岛环，圣托里尼岛环上最大的一个岛也叫圣托里尼岛，别名锡拉岛。圣托里尼岛位于基克拉泽斯群岛的最南端，面积约73平方千米，人口约14000余人，多为希腊人。“圣托里尼”是13世纪时威尼斯人所命名的，岛上建筑蓝白相间，衬以蔚蓝大海，美不胜收，是著名旅游胜地。柏莉萨沙滩是圣托里尼岛著名的海滩之一，位于该岛的南面。海滩最大的特色是沙全是黑色的，实际上，该岛的沙滩沙粒都是黑色的火山灰粒。过往游客皆为黑水黑沙所惊叹。阿科罗提利遗址在岛的南面，这座曾被火山灰覆盖的城市于1967年被发掘出来。考古学家在这里发现了二三层楼高的建筑群，墙壁分隔成许多房间。发现有仕女房，还有复杂的水渠系统。遗址中最精彩的是墙上的壁画。由于大量火山灰的覆盖，3000多年前的阿科罗提利壁画表现了该城居民当时的生活情景，具有高度的艺术水平。

凯法利尼亚岛，位于爱奥尼亚海上，为伊奥尼亚群岛中最大的岛屿。这个岛屿的名称据信来自古希腊神话英雄刻法罗斯。岛屿以荷马史诗中奥德修斯的故乡而著名，在《奥德赛》中荷马称其为“凯法利尼亚人的国王”。畅销小说及同名电影《柯莱利上尉的曼陀林》的故事背景也设在第二次世界大战中被德军占领的该岛上。今天，岛上美丽的沙滩和洞穴每年吸引众多游客消夏，岛屿亦因为接近意大利本土而成为许多意大利人的热门旅游地点。凯法利尼亚岛有许多美丽的海滩，其中包括马克西马塔海滩和斯卡拉海滩。这些海滩拥有清澈的蓝色海水和白色的沙滩，非常适合日光浴和游泳悬崖和岩石。岛上的墨尔西尼湖洞穴拥有壮观的钟乳石和石笋，吸引着世界各地的探险者。

（三）浙江省与希腊旅游景点综合分析

为更好地了解2023年的旅行偏好与趋势，全球领先的酒店及住宿在线预订平台Booking. com对32个国家和地区逾24000名旅行者开展了调研，并依托其强大、专业的数据分析能力及洞察力，正式发布2023年未来旅行趋势预测，揭示了旅行者的需求正在朝着许多不同的方向发展。

1. “返璞归真”的旅游景点偏好

在持续反复的疫情影响下，更多旅行者希望享受野外小屋、篝火美食，意味着更多环保、原生态的住宿将会涌现，以满足城市居民追求简单生活的旅行需求。同时，为游客提供自给自足生活体验的住宿也将增加，比如让游客在入住期间自己获取食材加工烹饪。此外，世界各地提供荒野求生训练的机构预计也将越来越多，让旅行者可以学习防灾避险的基本生存技能。2023 年“返璞归真”的旅行并不一定意味着要过艰苦的生活，尽管 64% 的旅行者认为“返璞归真”表示放弃奢华的体验，但人们仍强烈希望在返璞归真的同时可以享受生活，超过一半（59%）的旅行者表示只有在满足愉悦享受的旅行同时才会考虑体验“返璞归真”。

浙江省打造“诗画浙江”的旅游品牌以及希腊的沿海岛屿生活闲适、安逸，亲近大自然符合了旅行者“返璞归真”的旅游领域偏好，这给了浙江省与希腊在旅游产业上合作的基础。

2. “有的放矢”的旅游景点偏好

在全球经济不确定性依然存在的背景下，新的一年里人们虽然会继续将旅行放在非常重要的位置，但他们会更加注重高效使用旅行预算，分清主次，定好优先级。70% 的中国旅行者表示度假支出仍是他们首要考虑的因素，但预算把控是关键，将近八成（79%）的旅行者在继续关注旅行的同时，追求更高的性价比。

因此，68% 的中国旅行者 2023 年在旅行规划时会更加精打细算，利用各种优惠、省钱攻略和巧妙的时间安排来更细致地规划旅行预算，70% 的中国旅行者优先考虑性价比并充分利用折扣和会员计划。65% 的中国旅行者表示会考虑选择淡季出游或更长的旅行线路来节约成本；75% 的人将会更早开始规划旅行，以确保获得更多的优惠；74% 的旅行者认为与多次短期旅行相比，选择一两次较长的假期是节约预算的最好方法。

对于身为发达国家的希腊来说，相比去其他国家旅行，来浙江省旅行可以使其节省预算，而希腊是欧盟中性价比非常高的旅行选择地，符合了旅行者“有的放矢”的旅游领域偏好，这给了浙江省与希腊在旅游产业上合作的基础。

第二节
浙江省与希腊旅游产业合作政策

一、浙江省对外旅游合作政策

近年来，浙江省文化厅加强与中东欧国家的文旅交流与合作，坚持“引进来”与“走出去”，以下为浙江省对中东欧国家采取的旅游合作政策，涵盖了浙江省对希腊采取的旅游合作政策。

（一）加强与中东欧国家文旅交流

在浙江省文化厅2017年工作要点中提到，2017年浙江省文化厅认真贯彻落实中央《关于进一步加强和改进中华文化走出去工作的指导意见》，推动机制和方式创新，促进浙江省对外文化交流工作提质增效。贯彻国家“一带一路”倡议，积极参与国家文化外交活动，承办第三届中国—中东欧国家文化合作论坛，承办中国—中东欧国家文化季活动，与宁波市政府共同承办第十五届亚洲艺术节。认真开展海外“欢乐春节”品牌活动，组织富有浙江省地域特色的文化艺术项目赴其他国家开展交流。借助海外中国文化中心等平台，推介浙江省文化产品和服务进入海外市场。推动文化艺术授权。指导和推介文化企事业单位申报省文化出口重点企业。加强新形势下文化系统因公出国（境）管理工作，提升服务水平。

（二）深化与中东欧国家文旅合作

在浙江省文化厅2018年工作要点中提到，2018年浙江省文化厅立足浙江省特色，充分挖掘浙江省文化资源，拟订了《“一带一路”文化交流合作行动计划（2018—2022年）》，推动对外文化交流合作不断深化，全年实施对外文化交流2122起。成功举办中国—中东欧国家非物质文化遗产保护专家级论坛等重大活动。组派16个艺术团，分赴16个国家的30座城市开展96场海外“欢乐春节”文化交流活动。承办文化和旅游部2018“汉学与当代中国”浙江省考察活动，22个国家的中国问题研究专家和智库学者参加活动。成功举办由21个国家青年汉学家参加的2018青年汉学家（杭州）研修计划。指导服务龙泉市赴联合国总部举办青瓷艺术展。

（三）坚持“引进来”与“走出去”

在浙江省文化和旅游厅2019年工作要点中提到，2019年浙江省文化和旅游厅坚持做好“引进来”“走出去”文章，对外和区域交流合作持续打响品牌。充分发挥文化和旅游在促进民心相通、铺就文明之路中的重要作用，讲好浙江省故事。实施对外文化和旅游交流项目1746起，开展交流推介活动41场。深化与“一带一路”沿线国家和地区文旅交流合作，赴德国、捷克成功举办大型文旅交流活动。重点围绕欢乐春节、世界园艺博览会等六大节点开展系列文旅交流工作。组派12个艺术团组、316名演展人员，赴其他国家和地区举办“欢乐春节”文化交流活动。借助国家“16+1”合作机制开展交流互动，持续加强国际丝绸之路研究联盟、中国—中东欧国家音乐院校联盟、图书馆联盟等建设。中国丝绸博物馆牵头启动12国“世界丝绸互动地图”科技合作。全面开展长三角高质量一体化工作，三省一市签订文化和旅游合作协议，建立了常态化工作机制。正式签订浙皖闽赣国家生态旅游协作区四省合作协议，在衢州市设立了秘书处。启动谋划环太湖、杭黄世界级生态和文化旅游廊道等升级合作项目。杭绍、甬绍、甬舟、嘉湖、杭嘉等省内区域一体化启动并不断推进。

二、希腊对外旅游政策

旅游部门的官方机构希腊旅游联合会（SETE）成立于1991年，旨在最大限度地发挥旅游业的贡献，助力希腊实现经济增长和社会发展。SETE囊括了希腊旅游业的所有主要代表，并负责在希腊国内外倡导和促进希腊旅游业的利益和地位。在此框架内，SETE不断发起和实施重大举措与地区密切合作，把握希腊旅游业的战略方向，增强希腊旅游产品竞争力并为希腊经济增长作出贡献。

2021年，希腊旅游联合会联合多方发布了《希腊2030旅游行动计划》，旨在加强旅游业竞争力和促进结构调整。根据现有旅游资源、目标和新兴趋势，助力旅游业从自发发展转向有针对性的发展。通过独具一格的旅游产品和体验，突出希腊自然、希腊文化、希腊热情和希腊生活方式的独特性，使希腊成为全球最具竞争力和可持续性的旅游目的地之一。为将旅游业打造成希腊经济，社会和环境发展的动力，计划中提出了希腊旅游业的 10 个关键战略目标：一是享有盛誉和认可度高的全球旅游品牌；二是高质量且安全的旅游目的地；三是提供大量具有不同特色的景点，提供丰富的旅游产品；四是增加目标旅客的吸引力；五是旅游创新创业；六是符合可持续性和循环经济原则的可持续旅游业发展模式；七是具有国际竞争力的教育和培训计划；八是旅游部门和企业的高度数字化；九是具有吸引力和稳定的商业环境，支持中小企业商业，吸引投资；十是加强旅游合作。在 10 个目标的基础上，提出了多方面发展建议。

在旅游基础设施改善和发展方面，在 23 个地区机场吸引投资者，升级机场基础设施，积极吸引新航班和增加连通性。升级建设新的港口基础设施，改善与公路、铁路和机场的互联互通，调整国内沿海航运路线，以减少旅游交通繁忙的月份的过度拥挤，并改善岛屿目的地的沿海连通性。改善和发展城市交通，升级道路网络及其安全性。实施联合运输系统，发展道路、机场、港口和水上飞机、水上出租车等替代手段，加强景区入口与公共交通的互连水平。增加无障碍措施，降低行动不便人士通行难度。改善景区卫生、供水、排污、污水处理、城市废物和固体废物收集有关的基础设施。

在旅游产品的升级和推广方面，为希腊 13 个大区搭建区域目的地管理组织，以便实施综合和动态的传播战略，以及为每个地区准备综合、连贯和有针对性的旅游推广计划。丰富和连接希腊旅游业，因地制宜地发展独特的旅游主题，在此基础上加强与主要旅游产品的相互联系，升级所提供的产品和延长旅游旺季。

在数字化升级与转型方面，建立信息机制和中央旅游平台（国家数据中心），以收集和存储不同来源的高质量地理空间数据，使用大数据分析和商业智能技术提供和共享有关旅游数据的可视化动态信息。开发希腊旅游需求预测模型，早期诊断现代旅游业发展，监督支持旅游业发展。

在人力资源方面，升级旅游部门专业人员的教育和培训系统，包括提供旅游相关的其他教育结构。推广现代数字管理工具，加强旅游企业之间的合作，通过市场互联从而提高整个旅游价值链。基于专业技能提供旅游专业认证，促进在岗人员的持续再培训。

在支持创业精神和鼓励旅游业创新企业方面，促进投资升级和开发现有酒店企业，特别是居住区之外的大型旅游投资的地点。对于希腊不断增长的旅游中心，补充酒店等旅游配套设施满足不断增长的需求。支持旅游部门初创企业的发展，特别是在创造促进旅游产品和体验旅游互联的创新产品方面的企业。

三、浙江省与希腊旅游合作平台

（一）中国—中东欧国家合作机制

2019年，希腊作为正式成员加入了中国—中东欧国家合作机制。随着新成员希腊加入，“16+1”扩容为“17+1”。自2012年至今，中国—中东欧国家合作机制从设想到行动，成为中东欧区域合作和“一带一路”合作的重要有机组成，从顶层设计、规划布局敦促重大机制项目落实，中国—中东欧国家合作机制已成为促进开放、平等、务实合作的发动机。中国—中东欧国家合作机制发展愈加成熟、自信、稳健，促进中国—中东欧国家合作行稳致远，为构建人类命运共同体作出独特贡献。政策沟通领域，中国—中东欧国家合作机制的政策沟通覆盖了各层级、各领域，能源、交通、农业、旅游、文化、金融、政党、新闻媒体等均拥有本领域的会议、秘书处、联合会、论坛、协调机制等，各国也有机会在本国专长领域发挥牵头建设性作用。中国—中东欧国家合作已在20多个领域建立了50多个合作平台，在旅游、农业、林业等特定领域的合作已走向机制化。

在这背景下，选择2021年作为中希文化和旅游年，中希两国致力于签署和完善商签旅游、体育、教育等领域的合作谅解备忘录，筹备举办中希高级别文明论坛、艺术品展示、文物展览、奥运合作等重要项目，并在文化遗产和当代艺术创作等领域加深合作。

（二）中国—中东欧国家旅游合作高级别会议

2019年10月23日，第五次中国—中东欧国家旅游合作高级别会议召开。文化和旅游部时任部长雒树刚在主旨发言中指出，近年来中国旅游业快速发展，中国—中东欧国家旅游合作成果丰硕。雒树刚建议，中国与中东欧国家在未来旅游合作中应坚持“均衡普惠、务实创新、开放包容、互利共赢”原则，在“政策沟通、设施联通、贸易畅通、资金融通、民心相通”方面加强互联互通，不断提升合作深度和广度，推动中国和中东欧国家互利共赢。与会各国高度评价中国在中国—中东欧国家旅游合作机制中发挥的积极作用，均表示将以此次会议为契机，愿同中方共同努力，不断丰富合作内容，创新合作形式，出台更多便利化措施，扩大人员往来，推动中国—中东欧国家旅游合作迈上新台阶。

（三）中国旅游产业博览会

中国旅游产业博览会坚持国际化、专业化和市场化的方向，力求做到主题突出、特色鲜明、商品丰富、活动精彩、交易显著、影响广泛，为世界各国和全国各地旅游行业搭建一个旅游产业和旅游装备制造业交易的平台、旅游推介和旅游演艺展示的舞台、旅游创新和区域合作发展研讨交流的讲台，努力将中国旅游产业博览会打造成具有更大影响力和聚集力的国际化知名展会。

2018 年中国旅游产业博览会设置国际旅游展区，展示有关国家和地区旅游形象、旅游线路、旅游产品、旅游商品、特色表演等内容。

相似的旅游博览会在希腊也正在积极推动。截至 2016 年，作为希腊规模最大的国际旅游展会，希腊旅游博览会已成功举办三届。2016 年，希腊旅游博览会共邀请来自 100 多个国家的旅游专业人士参加，展会期间观展人员达到 22 万人次。中国驻罗马旅游办事处以“美丽中国—2016 丝绸之路旅游年”为宣传主题的展台精彩亮相。中国旅游展台全面展示“美丽中国”整体形象，循环播放“美丽中国—2016 丝绸之路旅游年”主题宣传片，发放丝路沿线省份宣传材料。展览开幕当天，驻罗马旅游办事处还举办了“美丽中国 · 中国旅游推介会”。推介会邀请中希商会负责人、希腊旅游界专业人士、希腊经营出境业务旅行商、旅游媒体人士参加。

（四）中希城市论坛

2016 年 11 月 11 日，首届中国希腊城市论坛在希腊首都雅典举行，中国 22 个省市的代表团和“希腊历史名城联盟”的 80 多个成员城市代表团参会。本届论坛由中国人民对外友好协会、中国驻希腊大使馆同希腊内政和行政重建部、希腊历史名城联盟共同举办，旨在搭建地方和民间交流合作平台。邹肖力大使指出，今后 5 年对于中国和希腊各自发展都是关键时期，中国将在 2021 年全面建成小康社会，希腊希望在 2021 年实现经济振兴，“一带一路”把中国梦和希腊梦紧紧联系在一起。他透露，当前中希合作在各领域向纵深推进，下一阶段，将着重以中远海运比港为龙头，把希腊打造成为地中海最重要的商贸和人员往来枢纽；扩大两国在能源、交通、电信等基础设施领域的合作；办好中希文化交流与文化产业合作年，促进不同文明包容互鉴；以2017年中国担任萨洛尼卡国际博览会主宾国为契机，携手开拓地区市场；中希两国还将大力发展科技、教育交流合作，为中希关系发展提供技术和人才支撑。希腊历史名城联盟联合希方城市，以希中城市论坛为平台，与中方城市加强在经贸、文化、旅游等领域的交流合作，助推希腊经济和社会发展，深化希中友好合作关系。结合"一带一路"倡议，加强交流沟通和互利合作，为世界和平与发展作出新的贡献。中方有来自4个省、14个市共70多名地方各级领导及企业家来希参会。此论坛成为中希建交44年来规模最大的地方交流活动。

（五）友好省市关系

友好省市关系的建立有助于旅游目的地之间的合作和推广，吸引更多游客，推动地方经济的增长。在2012—2021年，浙江省城市与希腊城市建立友好城市关系的数量随着中国经济的腾飞，呈现稳步增长的趋势。浙江省、市、区（县）三级共有104对友好城市（省州）关系。其中省级包括：美国新泽西州、印第安纳州，日本静冈县、福井县、栃木县，德国石荷州，巴西巴拉那州，澳大利亚西澳洲，法国上诺曼底大区，韩国全罗南道，密克罗尼西亚联邦波纳佩州，瑞典乌普萨拉省，南非南开普省，古巴马坦萨斯省，白俄罗斯明斯克省等。

截至2020年6月19日，浙江省与希腊友好关系城市缔结情况如表11-6所示。

表11-6 浙江省与希腊友好关系城市缔结情况

我方城市	对方城市	缔结时间	友好关系类型
浙江省	中部马其顿省	2009年10月29日	友交
杭州市	埃莱夫西纳	2017年8月10日	友交
宁波市	伊拉克利翁市	2019年7月11日	友交
舟山市	莱夫卡达市	2015年6月14日	友交
舟山市	南爱琴海大区提诺斯市	2009年3月13日	友交
岱山县	阿利莫斯市	2017年6月	友交
丽水市	爱琴岛市	2011年11月1日	友交
龙泉市	克西洛卡斯特罗—埃夫洛斯蒂尼市	2018年7月27日	友交

资料来源：浙江省人民政府。

友好省市关系的建立有助于经济、文化、教育、体育及旅游等领域多种形式的交流与合作，促进共同繁荣发展。

第三节 浙江省与希腊旅游产业合作展望

一、开通浙江省与希腊直航航班

2019 年，中国在 11 个航空口岸对 53 个包括希腊在内的国家的公民实施 72 小时过境免签政策。2016 年 11 月，塞尔维亚成为首个与中国互免普通护照签证的中东欧国家。2018 年 5 月，中国和波黑持普通护照公民互免签证协定正式生效。近年来，国航开通了赴匈牙利布达佩斯的直航航班，海航开通了赴捷克布拉格、塞尔维亚贝尔格莱德的直航航班，2017 年 9 月 30 日开通北京—雅典直飞航线，每周两班，执飞机型为 A330－200。北京飞抵雅典的时间将缩短为 10 个小时。

开通浙江省与希腊直航航班对双方航空公司及旅客而言都有着重要意义。首先，对于航空公司而言，点与点直航首先是省油，在世界油价不断飙升的当代，航油成本的降低对航空公司具有关键性的意义；同时，直航使得起降费减少，机场使用费降低，航班轮转率提高，这些给航空公司在成本节约方面带来的贡献是非常巨大的。其次，对于旅客而言，直航航班也使得乘客可以轻松地避开拥挤的枢纽机场，没有了转机的烦恼，对于绝大多数旅客而言，购票时会更加愿意选择有更多直飞航班的航空公司。开通浙江省与希腊直航航班可以大大地促进两国的旅游、经济和文化等方面的交流合作。

二、开展旅行社之间的合作

对于浙江省旅客赴希腊旅游，希腊旅行社可以与浙江省中国国际旅行社进行合作，在了解浙江省不同层次旅客需求的基础上，不断地进行开发和调整。在现有的旅游路线的基础上，开发符合中国人喜好的旅游路线。针对或者浙江省游客的个性化、自然化、多样化、体验式的需求特点，逐渐在浙江省的市场上建立自己的旅游品牌。

对于希腊旅客赴浙江省旅游，由于希腊人口基数不大，大规模的赴浙江省旅游不太容易实现，目前主要集中在探亲旅游和自由行，以及小范围的团队游。因此浙江省旅行社可以和希腊旅行社合作制定定制性服务路线，设计的旅游产品可以集观光、度假、休闲、会展于一体，同时根据旅客经济条件的不同，将旅游产品划分为高、中、低三个层次，使旅游产品形成丰富的产品体系，满足希腊不同游客的需求，逐渐建立自己的旅游品牌在希腊的市场。

三、加强与提高旅游基础设施建设与服务

在旅游基础设施建设方面，浙江省与希腊政府双方应该加大投资，包括交通、酒店、通信、餐饮、娱乐等基础设施。政府应拓宽融资渠道，可以发挥民营资本的作用，也可以吸引外国投资来加大对旅游基础设施的投入。同时制定与旅游合作相关的法律法规，使企业在投资旅游基础设施建设方面获得可靠的法律保障，提升投资积极性。除此之外，政府还要提高基础设施的使用率，使得投入的资金获得高回报，由此政府可以继续利用这些资金和收入投入新的旅游建设当中，使基础设施和旅游经营之间产生良性循环，在加强旅游基础设施建设的同时还可以对国家经济发展起到推动作用，加快当地各个产业和行业的发展。

在提供服务方面，可以推出会员制度，随着休闲度假旅游方式在消费者中普及，人们对某些独特景区已不再局限于到此一游，而更愿意不定期前往度假放松身心，而这正是推行旅游会员制的重要原因。会员制的推行，可为高端客人提供个性化的专项服务，如登山、攀岩、骑马、高尔夫、自驾车等对贵宾级会员提供“一对一”服务，甚至有专人专车提供全程服务。此外，还可以为会员提供兑换礼品、积分换旅游费或与其他日常生活用卡“互惠互认”，从而使游客获得更多的增值服务。

四、利用自媒体进行旅游宣传

自媒体是指普通大众通过网络等途径向外发布他们本身的事实和新闻的传播方式。是私人化、平民化、普泛化、自主化的传播者，以现代化、电子化的手段，向不特定的大多数人或者特定的单个人传递规范性及非规范性信息的新媒体的总称。随着旅游行业的现代化发展，景区也不断升级

换代，纷纷打造智慧景区，并入驻自媒体渠道直接在流量端宣传推广，引流获客。

在浙江省与希腊的旅游宣传上，要选择合适的自媒体输出形式和内容风格。首先，自媒体的输出形式有许多种，包括图片、海报、长文、短评、视频等，为了使推广效果最大化，吸引更多流量，在不同平台要选择适宜的输出形式。其次，要注意形式与内容相匹配，比如景区要展示园区内某一个景点的天然风光，那么适合拍视频；如果要公布景区政策调整，那么适合图文形式。最后，输出的内容风格也很重要，现在很多官方账号都会做拟人化运营，塑造接地气、搞笑有梗、贴心勤快的账号形象，拉近与粉丝之间的距离，这样的账号也容易“破圈”，吸引更多流量，为了与账号形象匹配，内容风格也要一致，比如搞笑风格、土味风格、自然实用风格等。

在浙江省与希腊的旅游宣传上，广告的投放力度需要加大，尤其是在相对发达的中国沿海城市，高收入人群对旅游的需求颇高，并且对希腊这样的新旅游目的地会接受的比较快。可以借助网络的力量在各种网站和平台进行旅游宣传，提高宣传覆盖率，以期最大化促进浙江省与希腊双方的旅游往来。除此之外，还可以尝试虚拟旅游体验，即利用虚拟现实（VR）和 360 度全景视频技术，为潜在游客提供沉浸式的希腊旅游体验。这种虚拟体验能够在不离开居住地的情况下，让人们感受到希腊的美景和文化。或者在线直播推广，通过在线直播平台，安排一些具有影响力的旅游博主或明星，进行实时的希腊旅游体验分享。这种实时互动的推广方式更具吸引力，能够吸引更多目标受众。

参考文献

〔1〕1956 年希腊经济情况［J］. 世界经济文汇，1957（07）：50－52.

〔2〕“一带一路”计划对希腊及欧洲影响巨大［J］. 天津航海，2016（01）：74.

〔3〕A. Riedel，柳欣生. 希腊国铁 DE－IC2000N 型电力传动内燃动车的运用情况和经济分析［J］. 国外内燃机车，1992（07）：27－30＋8.

〔4〕Rogoff K. 希腊，不改革就无法留下［J］. 中国企业家，2015（14）：25.

〔5〕S. 罗洛斯. 经济政策的得与失：希腊和葡萄牙的经验［J］. 国外社会科学，1999（05）：89－90.

〔6〕阿·波塔平科，申生. 希腊与西欧经济一体化［J］. 国际经济评论，1990（12）：46－49.

〔7〕阿尔贝托·巴格奈伊，布里吉蒂·格兰维尔，彼得·奥本海默等. 希腊退出的经济机会［J］. 中国经济报告，2015（05）：106－107.

〔8〕阿里斯托门尼斯·辛格罗斯，禾力. 希腊：挑战、机遇、走向增长［J］. 博鳌观察，2012（02）：62－63.

〔9〕埃德蒙德·菲尔普斯. 希腊经济失败的根本原因［J］. 中国经济报告，2015（10）：115－116.

〔10〕安格罗斯·克里索格罗斯，高歌. 欧洲危机侵蚀欧盟对外政策［J］. 国际经济评论，2015（04）：171－172.

〔11〕柏铮. 古代市场经济的鼎盛——希腊、罗马的城邦商业经济［J］. 中国党政干部论坛，1996（03）：39－41.

〔12〕保罗·克鲁格曼. 退出欧元区是希腊更好的选择［J］. 中国经济和信息化，2010（10）：29.

〔13〕本刊特约评论员．希腊债务危机：欧盟难以承受之重［J］．武汉金融，2012（06）：1.

〔14〕毕会成．希腊社会的商业性：一种神话学的观照［J］．辽宁师范大学学报，2004（02）：116－120.

〔15〕查晓刚．希腊债务危机：原因、影响、启示［J］．领导之友，2011（10）：49－50.

〔16〕陈坤，杜巨玲．治标不治本－论欧央行二级市场购买重灾国国债的作用［J］．中国证券期货，2012（11）：241＋243.

〔17〕陈思伟．公元前4世纪雅典海上贸易借贷特征［J］．世界历史，2018（06）：120－134＋159.

〔18〕陈晓冬．希腊主权债务危机：根源、影响和启示［J］．特区经济，2010（08）：93－94.

〔19〕陈新．从希腊主权债务危机到欧洲经济治理风暴［J］．中国党政干部论坛，2010（06）：50－52.

〔20〕陈新．欧元区重债国家的结构改革析论［J］．欧洲研究，2015，33（02）：42－59＋6.

〔21〕陈燕鸿，黄梅波．希腊退出欧元区的潜在成本分析［J］．福建江夏学院学报，2012，2（03）：16－20＋43.

〔22〕陈扬．希腊再陷债务泥潭［J］．中国金融家，2015（04）：123－124.

〔23〕陈周琴．希腊买岛攻略［J］．新经济，2014（03）：84－85.

〔24〕程晓宁．欧债危机时期德国和希腊的经济博弈［J］．市场研究，2013（06）：65－67.

〔25〕邓晓兰，武永义，张旭涛．保持财政可持续性促进经济增长的国际经验借鉴［J］．财政研究，2012（02）：74－78.

〔26〕丁纯．从希腊债务危机看后危机时代欧盟的经济社会状况［J］．求是，2010（07）：57－59.

〔27〕丁纯．希腊经济曙光再现，喜忧参半［J］．人民论坛，2016（06）：32－33.

〔28〕董一凡．希腊救助公投评述［J］．国际研究参考，2015（07）：36－39.

〔29〕董一凡．站在转折路口的希腊［J］．紫光阁，2015（08）：

69 –70.

〔30〕董玉华．葡萄牙、希腊的经济发展与欧洲货币体系汇率机制［J］．金融教学与研究，1992（04）：41 –43.

〔31〕董玉华．希腊加入欧洲货币体系汇率机制问题探讨［J］．世界经济与政治，1993（05）：58 –62.

〔32〕房照增．褐煤对希腊经济的贡献［J］．中国煤炭，2007（02）：76 –77.

〔33〕傅智能，秦瑶．希腊债务危机特点及对世界经济影响研究［J］．企业导报，2016（07）：186 +188.

〔34〕甘特拉姆·沃尔夫，李笑然．国际货币基金组织对希腊问题应该吸取的教训［J］．国际经济评论，2015（05）：163 –165.

〔35〕格泽戈尔兹·W·科勒德克．如何毁灭一个国家——希腊危机中的经济学与政治学［J］．经济资料译丛，2017（03）：27 –41.

〔36〕郭可为，安晨，罗红光．希腊大选后的欧债危机：前景难言乐观［J］．银行家，2012（07）：95 –97.

〔37〕国相，王莉莉．环球参考［J］．中国对外贸易，2014（07）：10 –13.

〔38〕韩秉宸．希腊 VS 意大利：政治动荡的经济代价［J］．中国经济周刊，2015（29）：68 –69.

〔39〕韩霖，龚辉文．“后金融危机时代”各国税收政策变化评述：希腊篇［J］．涉外税务，2011（06）：63 –68.

〔40〕汉斯—维尔纳·辛恩，曹慧．希腊悲剧［J］．金融评论，2016，8（01）：24 –54 +124 –125.

〔41〕郝际陶，陈锡文．略论古代希腊农业经济与历法［J］．世界历史，2007（01）：106 –112.

〔42〕何帆，金惠卿．希腊债务危机“警醒”中国［J］．人民论坛，2010（15）：42 –43. 和静钧．奥运压垮希腊经济？［J］．廉政瞭望，2010（03）：27.

〔43〕贺力平，王家宝．希腊债务危机的新前景［J］．国际金融，2015（08）：3 –7.

〔44〕贺力平．希腊债务危机的国际影响和借鉴［J］．经济学动态，2010（07）：109 –113.

〔45〕赫亮，田贝达．希腊国债危机——典型欧洲式危机［J］．中外企业家，2010（13）：86－89.

〔46〕洪昊．希腊退出欧元区的影响［J］．浙江省金融，2012（06）：51－54＋57.

〔47〕侯典芹．论自然环境对古风希腊经济思想的影响［J］．河南科技大学学报（社会科学版），2008（03）：85－89.

〔48〕猴一．希腊公投结果如何影响中国？［J］．中国外资，2015（15）：40－42.

〔49〕胡珊．7500亿难以“止血”欧洲债务危机［J］．经济，2010（07）：50－52.

〔50〕胡少甫．全球聚焦中的希腊债务危机［J］．对外经贸实务，2015（10）：19－22.

〔51〕黄建，孙静．德国、希腊处理社会保障改革与经济长期增长关系的经验和教训［J］．中国财政，2014（08）：73－74.

〔52〕黄洋．摩西·芬利与古代经济史研究［J］．世界历史，2013（05）：123－132.

〔53〕黄莺．希腊主权债务危机［J］．国际资料信息，2010（08）：19－24＋29.

〔54〕黄梓聪．希腊危机背后：欧元困局与国际博弈［J］．社会观察，2015（09）：56－58.

〔55〕冀志罡．是把希腊踢出欧盟的时候了［J］．新财经，2011（12）：96.

〔56〕贾中正．中国和希腊经贸合作的现状与前景［J］．中国远洋海运，2019（11）：70－71＋11.

〔57〕姜鸿飞．从希腊主权债务危机看后危机时代德国经济状况［J］．网络财富，2010（16）：63＋65.

〔58〕焦景丹．古丝绸之路上希腊—巴克特里亚的经济生产与对外贸易［J］．西安财经学院学报，2018，31（02）：48－55.

〔59〕寇佳丽．希腊：下半年经济有望实现增长——访希腊驻华大使瓦西里奥斯·科斯蒂斯［J］．经济，2016（02）：20－22.

〔60〕匡桦．固定汇率、经济危机与流动性陷阱——从历史视角看希腊危机［J］．国际金融研究，2012（08）：50－58.

〔61〕来辉．希腊债务危机的前因后果［J］．商业文化，2010（05）：86－91.

〔62〕赖廷谦．从希腊精神到新教伦理——略考西方市场经济始建中的若干价值观［J］．四川轻化工学院学报，1994（01）：60－65.

〔63〕乐山．欧洲经济：救助希腊为什么这么难［J］．国际金融，2010（04）：13－17.

〔64〕李贝贝，何子惠，敖丽莎．试析海外贸易在古希腊经济中的重要性［J］．北方经贸，2010（03）：20－21.

〔65〕李东荣．关于主权债务危机的若干思考［J］．中国金融，2010（05）：10－12.

〔66〕李东卫．希腊债务危机及其对我国经济发展的警示［J］．贵州农村金融，2010（07）：27－30.

〔67〕李洪光，丁晓燕．论希腊退出欧元区将带给世界经济的影响［J］．北方经贸，2015（12）：120－122.

〔68〕李婧．希腊政府对本国债务危机的应对措施分析［J］．商，2012（20）：70－71.

〔69〕李静．希腊摆脱经济衰退？［J］．中国新时代，2014（12）：26.

〔70〕李奎，胡晓雪．经济困难时期的希腊园艺［J］．中国花卉园艺，2013（03）：55.

〔71〕李胜玉．希腊加入欧共体进程探析［J］．集宁师范学院学报，2020，42（02）：86－92.

〔72〕李胜玉．希腊加入欧共体原因探析［J］．绵阳师范学院学报，2020，39（09）：142－147.

〔73〕李苏桓，杨凌．基于政府预算方程的希腊债务危机成因实证分析［J］．江苏商论，2013（05）：45－47.

〔74〕李永亮．希腊债务危机及其对世界经济复苏的冲击［J］．商业研究，2010（12）：151－154. DOI：10. 13902/j. cnki. syyj. 2010. 12. 034.

〔75〕李振华，陈国栋．希腊退出欧元区的风险评估［J］．新金融，2012（09）：17－20.

〔76〕李振华，陈国栋．希腊退出欧元区的风险评估及其态势前瞻［J］．理论学习，2012（10）：56－59.

〔77〕林守生，王洪波．希腊主权债务危机爆发的原因及其影响［J］．

中州大学学报，2010，27（06）：74－76.

〔78〕刘玎．汇率预测值分布图［J］．中国外汇，2010（14）：62－63.

〔79〕刘芳芳．浅析希腊退出欧元区的影响［J］．现代经济信息，2015（12）：182.

〔80〕刘红峰．Maxi 如何在希腊每况愈下的经济形势下保持生存［J］．中华纸业，2015，36（22）：32－33.

〔81〕刘丽君．浅谈古代中国与希腊政治制度差异的经济因素［J］．黑龙江史志，2009（17）：99－100.

〔82〕刘璐．希腊主权债务危机成因分析［J］．工业经济论坛，2017，4（04）：84－88＋113.

〔83〕刘仕国．如果希腊退出欧元区……［J］．世界知识，2012（12）：13.

〔84〕刘玮．希腊航运业税收迷局［J］．中国船检，2012（12）：24－25.

〔85〕刘夷，吴蓉．希腊：从获取救助到经济增长——访希腊驻华大使瓦西利奥斯·科斯蒂斯［J］．经济，2014（04）：56－57.

〔86〕刘玉玲．希腊主权债务危机研究以及对中国的启示［J］．价值工程，2011，30（35）：141－142.

〔87〕刘云．美国援助与希腊的经济改造（1947～1950）［J］．南京社会科学，2008（06）：70－75.

〔88〕刘作奎．警惕“一带一路”的投资风险——希腊政局变化对“一带一路”在欧洲布局的影响［J］．当代世界，2015（04）：21－24.

〔89〕刘作奎．在大众政治和精英政治之间：希腊政党政治的发展轨迹与前景［J］．当代世界，2019（11）：48－54.

〔90〕吕澍．难民潮叠加下的希腊经济危机［J］．社会观察，2015（11）：46－48.

〔91〕马煜婷．欧债危机：政治周期与经济周期的较量［J］．经济，2012（03）：56－57.

〔92〕马煜婷．希腊：不违约不弃欧元不退出欧元区——访希腊投资促进局主席阿里斯托门尼斯－辛格罗斯［J］．经济，2011（12）：59－60.

〔93〕马煜婷．希腊之困：竞争力与投资是破解关键——访希腊驻华

大使塞德罗斯·耶奥卡凯罗斯 [J]. 经济, 2011 (12): 56-58.

〔94〕马之骃. 希腊的经济发展 [J]. 世界经济文汇, 1957 (09): 63.

〔95〕欧阳彬. 自然哲学中的货币理念——论货币经济与早期希腊哲学的关系 [J]. 自然辩证法研究, 2007 (11): 6-10.

〔96〕佩娜佳·卡帕塞奥塔奇, 杨意. 希腊的"昨天、今天和明天" [J]. 博鳌观察, 2014 (01): 122-123.

〔97〕齐普拉斯: 以"一带一路"推动希中合作成果 [J]. 中国外汇, 2017 (09): 11.

〔98〕启良. 希腊城邦的主要经济形式也是小农经济 [J]. 湘潭大学学报 (社会科学版), 1988 (04): 23-26.

〔99〕钱颖超. 希腊主权债务危机综评 [J]. 当代世界, 2011 (12): 48-49.

〔100〕乔治·波沃伯拉斯, 康以同. 从希腊经济危机到希腊变革 [J]. 中国金融, 2013 (14): 35-36.

〔101〕尚鸣. 希腊再敲全球债务危机警钟 [J]. 贵州农村金融, 2010 (05): 38-41.

〔102〕邵大路. 希腊化时期两河流域农业经济初探 [J]. 农业考古, 2016 (06): 211-215.

〔103〕沈祎. 中国是希腊非常重要的贸易伙伴——希腊国民经济和财政部长乔治·阿劳格斯古费斯先生访问记 [J]. 国际市场, 2006 (12): 31-32.

〔104〕盛硕, 陈华. 希腊退出欧元区的成本、风险及其影响评估 [J]. 河北经贸大学学报 (综合版), 2013, 13 (01): 69-72.

〔105〕施德宏. 撤出欧元区的准备 [J]. 中国企业家, 2012 (14): 44-45.

〔106〕时寒冰. 探究欧债危机的形成根源 [J]. 大众理财顾问, 2012 (10): 18-19.

〔107〕史特吉·乌利斯, 王晓波. 希腊: 致力发展外向型经济 [J]. 中国投资 (中英文), 2019 (09): 52-57.

〔108〕宋玉玲, 张延曼. 论希腊债务危机的形成 [J]. 学理论, 2015 (27): 16-17.

〔109〕苏健，徐宝鲁．希腊债务危机与新自由主义［J］．学习月刊，2015（06）：30．

〔110〕苏醒，谢群．希腊债务危机解决路径选择之分析［J］．金融经济，2010（16）：5－7．

〔111〕孙伯银．希腊债务危机及前景解析［J］．农村金融研究，2015（11）：25－29．

〔112〕孙超．希腊的“瑰宝”——访希腊驻华大使列奥尼达斯·罗卡纳斯［J］．中国发展观察，2019（07）：30－34．

〔113〕孙静．欧洲国家社会保障改革与经济长期增长关系研究与启示——基于德国、希腊的比较［J］．商业时代，2014（19）：35－36．

〔114〕孙克强．葡萄牙、西班牙、希腊三国经济发展［J］．世界经济与政治论坛，1990（03）：12－15．

〔115〕孙立坚．欧洲债务危机与全球复苏进程［J］．对外经贸实务，2010（06）：17－19．

〔116〕孙兴杰．欧债博弈［J］．中国经济和信息化，2012（17）：26－27．

〔117〕谈佳隆．希腊主权债务乱局［J］．中国经济周刊，2011（24）：72－73．

〔118〕佟小冬．关于希腊“古风时代”的若干问题［J］．内蒙古大学学报（哲学社会科学版），1993（01）：31－40．

〔119〕万雅芳．希腊主权债务危机成因分析［J］．经济研究导刊，2019（25）：95－97．

〔120〕汪佳旭．希腊债务危机特点及对世界经济的影响［J］．现代营销（下旬刊），2020（05）：8－9．

〔121〕汪建武，徐海燕．希腊城邦社会经济性质简析［J］．湖北民族学院学报（哲学社会科学版），2000（04）：80－84．

〔122〕汪雨末．浅谈希腊经济危机［J］．现代经济信息，2015（18）：10．

〔123〕王健．希腊危机第三轮救助的内容、前景及其对中国金融稳定的影响研究［J］．金融发展评论，2015（07）：46－53．

〔124〕王军．因与果——希腊主权债务危机的政治经济学思考［J］．红旗文稿，2013（04）：4－10＋1．

〔125〕王敏．经济危机下希腊的社会保护［J］．中国社会保障，2015（05）：40－41.

〔126〕王瑞聚．怎样看待希腊城邦社会的经济特征——兼与农业特征论者商榷［J］．社会科学战线，2005（05）：82－87.

〔127〕王信．希腊退出欧元区的前景及政策应对［J］．国际经济评论，2015（05）：9－18＋4.

〔128〕王勇．希腊债务危机对希腊政府信用的影响及启示［J］．征信，2012，30（02）：74－76.

〔129〕王志华，王国梁．中希经贸合作现状与展望［J］．对外经贸，2018（10）：15－17＋68.

〔130〕温斯婷．希腊：参与国资私有化盛宴［J］．大经贸，2012（12）：38－43＋37.

〔131〕吴婷婷，张夏欣．再议希腊债务危机：成因、影响与启示［J］．金融理论与教学，2018（02）：5－10.

〔132〕吴伟．货币同盟下的希腊主权债务危机［J］．吉林工商学院学报，2014，30（04）：60－65.

〔133〕武常命．希腊债务危机的启示［J］．中国金融，2012（16）：63－64.

〔134〕谢芳．试论希腊城邦与中国早期国家的差异——兼谈地理环境对国家经济结构及治理形式的影响［J］．长江大学学报（社会科学版），2004（05）：89－92.

〔135〕谢世清，修忆．希腊主权债务危机的演变和援助效果评析［J］．宏观经济研究，2017（07）：184－191.

〔136〕熊敏．希腊债务危机：一个政府长期经济决策失误的标本［J］．武汉金融，2015（07）：1.

〔137〕徐爽．希腊债务危机及其影响［J］．思想政治课教学，2015（09）：46－49.

〔138〕徐松岩，王三义．近现代希腊政治制度的嬗变及其特征［J］．清华大学学报（哲学社会科学版），2020，35（01）：102－114＋203.

〔139〕徐松岩．希腊历史发展趋势与马其顿征服希腊之主要原因［J］．西南师范大学学报（哲学社会科学版），1997（04）：120－125.

〔140〕徐文龙．希腊债务危机的成因、负面影响与启示［J］．时代金

融，2017（20）：280－281.

〔141〕薛俊升．希腊危机对香港经济影响有限［J］．沪港经济，2015（09）：46－49.

〔142〕亚希子．希腊掌控欧洲的未来［J］．中国企业家，2015（14）：20.

〔143〕闫屹，王莉．希腊债务危机对欧盟一体化的影响及启示［J］．国际金融，2010（09）：71－75.

〔144〕杨秀琴，何建民．希腊主权债务危机状况及对中希经贸合作的影响［J］．国际经济合作，2011（05）：68－70.

〔145〕姚铃．欧元区主权债务危机及其对中欧经贸的影响［J］．国际经济合作，2010（06）：72－76.

〔146〕姚秋，刘聪．希腊债务危机的最新发展方向与影响［J］．银行家，2012（07）：102－105.

〔147〕叶青．希腊的经济责任审计监督法制［J］．湖北审计，1998（05）：49.

〔148〕于靖园．阿提卡：为希腊人民构建新增长机遇［J］．小康，2015（21）：58－59.

〔149〕于靖园．现代丝绸之路：连结两个文明古国的新梦想——专访希腊驻华大使瓦西里奥斯·科斯蒂斯［J］．小康，2015（01）：52－55.

〔150〕余丽．希腊购房移民项目兴起，利和弊有哪些？［J］．中国对外贸易，2018（08）：54－55.

〔151〕虞苗．希腊“首演”欧洲主权信用危机风波［J］．中国经贸，2010（01）：33－35.

〔152〕詹向阳，邹新，程实．希腊杠杆撬动全球经济——希腊主权债务危机的演变、影响和未来发展［J］．国际金融研究，2010（07）：79－88.

〔153〕张璨，李富强．加强市场基础建设提高风险预警能力——希腊主权债务危机的反思［J］．中国货币市场，2010（06）：19－22.

〔154〕张超，张家瑞．希腊危机的成因［J］．中国金融，2015（16）：72－73.

〔155〕张岱岳．希腊风电发展投资机会分析［J］．风能，2022（09）：52－54.

〔156〕张洪波．浅析希腊债务危机的原因及对中国的启示［J］．现代经济信息，2017（05）：11.

〔157〕张金萍，常舒．中希比雷埃夫斯港项目运营风险及防范［J］．商业经济，2021（06）：83－84＋115.

〔158〕张林，林意佳，王奕韬．希腊加入欧元区十年的利弊得失［J］．银行家，2012（02）：90－93.

〔159〕张明．希腊公投对全球的冲击［J］．中国外汇，2015（14）：14.

〔160〕张锐．谁能托起希腊？［J］．金融经济，2012（13）：7－9.

〔161〕张锐．文明历史下的哀鸣——希腊债务阴霾透析［J］．金融管理与研究，2010（03）：41－44.

〔162〕张锐．希腊债务危机的再救助与欧债危机的走向判识［J］．武汉金融，2011（07）：37－39.

〔163〕张锐．希腊主权债务危机的成因与影响［J］．中国货币市场，2010（03）：36－40.

〔164〕张锐．希腊主权债务危机观察［J］．西南金融，2010（04）：16－18.

〔165〕张新伟．中国与希腊的贸易关系［J］．经济研究参考，2002（38）：42－44.

〔166〕张雪春，蒋先明，任哲．希腊债务危机的根源［J］．中国金融，2015（15）：77－79.

〔167〕赵坤，王江昊．希腊债务危机远未结束［J］．河北经贸大学学报，2012，33（03）：18－19.

〔168〕赵珍．浅析希腊主权债务危机的原因［J］．知识经济，2010（21）：57.

〔169〕郑士贵．关于希腊经济的支付能力［J］．管理科学文摘，1997（01）：13.

〔170〕周萍．孔子与“希腊三贤”的经济伦理思想之比较［J］．江苏省社会主义学院学报，2010（04）：48－51.

〔171〕周太东．中国与希腊“一带一路”投资合作——比雷埃夫斯港项目的成效、经验和启示［J］．海外投资与出口信贷，2020（02）：35－39.

〔172〕周锡生，吕瑞金．导致希腊政治危机的经济案［J］．瞭望周刊，1988（49）：40－41．

〔173〕朱邦宁，杨军成．希腊主权债务危机评析［J］．北京行政学院学报，2010（06）：62－65．

〔174〕朱哲欣．浅析欧债危机——以希腊为例［J］．时代金融，2012（26）：138＋143．

〔175〕朱智敏．希腊债务危机的现状、原因和对我国的启示［J］．现代管理科学，2015（12）：40－42．